KB045234

위대한 생각과의 만남

MAÎTRES À PENSER

by Roger-Pol DROIT

사유의 스승이 된 철학자들의 이야기

로제 폴 드르와 지음
박언주 옮김

일러두기

본문 중의 주는 옮긴이 주다. 또한 각 장 마지막 'OOO에 대해서 좀 더 깊이 알고 싶다면?'(추천 도서) 부분은 원문을 참조하여 옮긴이가 새로 정리하였다.

들어가는 말

20세기 위대한 지성을 만나다

'사유의 스승들(이 책의 원제는《사유의 스승들Maîtres À Penser》이다)'이라고 하면 과거에는 학자나 철학자보다는 일종의 정신적 지도자 혹은 영적인 지주가 떠올랐다. 하지만 그것은 옛날 이야기일 뿐이다. 지금은 '사유의 스승'이라는 말의 의미가 완전히 바뀌었기 때문이다. 현재 이 말은 당대의 중요한 지적 지표로 평가받으며, 대중의 이례적인 성원을 받는 사람을 가리킨다. 20세기는 '스타' 철학자를 탄생시켰다. 물론 볼테르나 디드로도 당대에는 전 유럽에 이름을 떨친 유명 인사였다. 하지만 그들의 명성도 오늘날 스타 철학자의 유명세에는 비할 바가 못 된다.

이러한 유명세에는 광고와 홍보가 한몫한다. 사유의 스승들은 언론과 라디오, TV를 통해 탄생한다. 앙리 베르그송은 현대 철학자들을 둘러싼 세간의 풍문과 문학적 관심, 숱한 오해를 복합적으로 촉발시킨 최초의 철학자다. 자크 데리다는 난해한 내용에, 열광적이다 못해 연민에 가까운 지지의 아우라에 둘러싸인 철학자들 중 가장 마지막 주자에 속하는 이다. 마르틴 하이데거, 장 폴 사르트르, 알베르트 카뮈, 미셸 푸코는 가상의 인물로 변신해버린 철학자들이다.

사실 사유의 스승이란 지위는 단지 그들이 쓴 책과 강단에서 가르친 내용에만 국한되는 것은 아니다. 왜냐하면 일종의 신화가 그들을 둘러싸고 있기 때문이다. 그들의 파급력은 그들의 철학을 진정으로 이해한 일부 소수 집단을 넘어선다. 그들의 철학책을 읽고도 제대로 이해하지 못한 독자들(그 수는 상당하다)의 범위마저도 넘어선다. 그들 철학자의 명성은 그들의 철학을 거의 알지도 못하면서 그들로부터 세계에 대한 어떤 특별한 입장을 알게 되었다고 믿는 사람들에게까지 미치고 있다.

이처럼 철학자가 사유의 스승으로 변모하는 현상은 두 가지 상반되는 효과를 가져온다. 즉 이러한 현상은 해로우면서도 이롭고, 위선적이면서도 뭔가 시사하는 바가 있다. 요란한 스타 만들기는 우리로 하여금 해당 철학자의 지적 작업에서 손쉽게 벗어나도록 해주고, 까다롭고 골치 아픈 철학을 고민해야 한다는 숙제를 슬쩍 비껴가게 한다. 위대한 지도자 한 사람에게 열렬한 지지를 보내며 추앙하는 것이 철학책 한 권을 해석하는 것보다 쉽다는 건 분명하다.

물론 어떤 이론에 접근하기 위해서 이론의 장본인인 개인들의 역사를 상기하고 그들이 걸어온 발자취를 더듬어보는 것이 꼭 아무 소용이 없는 것은 아니다. 그러나 나는 텍스트를 더 선호한다. 그렇기 때문에 이 책은 그 사상가들의 대중적 이미지를 존중하면서, 그들이 진리의 모험을 연장시키고자 나름의 방식대로 사유하고 집필한 것에 주목하고 전념한다.

이 사유의 스승들 역시 피와 살을 가진 인간들이다. 클로드 레비스트로스, 에마뉘엘 레비나스, 질 들뢰즈, 루이 알튀세르, 미셸 푸코, 자크 데리다, 위르겐 하버마스와 몇 차례 토론을 해본 나는 그 사실을 잘 알고 있다. 다시 말해 이들은 철학책 표지에 적힌 추상적 이름에 그치는 것이 아니라, 나름의 음색과 시선의 스타일, 나름의 행동방식과 인사 방식, 악수 방식을 가진 구체적이고 개별적인 인간들인 것이다.

20세기, 20인의 생각하는 사람들

:

이 책은 《처음 시작하는 철학》(원제: 간략하게 보는 철학사Une brève histoire de la philosophie)의 속편으로 만들어졌다. 《처음 시작하는 철학》은 서구 사상의 전형으로 일컬어지는 스무 명의 철학자들을 다루면서, 이들 철학자가 '초지상적 존재가 아니'라는 점을 보여주려고 했다. 즉 우리는 그들의 말을 이해할 수 있고, 그들의 사상은 우리 모두의 삶으로부터 시작된다는 것이다. 이번 책은 '간략하게 보는 현대 철학사'라는 제목으로 세상에 나올 수도 있었다. 《처음 시작하는 철학》과 동일한 목적으로 쓰였기 때문이다. 우리 시대의 위대한 사상가들에게 다가가기 위해 정확하면서도 접근 가능한 출발점을 제공해주는 유용한 자료가 되고자 하는 지극히 단순한 목적 말이다.

현대 철학자들의 철학서는 이미 그 수가 엄청나지만, 꼭 알아두어야 할 사상과 상상적 지형도, 단절지점 등에 대해 명확한 윤곽선을 그려보는 것은 분명 의미 있는 일이다. 하지만 어떤 사상가를 선택할 것인지의 문제는 어쩔 수 없이 나 자신의 주관을 따를 수밖에 없었다. 이 책에서 다루지 못한 사상가들을 이런 종류의 또 다른 책에 등장시키는 작업은 물론 가능하고 또 정당한 일이다.

중요한 것은, 전문적인 철학 지식이 전혀 없는 사람들에게 20세기 철학자들이 저 먼 나라의 외계인이 아니라는 사실을, 알아들을 수 없는 그들만의 전문용어 속에 갇혀 있는 것이 아니라는 사실을 일깨워주는 것이다. 그럼에도 불구하고 그 대상이 현대 철학일 경우, 대부분의 사람들은 이러한 교육 효과가 불가능하다고 생각한다. 들뢰즈나 레비나스를 이해하는 것보다 차라리 소크라테스나 에피쿠로스를 이해하는 편이 더 쉬울 거라고 생각하는 것이다. 하지만 고대든 현대든 모든 철학자들은 똑같이 우리들의 삶을 더욱 정교하게 만들어주고 우리 행위의 원인을 밝혀줄 수 있는 사유 방식을 추구하는 사람들이다. 그렇다면 고대 철학과 현대 철학의 차이는 어디서 비롯하는 것일까?

다른 철학, 다른 세상

:

그 차이는 철학의 다양한 측면, 특히 이 세상의 모습이 다양한 측면에서 크게 바뀌었다는 것에서 비롯한다.

18세기 후반부터 철학자들은 대학 강단에 서게 되었고, 철학은 나름의 규범과 학습 방식, 시험, 전공 과정, 학위 등을 갖춘 대학의 주요 교과목으로 자리 잡았다. 대학의 상아탑 속으로 들어간 후 철학은 그 활동성이 약화되기 시작했다. 학술서 출판과 직업의 장으로, 권력과 그 지지자들의 영역 속으로 이동한 철학의 담론은 변화를 겪게 된다.

이와 비슷한 현상이 고대의 철학 학당에도 있었다. 플라톤의 아카데미나 아리스토텔레스의 리케이온Lykeion의 수장이 되고자 하는 치열한 경쟁은 철학 선생들의 야심을 움직였다. 하지만 학당의 교실과 도서관 옆에는 다듬어지지 않은 풋내기 철학도들과 야외에서 진리를 탐구하고자 하는 자들의 행렬이 끝없이 이어지고 있었다. 이러한 상황 속에서도 대학이라는 제한된 세계 속에 고립된 철학은, 사용하는 어휘부터 복잡해지기 시작했고, 그 모습도 변화를 겪기 시작한다.

물론 이것이 현대 철학의 실질적 난해함 혹은 지레짐작한 난해함의 유일한 원인은 아니다. 왜냐하면 진정으로 극심한 변화를 겪은 것은 철학이라기보다는 세상 그 자체이기 때문이다. 즉 과학의 폭발적 발전, 기술의 혁명, 세계전쟁, 그리고 전체주의는 20세기 사상에 근본적인 영향을 미쳤다.

20세기의 과학은 철학의 보호 및 감독으로부터 완전히 벗어났다. 반면 19세기의 생물학은 여전히 '자연철학'으로 불리었다. 고전주의 시대에 데카르트, 스피노자, 라이프니츠는 수학자, 물리학자, 화학자, 심지어 생물학자나 지질학자를 겸하는 철학자들이었다. 철학과는 전혀 무관한 과학자 또는 과학에는 문외한인 철학자라는 신분은 순전히 현대에만 적용 가능한 개념이다.

과학 지식의 확대(양자물리학, 분자생물학, 천문학…)는 철학에도 영향을 미치지 않을 수 없었다. 철학은 과학의 흐름 속에 이끌려, 아니 휩쓸려 들어가게 된다. 철학자들 중에는 과학적 인식 모델에 의거한 철학만을 고집하는 이들도 있다. 철학적 진리와 수학적 진리가 서로 중복되고, 심지어 서로 섞여드는 것이다. 반면 철학의 가장 중요한 임무를 과학의 지배력과 과학의 제국주의에 저항하는 것으로 생각하는 철학자들도 있다. 하지만 양측 모두 철학은 이제부터 과학과의 관련성 속에서 정의되어야 한다는 인식을 공통적으로 갖고 있다.

첨단 기술의 폭발적 발전은 사회적 관계, 일상생활, 환경, 권력 및 노동 구조 속에 막대한 변화를 가져왔다. 여기서도 첨단기술을 긍정적으로 생각하고 이를 더욱 효과적으로 활용하고자 하는 철학자들과, 과학기술에 반대하며 이를 인간의 모든 통제를 벗어난 파괴적 장치로만 간주하는 철학자들 간의 대립이 존재한다.

사유와 폭탄

:

마지막으로, 20세기가 인간 역사상 전대미문의 전쟁과 대량학살로 점철되었다는 것은 주지의 사실이다. 그런데 이들 전쟁이 문명 그 자체와 연결되어 있다는 사실이야말로 철학에 있어서 가장 참혹한 교훈이 아닐까. 문명 혹은 문화가 평화를 가져온다는 생각은 사실상 무너져버렸다. 계몽주의 시대에서부터 과학 및 산업 시대에 이르기까지 우리는 지식과 예술과 기술을 함양한 민족이 인간적·도덕적·사회적·정치적 진보를 이룰 수 있다고 믿었다.

이러한 믿음에는 인간에 대한 원대한 희망이 존재했다. 즉 지식이 늘어날수록 인간은 문명화된다는 것이었다. 문명화된 인간은 곧 평화주의자이기도 했다. 하지만 이러한 확신은 제1차 세계대전과 함께 산산조각 나버렸다. 세계에서 가장 문명화되고 가장 교양 있으며 가장 똑똑하고 가장 철학적인 대륙을 자처하던 유럽은 수백만 명의 희생을 치르고 철저하게 파괴되었다.

나치즘의 등장, 제2차 세계대전, 홀로코스트 사태는 문명과 야만이 서로 다를 바가 없음을 명백히 보여주었다. 잔혹함과 비이성을 부추긴 것은 유럽에서도 가장 철학적인 민족, 즉 칸트와 헤겔, 셸링, 포이에르바하, 쇼펜하우어, 니체 등 수많은 철학자를 낳은 민족이었던 것이다. 현대 철학은 새로운 문제에 직면할 수밖에 없었다. 이성은 자신의 무능력을 받아들일 수 있을까? 이성으로 악을 막을 수 없다는 것을 인정할 수 있을까? 이성이 파괴뿐만 아니라 애매한 묵인까지도 할 수 있음을 인정할 수 있을까? 이와 같은 문제들이다.

어디를 둘러봐도 온통 폐허뿐이다. 과거의 희망, 확실해 보였던 가치 규범 따위는 전혀 남아 있지 않거나 거의 사라져버렸다. 모든 것이 파괴되고 붕괴되었다. 과학만이 새로운 영역들을 끊임없이 개척하고, 기술 역시 새로운 능력을 지속적으로 획득하고 있었다. 전체주의와 대량학살은 정치와 윤리마저 무효화시켰다.

이러한 역사의 회오리 속에서 진리라는 관념은 단단히 발붙일 곳이 없었고, 이렇게 진리는 다양한 의미들 사이에서 이러지도 저러지도 못하는 어정쩡한 위치에 놓여 있었다. 그럼에도 불구하고 '진리 추구의 모험'은 점점 강화되고 계속되어왔다. 물론 서로 시기하고 미워하면서 두 철학적 성향 간의 긴장은 더욱 심해졌다.

한쪽에서는, 진리를 공식화할 수 있고 증명할 수 있는 것으로 본다. 진리를 손에 잡을 수 있는 경우도 있다. 몇몇 제한된 분야의 경우, 이러한 진리 추구는 언제나 가능하고 정당하며 바람직하다. 이러한 경향의 철학 분야로는 자연철학, 수리철학, 논리철학, 증명론 등이 있다. 분석철학(오스트리아 빈에서 탄생하여 이후 앵글로색슨 지역으로 확대되었다) 역시 이러한 경향에서 비롯했다.

하지만 다른 한쪽에서는, 진리 추구의 전망 자체를 포기한 것 같다. 니체의 말처럼, 진리란 그저 환상에 불과하다. 진리 관념에 대한 이런 식의 비판은 진리 개념 자체를 와해시키는 방향으로까지 나아가며, 진리를 시대에 뒤진 과거의 유물이나 해묵은 오류로 치부하기에 이른다. 진리는 추구의 대상이라기보다 의혹의 대상이고, 구축의 대상이기보다 해체의 대상인 것이다.

놀라움과 설명

:

이러한 변화의 한복판에는 놀라움의 힘이 지속적으로 자리하고 있다. 플라톤이나 아리스토텔레스의 철학 행위 속에도 자리하고 있었던 이 놀라움의 위력은 20세기에도 여전히 유효하다. "삼라만상은 왜 이런 식

혹은 저런 식으로 존재하는 것일까?" 이러한 의문은 수없이 다양한 형태를 통해 현대 철학 속에서 여전히 살아 있다. 한나 아렌트는 예루살렘에서 나치 전범 아이히만의 재판을 보고, 그의 '평범함'에 놀란다. 이 사람이 잔혹한 살인마라고? 그는 평범하기 짝이 없는 아무개 씨, 애통하게도 지극히 별 볼 일 없는 사람일 뿐이었다. 이 같은 대조는 놀라움에 뒤이어 뭔가 생각할 거리를 던져준다.

사실 사고한다는 것 자체는 절대 사라질 수 없는 일이다. 이 세상의 부조리 앞에서도 성찰은 계속된다. 철학자들은 언제나 우리의 오류와 우리의 막다른 골목과 우리의 공포까지도 이해하려고 한다. 그 어떤 고립무원 속에서도, 그 어떤 악조건 속에서도 철학은 알고자 하는 욕망을 멈추지 않는다.

요컨대, 무기력한 고뇌와 전문적인 능력이 일상이 된 시대에도 철학자들은 스스로를 납득시키고자 하는 노력을 멈출 수 없다. 장 투생 드장티Jean-Toussaint Desanti는, 철학자는 수학자나 화학자 같은 전문가로 행동할 수 없다는 사실을 강조한다. 수학자나 화학자는 자기가 문외한인 분야의 질문에 대해서는 답변을 거부할 수 있다. 다시 말해, 그들의 작업은 너무 복잡하고 너무 기술적이다. 반면, 철학자는 다른 분야에 종사하는 사람들에게도 자신이 하는 일을 설명할 수 있어야 한다는 절대적 필연성이 존재한다.

이처럼 아무리 복잡한 사상이라도, 베르그송의 말처럼 '만인의 언어로' 풀어내야 한다는 요구사항은 현대 철학과 절대 분리될 수 없는 것이다. 물론 현대 철학 작업이 어렵고, 가끔은 그 실현 가능성에 의문이

제기되기도 한다. 그럼에도 불구하고, 이러한 필연성은 철학이 가진 일종의 지속적인 속성으로 유지된다.

나는 내 평생에 걸쳐, 내 시간의 일부를 이러한 전달 및 확산과 교육 작업에 할애했다. 지식인의 주요 임무 중 하나는 자기만의 사고와 다른 사람의 사고, 그리고 역사를 가로지르는 쟁점과 맥락이 무엇인지 설명하는 것이기 때문이다. 이는 최근 들어 쉽게 간과되고 있는 작업이기도 하다. 하지만 그 필수불가결함은 누구도 부인할 수가 없다.

Part5 진리는 무엇을 할 수 있는가

Part6 인간의 자취가 보이지 않을 때

Part7 끝나지 않는 논쟁

Part 1

다시 경험으로

앙리 베르그송

윌리엄 제임스

지그문트 프로이트

철학자, 직접 만져보고 느껴보다

우리 눈앞에 펼쳐진 것들 중에서 우리 시야를 비껴가는 것은 무엇일까? 우리가 아직 보지 못한 것은 무엇일까? 우리는 이 세상과 사물, 우리 자신, 우리의 지각, 우리의 욕구와 우리의 말에 아주 익숙하다. 하지만 우리는 세계의 이 기본적인 요소들이 지닌 그 친근함의 한가운데에, 감지되지 않고 이해되지 않는 뭔가가 있다는 의심을 하게 된다. 그것이 무엇일까? 우리의 시선을 비껴가고, 우리 인식의 그물망에 걸리지 않는 것들을 어떻게 판별해낼 수 있을까?

이런 질문들은 어떻게 보면 철학이 끊임없이 매달려온 문제들이다. 하지만 19세기에서 20세기로 접어드는 시점에서, 이 문제들은 새로운 생명력과 새로운 의미를 획득했다. 이 시기 동안 수많은 학문들이 발전을 거듭하며 체계화되고 광범위해졌다. 수많은 교과목들이 성장했고, 다양한 분야에서 엄청난 양의 지식이 축적되었다. 많아도 너무 많다. 균형을 잃은 지식의 폭발적 증가는 끝없는 지식의 미궁 속을 헤매는 것 같은 느낌을 들게 한다.

20세기 학문은 예전의 학문이 지니고 있던 확실성을 추구한다. 즉 어디선가 잃어버린 명증성明證性과, 아무도 깊이 생각하지는 않지만 누구나 공유하는 경험들을 맹렬히 추격하는 것이다. 지금까지와는 다른 시선으로 바라보고, 잊어버리고 무시된 것들에 대해 관심을 기울인다면 진리는 우리 가까운 곳에 있다.

이것이 바로 이 책의 서두를 여는 서로 다른 세 철학자의 공통된 신념이다. 이 세 철학자들의 공통분모는, 우리는 누구나 본질이나 핵심에 대해 이해하지는 못해도 그것을 경험할 수는 있다는 확신이다. 사상가의 직무는 이러한 경험을 만들어내는 것이 아니라, 그 경험을 가시화시키는 것이다. 낯익은 이 경험 속에 숨겨져 있는 중요한 핵심, 즉 전혀 예상치 못해 당혹스러운 부분들에 대해 지속적이고 체계적으로, 또 집요하게 주목하는 것이다.

이러한 맥락에서 앙리 베르그송은 지속에 대한 우리의 내밀한 경험으로, 그리고 우리의 의식이 시간을 체험하는 방식에 대한 사유로 되돌아온다. 시간이란 우리의 이성이 시간을 받아들이고, 측정하고, 계산하는 방식에 따라 완전히 달라진다. 실제로 베르그송이 이 '의식의 직접적 소여所與(이미 주어져 있는 것. 인식에 있어서 사고의 전제가 된다)'로 되돌아온 데에는 새로운 문제제기 이상의 의미가 있다. 그것은 철학에 있어, 이성의 역할을 재고하는 것이다. 진리 개념을 손에 쥐고, 그것을 보증해주는 유일한 존재였던 이성이 이제 더는 그런 역할을 하지 못하게 된다.

20세기 철학의 변화를 이해하기 위해 꼭 짚고 넘어가야 할 사상가인 윌리엄 제임스에게 있어서, 진리와 경험의 관계는 더욱더 결정적인 요인이다. 왜냐하면 그는 프래그머티즘pragmatism, 즉 실용주의라는 이 현대적 학설을 창립하기 위해 예전의 철학적 태도를 쇄신하고 새롭게 재평가하면서, 경험 그 자체로부터 진리의 기준과 표지를 이끌어내기 때문이다. 그가 보기에, 어떤 문제에 대한 해명 혹은 설명이 모든 이의 존재에 아무런 변화를 가져오지 않는다면, 그 문제는 분명 아무런 의미도 없다. 여기서도 철학은 혹독한 시련을 면치 못한다.

지그문트 프로이트의 등장과 함께, 그때까지 간과되었던 경험들, 즉 꿈, 망각, 말장난, 신경증 징후라는 경험들은 무의식으로의 접근 경로를 열어주었다. 무의식은 그것을 머리로 사고하는 사람들에게는 포착되지 않는다. 베르그송과 제임스에게서 이미 발견된 하나의 역설은 프로이트에 이르면서 절정에 이르게 된다. 프로이트에게 있어 이성의 목표는 비합리적인 것들을 체계적으로 탐험해나가는 것이기 때문이다. 상상과 욕망의 영역에 대한 일종의 과학적 인식이 비로소 사유의 대상 속으로 들어온 것이다.

바로 여기에 현대 사상을 출범시키는 한 가지 움직임이 자리한다. 즉 과학적 방법론이 부분적으로 과학 자체에 대한 반론으로 돌아서고, 이성은 합리성의 한계와 과도함을 비판함으로써, 가장 익숙한 세계 속에 자리한 미지의 영역들을 발견하는 것은 이제 경험의 몫이 되었다.

1859	1878	1889	1900
파리에서 출생.	파리고등사범학교에 입학.	《의식에서 직접 주어진 것들에 관한 시론》 발표.	콜레주드프랑스College de France(프랑스 학술기관) 교수로 선출.

Henri Bergson

앙리 베르그송

현실과의 완전한 접촉을 추구하다

어디서 활동했나?

부르주아 유대인 집안에서 출생. 폴란드인 피아니스트 아버지와 영국인 어머니 사이에서 태어난 베르그송은 지상 최대의 명성을 누리며 평생 파리에서 살았다.

진리란?

베르그송에게 있어 진리란, 체험과 직관을 통해 발견되고, 왜곡된 표상들이 해체될 때에 다가갈 수 있는 것이며, 언어로 표현되지 않는다.

명언 한 말씀!

"엄청나게 놀라운 사실이지만, 나는 과학적 시간이라는 것이 지속되지 않는다는 것을, 모든 현실이 전체적으로 한순간에 한꺼번에 펼쳐진다 해도 만물에 대한 우리의 과학적 인식은 달라지는 점이 전혀 없다는 것을, 실증과학의 목적은 본질적으로 이러한 지속의 제거에 있다는 것을 깨달았다."

철학 역사에서 그는…

주변적 존재로 보일 때도 있지만, 아주 결정적 영향력을 미치는 것으로 보이기도 한다는 점에서 아주 특이한 위상을 점하고 있다. 실제로 베르그송은 정교한 철학체계를 세운 것도 아니고, 제자들이 있는 것도 아니지만 그 명성과 영향력은 막대하다. 한동안 주목받지 못했지만, 현재 신세대 철학자들에 의해 새롭게 재평가되고 있다.

1914	1928	1932	1941.1.4
아카데미프랑세즈Académie Française 회원으로 선출.	노벨 문학상 수상.	《도덕과 종교의 두 원천》 출간.	파리에서 사망.

그날은, 날짜로 따지면 아직 20세기는 아니었다. 그렇지만 철학의 관점에서 보면, 이제 막 서른이 된 한 젊은이가 소르본 대학에서 박사학위 논문을 제출한 1889년 11월 27일, 20세기는 시작되고 있었다. 파리고등사범학교 출신의 노르말리엥Normalien* 겸 교수자격 시험에 합격한 교수 자격자였던 앙리 베르그송은 이제 막 파리의 명문 루이르그랑 고등학교와 앙리 4세 고등학교에서 교편을 잡은 터였다. 그 전(1883~1888)에는 클레르몽페랑의 블레즈파스칼 고등학교 선생님이었다.

노르말리엥 프랑스 최고 그랑제콜 중 하나인 파리고등사범학교를 프랑스어로 '에꼴 노르말 쉬페리유École Normale Supérieue'라고 한다. 따라서 이 학교 출신들을 '노르말리엥'이라고 부른다.

1889년 후반의 앙리 베르그송은 자신의 책 《의식에서 직접 주어진 것들에 관한 시론》을 통해 자기가 철학사의 한 면을 장식하게 될 줄도 몰랐고, 곧 유명인사가 되리라는 것도 예상하지 못하고 있었다. 하지만 비록 대놓고 표현하지는 않았을지라도, 지식의 지형도와 진리의 개념 자체를 철저히 바꾸어놓고자 하는 바람은 갖고 있었다. 이것이 그의 야심이었다. 그리고 이 야심을 현실화시킨 것이 그가 거둔 첫 번째 성공이었다. 이는 실로 눈이 부셨다.

베르그송은 차갑게 메말라버린 철학에 반기를 들고, 경험으로 다시 돌아온다. 그는 내밀한 경험의 유동성과 자유로움에 접근하고자 노력한다. 또 전체 현실과의 완전한 접촉을 추구한다. 즉 기만적인 중간 단계들을 모두 생략한 사고를 경험하고자 한다. 그가 역점을 둔 것은 우리의 정신적·심리적 삶이 계속해서 움직이고 있다는 사실이다. 진리는 결코 고정된 것도, 불변의 것도, 정체된 것도 아니다. 진리란 조금 전까지만 해도 불가능하거나 있을 수 없는 일로 보였던 것들의 창조이고, 발명이며, 돌발적 출현이고, 도래다. 베르그송의 주장 중 가장 핵심적인 것은 바로 "새로움은 첫 시작에 있고, 이 시작은 멈추지 않고 계속된다!"는 것이다. 이는 시간이 지나면 점점 멀어지는 단순한 출발점이 아니다. 오히려 늘 현재진행형이고 언제나 살아 있다. 또한 끊임없이 새로운 것을 생성해낸다.

이 시작은 순수한 것도 생성해낸다. 베르그송은 시선의 절대적 단순함에 최우선권을 부여한다. 그다음이 투명하고 매끈한 문장이다. 철학자들 중에서도, 인위적으로 만들어낸 어휘와 지나치게 난해한 언어를 가장 멀리한 철학자가 바로 베르그송이다. 동시대 철학자들은 이렇게 명료한 사고와 표현을 제대로 이해했다. "베르그송에게는 해묵은 골동품이나 퀴퀴한 뒷방 냄새가 전혀 나지 않는다"라고 윌리엄 제임스는 말한다. 샤를 페기Charles Peguy* 역시, 베르그송을 "정신적 삶을 세상 속으로 다시 데리고 들어온 자"라고 평가했다.

샤를 페기 1873~1914년, 프랑스의 시인 겸 사상가. 베르그송에게 사사했고, 드레퓌스 사건 당시 정의와 진실의 수호를 위해 활약했다. 잔 다르크를 민중과 사회주의의 영웅으로 묘사한 희곡 《잔 다르크》(1897)를 썼으며, 시집 《잔 다르크의 희생의 전설》(1910)로 유명세를 얻었다. 가톨릭의 혁신과 사회 정의를 촉구했으며, 실증주의를 비판하고 휴머니즘의 전통을 옹호했다.

그렇다고 베르그송이 항상 이해하기 쉬운 철학자라는 말은 결코 아니다. 표현은 투명했지만, 그 주제나 의도에 있어서는 이해하기 쉽지 않은 철학자였다. 그의 문장은 명확하고 부드러웠지만 그 내용은 포착하기 까다로웠다. 왜냐하면 문제는 '포착'이 아니기 때문이다. 일반적으로 개념concept이란, 서로 다른 현상들을 모두 하나로 묶어 한 통속으로 규정하기 위해 만들어진다. 어원을 따져보면, 'con-cept'는 '전체적으로 조망하다'라는 뜻이다. 하지만 베르그송은 이와 다른 것을 시도한다.

그러므로 1889년, 《의식에서 직접 주어진 것들에 관한 시론》이 가져온 것은 엄밀히 말해 '개념의 새로움'은 아니다. 따라서 이 논문 속에서 현실을 분명히 규정해내고 좀 더 제대로 구분하거나 조작해내는, 보다 효과적인 지적 도구를 찾는 것은 소용없는 일이다. 그보다는 현실의 유동성을 재발견하는 것이 더 중요하다.

예상치 못한 새로움의 지속적 창조

:

이 특이한 철학자는 우리 속에 자리한 생명의 움직임 그 자체와 그 순수한 운동성을 완전히 느껴보게끔 유도한다. 혹은 (똑같은 현실을 다른 말로 표현하자면) 생명과 의식의 유동적 속성, 그 둘의 상호 침투(우리는 현재와 과거의 기억과 미래의 예상 속에서 동시에 살아가고 있다), 이들의 영원한 창조를 재발견하고자 노력한다. 잃어버린 명증성에 대한 이러한 재발견은 직접적 경험과 직관, 내면성에 대한 치밀한 관심의 문제이지, 순수 이론의 문제가 아니다.

이렇게 해서 베르그송이 깨달은 것, 그가 독자 개개인에게 느끼도록 유도한 것은 바로 '지속'이다. 이 지속은 동일한 순간들이 똑같이 이어지는 시계의 시간과는 전혀 무관하다. 시계가 알려주는 객관적 시간 속에서는 정확한 격차를 측정할 수도 있고(이를테면 이번 100미터 허들 우승자의 기록은 세계기록에 7센티미터 뒤집니다), 정확한 거리를 계산할 수도 있다(이런 속도로 가면, 기차는 12분 33초 후에 목적지에 도착합니다). 하지만 잘 들여다보면, 이 획일적이고 계산 가능한 시간이란 그저 공간에 불과하다. 이 시간은 공간과 똑같다. 즉 우리는 이 객관적 시간을 직각, 단편적 도형들을 통해 표현하고, 숫자를 그 시간의 길이 하나하나에 배분하고 있는 셈이다.

시간을 이러한 공간적 모델에 따라 사고하면, 우리는 지속이라는 본질을 놓치게 된다. 이때의 지속이란, 시계의 획일적이고 일정한 시간이나 계산 가능한 연속장면과는 전혀 다른 시간상의 체험을 재현해낸다. 사실 누구나 경험으로 알고 있듯이, 주관적 시간은 우리의 감정, 흥분 정도, 지루함에 따라 빨리 가기도 하고 느릿느릿 가기도 한다. '흐르는 시간은 눈에 보이지 않기'도 하고, 또는 역으로 시간이 멈추거나 '영원히 흐르는' 것처럼 보이기도 한다.

이 개인의 내부적, 체험적 움직임의 특징은 바로 '기대'가 늘 함께한다는 것이다. 우리는 실제로는 다음 순간으로 이동할 수 없다. 수학적 관점에서 보면, 버스가 3초 혹은 3시간 후에 도착한다는 말은 단지 단위만 다를 뿐, 특별히 다른 결론을 가져오지 않는다. 반면 직접 체험된 시간과 지속 속에서는, 버스가 3초 후에 도착하는 세계와 3시간 후에 도착하는 세계는 전혀 다르다.

"설탕이 녹기를 기다려야 한다"고 베르그송은 말했다. 머릿속으로는 벌써 설탕이 녹았다고 생각할 수도 있다. 현실에서 나는 기대를 저버리지 못하고, 시간의 지속을 가로질러가는 것이다. 하지만 꿈이나 동화 속에서가 아니면 그 어떤 것도 시간을 건너뛸 수는 없다. 설탕이 녹기를 기다린다는 것은, 버스가 오기를 기다리는 것처럼, 우리가 살고 있는 현실 내부에 생명력을 불어넣는 시간의 움직임은 어떤 식으로도 지울 수 없고, 그 방향을 돌려놓을 수도 없고, 극복할 수도 없는 것임을 확인하는 것이다.

의식을 사로잡고 있는 이러한 지속은 양의 영역이 아닌 강도, 즉 세기의 영역이다. 나는 다소간의 기쁨이나 슬픔을 느낄 수 있지만, 이 다소간이란 양적인 것이 절대 아니다. "나는 오늘 지난주보다 3.4배 더 행복하다" 혹은 반대로 "2.7배 더 슬프다"라고 누가 말할 수 있을까? 체험은 강도의 문제이기 때문에, 공간적으로 측정될 수 없다.

베르그송은 공간과 지속의 구분에서부터 끊임없이 다시 시작했다. '지속에 대한 직관'은 베르그송 사유의 '왕도'라는 말이 있을 정도였다. "과학이 삭제해버린 이 지속. 깨닫기도 표현하기도 어려우며, 느끼고 보아야 하는 이 지속"이 바로 베르그송이 그의 마지막 논문집 《사유와 운동》(1934)에서 강조한 것이다.

베르그송은 지속의 흔적 속에서 성찰하고, 우리 속에서 살아 움직이는 것들의 한복판에서 사유하며, 왜곡된 개념들이 그 속에 끼어들지 않도록 모든 노력을 쏟아부었다. 따라서 의문점과 그 의문을 제기하는 방식이 습관적이고 정체된 틀을 벗어나게 하려고 애썼다. 요컨대, 베르그송은 사유를 놀라움과 불가능한 것의 갑작스런 출현 가능성에게로 되돌려주고자 노력했다. 바로 이 점이 우리를 혼란스럽고 당혹스럽게 만든다. "사실, 철학은 이 예상치 못한 새로움의 지속적 창조를 결코 솔직하게 인정하지 않는다"라는 베르그송의 말로 미루어볼 때, 베르그송 역시 우리의 당혹감을 모르지 않았다.

실증주의의 무기를 적수로 바꾸어놓다

:

베르그송은 역사와 사유와 삶 속의 새로움을 누차 강조했다. 《창조적 진화》(1907) 속의 한 문장은 다른 어느 지면에서보다 이 점을 분명하게 보여주고 있다. "시간은 새로움이 만들어낸 창조물 혹은 아무것도 아니다." 베르그송의 지적 작업을 재발견하는 데 기여한 질 들뢰즈는 이 글 속에서 "새로움에 대한, 예측할 수 없는 것들에 대한, 창조에 대한, 자유에 대한 진정한 찬가"를 발견한다.

사람들은 흔히 베르그송을 확고한 정신주의에 연결시키는데, 들뢰즈는 이런 유심론spiritualism과는 전혀 무관한 철학자다. 그럼에도 불구하고, 그가 보기에 베르그송은 철학의 방향성을 완전히 바꾸어놓은 사상가였다. 베르그송과 더불어, 철학은 영원함과 불변성, 늘 똑같은 것으로부터 해방된다. 즉 철학은 유동적인 것, 순간적인 것, '지금 생성 중인' 새로운 것을 향해 열리게 된다. 이것은 텅 빈 개념에 불과할 '일반적인 새로움'에 대한 관심이 아니라, 생명으로부터 솟아나고 지속 속에서 움직이는 모든 것들에 대한 관심이다.

《물질과 기억》(1896)처럼 육체와 정신의 관계를 다룬 것이든, 《창조적 진화》처럼 생명의 힘을 다룬 것이든, 《도덕과 종교의 두 원천》처럼 신비주의적인 것을 다룬 것이든, 베르그송의 모든 저작은 이 내면성의 체험에서 비롯한다. 하지만 이 철학자는 체계적인 철학체계를 구축하지는 않는다. 그에게 체계란 철학이 앓고 있는 병, 사유의 축소일 뿐이다. 그래서 그는 책을 한 권 쓸 때마다 매번 새로운 주제를 다루고자 했다.

이렇게 매번 달라지는 의문점은 특별한 탐구 작업, 오랜 기간에 걸친 섬세한 연구를 필요로 했고, 이것은 결국 베르그송 자신만의 방법론을 만들어내기에 이른다. 따라서 베르그송이 쓴 네 권의 저서는 각각 별개의 책으로 자리매김하고자 한다. 이들 간에는 반복되는 내용도 없고, 한 책의 내용이 다른 책으로 연장되는 경우도 없다. 새로움은 작품 자체의 흐름에도 적용된다. 하지만 전체는 하나하나의 단위들로 구성된다. 규격화된 건축 양식이나 체계가 없어도, 전체 속에는 하나의 일관성이 존재한다. 마찬가지로 베르그송주의라는 것은 없어도, 여럿이 아닌 단 하나의 일관된 베르그송이 존재하는 것이다.

그렇다면 베르그송만의 특수성은 과연 무엇일까? 단순해 보이지만, 상당히 복잡한 질문이다. 이는 단순히 어떤 스타일이나 입장을 넘어선,

베르그송의 이름으로 대표되는 하나의 특별한 방법론을 말하는 것이 분명하다. 일상의 구조를 해체하려고 노력하는 것이 바로 베르그송의 특수성이다. 이 모든 해체 작업을 통해, 베르그송은 일상적으로 인정되어온 표상들을 분해해버린다. 벌거벗은 적나라한 경험에 다가가기 위해서는 이 경험에 대한 직관을 왜곡하고 그르치는 것들을 모두 제거해야 한다. 따라서 첫 단계는 부정의 단계다. 하지만 베르그송이 앞을 가리고 있는 이 장막을 치워버리려 하는 이유는 내밀한 경험과 소여, 그리고 사실 그 자체에 보다 효과적으로 되돌아가기 위해서다.

이러한 과정은 늘 이중적 측면을 지닌다. 우선 그 정확성에 있어서는 과학적 엄밀성을 연상시킨다. 베르그송은 끊임없이 구체적인 경험과 논리적 제거를 표방한다. 변하지 않는 그의 일관된 의지는 사실 그 자체 속에 자리 잡는 것이고, 현실이 직접적으로 가르쳐주는 것들로부터 멀어지지 않는 것이다. 그럼에도 불구하고, 일단 인위적으로 만들어진 지적 산물들과 표상들을 제거하고 나면, 그때부터 느껴지는 현실, 즉 지속과 도약하는 생명력은 과학의 냉철함보다 좀 더 정신적인 무언가를 소유하게 된다. 즉 이러한 작업의 결과는 합리적이기보다는 신비롭게 보일 수도 있다는 것이다.

이것이 바로 베르그송의 가장 주목할 만한 역설이다. 즉 과학에서 차용한 정신으로 형이상학을 다룸으로써 실증주의의 무기를 실증주의의 적수로 만들어버린 것이다. 평범하고 일반적인 표상들이 비판을 받고 나자, 객관성을 표방하던 방법론이 한 번도 본 적 없고 예기치 못했던 결과로 이어진 셈이다.

이 이중적 측면이 바로 베르그송이 생전에 누린 엄청난 성공의 이유라고 할 수 있다. 물론 성공의 원인은 이것만이 아니다. 실증주의자들은 베르그송이 자기네들 편이라고 생각한다. 이것은 어떻게 보면 맞는 말이다. 하지만 종교인들 역시 베르그송을 자기네들의 입장과 일치하는 철학자로 생각하며, 이 또한 어떻게 생각하면 맞는 말이다. 이러한 모호함 덕분에 베르그송은 뜻하지 않게 강력한 명성을 얻을 수 있었던 것이다.

누구도 그를 피해갈 수 없다

:

20세기 초, 콜레주드프랑스는 파리 최고의 명소가 되었다. 강의에 앞서 사교계 여성들은 하인들을 미리 보내 강의실 자리부터 잡게 했고, 으리으리한 고급 자가용들이 그 거룩한 건물 입구로 앞다투어 몰려들었다. 청중들 중에는 앞 시간이었던 수학 강의에 미리 들어와 자리를 맡아두는 이들도 있었다. 그렇게까지 성황을 이루리라고는 누구도 예상하지 못했다. 강의는 계단식 대형 강의실에서 이루어졌는데, 자리가 모자라 심지어 창틀에도 자리를 잡지 못한 사람들을 위해 강의실 문까지 열어두었다. 청중들은 여기저기 선 채로, 잘 보이지 않는 저 뒤쪽에서 잘 들리지도 않는 연사의 목소리에 귀를 기울였다. 강의를 맡은 앙리 베르그송은 당시 살아 있는 지성 그 자체였다.

프랑스의 전 문화계와 유럽의 상당 부분이 이 엄격하고 까다로운 철학자에게 열광했다. 겉모습은 전혀 그런 인기를 끌 만한 사람으로 보이지 않았다. 물론 베르그송은 어릴 때부터 상이란 상은 모두 휩쓴 비범한 아이였고, 프랑스식보다는 영국식에 가까운 교육을 받고 자랐기에 유난히 예의 바른 성격에 겸손함까지 겸비하고 있었다. 그래서인지 떠들썩한 유명세를 불편해하는 경우가 많았다.

실제로 상징주의 시인들은 베르그송을 거의 국민 사상가로 인정했다. 이후 입체주의 화가들 역시 비슷한 태도를 취했는데, 샤를 페기는 베르그송을 도그마에서 자유로운 사상가로 보았고, 프랑스 역사가 알베르 소렐Albert Sorel은 그를 혁명가로 묘사했다. 가톨릭교회는 그를 적대시하는 파와 그를 추종하는 파로 나뉘어졌다. 그럼에도 불구하고 이 철학자가 당시 어디서나, 누구에게나 진정으로 그 시대를 대표하는 철학자로 여겨졌다는 것은 분명한 사실이었다.

데카르트의 위상을 정립하고, 프랑스 정신을 대변하는 데카르트 철학 신화를 구축하는 데에는 300년이라는 시간이 필요했다. 그와는 대조적으로, 베르그송의 명성은 순식간에 이루어졌고, 그만큼 강력했다. 하지만 오래가지는 못했다. 그의 명성이 섬광처럼 스쳤다 사라져버린 것은, 그보다 앞선 철학 세대가 보여준 절박한 긴장감 때문이었다. 1880년대는 실증주의 지도자였던 이폴리트 텐Hippolyte Taine과 에르네스트 르낭J. Ernest Renan의 과학만능주의 세력이 약화되던 시기였다. 형이상학의 부활이 점쳐지던 시기이기도 했다. 심지어 소설가 폴 부르제Paul Bourget는 '과학적 인식의 최종 파산'을 예고하기도 했다.

최초의 베르그송 효과는 이러한 간접적인 논쟁과 갈등을 그대로 관통했다는 데 있다. 베르그송은 형이상학과 과학만능주의라는 대립적인 두 입장에 모두 해당하는 것으로 보인다. 그가 형이상학적 의문점에 대해 과학적이고 실험적인 방법론을 적용하기 때문이다. 그 결과 양측 모두 베르그송을 자기편으로 끌어들일 수 있었다. 두 번째 베르그송 효과는 그의 사상을 '오늘의 철학'으로 변모시킴으로써 가능했다. 상징주의 시인들과, 알베르 소렐, 샤를 페기 등의 작가들 덕분에 여러 얼굴을 가진 베르그송주의라는 것이 형성되었고, 생명론, 에너지 숭배론, 영적인 관심, 메마른 이성에 대한 반감 등이 이 베르그송주의 속으로 얽혀 들었다.

이것은 분명 기존 철학에 대한 충실함과 배신이 혼합된 결과였다. 어쨌든, 수십 년 동안 너무나 많은 논쟁을 통해 직관과 지성, 시간과 지속, 기계적인 것과 살아 있는 생명이 서로 대립했다. 이제는 그 누구도 베르그송을 피해갈 수 없다는 느낌이 들 정도였다. 그 "별 볼 일 없이 화려하기만 한 유대인" 때문에 심기가 불편했던 반유대주의자 레옹 도데Léon Daudet도 예외가 아니었다.

그러던 1928년, 베르그송이 노벨상을 수상하자 상황은 급변한다. 사방에서 강연 초청이 끊이지 않던 저명한 사상가가 어느새 고전이 되어 과거 속에 묻혀버린 것 같은 느낌이 들었기 때문이다. 세상은 더 이상 그에 대해 왈가왈부하지 않았다. 이후에는 폴 니장Paul Nizan이나 조르주 폴리체르Georges Politzer 같은 공산주의자들의 신랄한 비난을 제외하고는 이러한 암묵적 합의가 이어진다.

철학자의 정치적 쓸모

:

그 시간 동안, 베르그송은 또 다른 모습으로 존재한다. 오늘날에는 거의 간과되고 있는 정치가로서의 모습으로 말이다. 그는 정치 아마추어가 아니었다. 베르그송이 국제무대에서 맡은 역할은 대단히 중요한 위치를 차지한다. 다만 여기에 주목하는 사람들이 별로 없을 뿐이다. 1917년, 아리스티드 브리앙Aristide Briand*은 베르그송에게 우드로 윌슨Woodrow Wilson 미국대통령과의 밀약체결 임무를 부여한다. 바로 연합국의 일원으로 대對독일전쟁에 참전해줄 것을 설득하는 임무였다. 왜 하필이면 베르그송이었을까? 유명인사라서? 남다른 애국자라서? 유창한 영어 실력 때문에? 이런 이유들로는 설명이 충분치 않다.

*아리스티드 브리앙 1862~1932년. 프랑스의 정치가. 제1차 세계대전 이후 푸앵카레와 나란히 정치가로서 활발히 활동했다. 하지만 푸앵카레와는 달리 독일에 대한 배상문제에 있어 평화적 해결을 주장했으며, 국제분쟁에 대한 평화적 해결을 도모한 공로가 인정되어 1926년 노벨 평화상을 받았다.

문제는 대통령으로 하여금 프랑스의 지지를 이해시키고, 특히 '승리 없는 평화'라는 윌슨 자신의 견해에 따라 연합국 전선에 동참할 것을 설득하는 것이었다. 베르그송은 임무를 성공적으로 완수해냈다. 베르그송이 윌슨 대통령의 신임을 얻을 수 있었던 것은 바로 철학자로서의 위상 덕분이었다. 윌슨 대통령은 베르그송의 완벽하고 이상적인 이미지를 통해 용기를 얻었던 것이다. 그때까지 유럽에서 아메리카로 나아가던 역사가 다른 방향으로 흐르기 시작한 것은 부분적으로는 《의식에서 직접 주어진 것들에 관한 시론》을 쓴 이 저자 덕분이다.

베르그송의 두 번째 임무는, 브레스트리토프스크Brest-Litovsk 조약이다. 이 조약은 러시아혁명으로 성립된 소비에트 정부가 세계대전에서 이탈한다는 내용을 담고 있다. 이번에 베르그송의 임무는 앞선 임무만큼 막중한 것은 아니었다. 하지만 국제연맹의 요청에 따라 1922년부터 1925년까지 '국제지식인협력위원회'를 창립함으로써 다시 한 번 정치 활동의 최전선에 나서게 된다. 그 당시 베르그송은 영향력과 신망을 얻으려 노력하면서, 프로그램을 제작하고, 국가 원수들을 설득하고, 과학자들(아인슈타인, 마리 퀴리 등)을 결집시키고, 회담을 주선하고, 필요한 사항들이 무엇인지 꼼꼼히 체크하는 모습을 보였다.

"내 삶에 운석이 하나 떨어진 것 같았다. 바늘 하나 들어갈 자리도 없이 내 삶은 그렇게 짜여져버렸다"라고 훗날 베르그송은 회고한다. 적어도 국제지식인협력위원회의 기수로서 베르그송은 어려운 과정을 용케도 잘 치러냈다. 이 최초의 국제문화단체가 이룬 성공에 힘입어, 배경은 다르긴 하지만, 1946년 유네스코 창립도 가능했다. 오늘날 유엔의 이 교육문화기구의 본부가 파리에 자리하고 있는 것도, 유네스코 정신 속에서 철학적 지성이 완전히 사라지지 않은 것도, 베르그송이 부여한 최초의 추진력 덕분이다.

제대로 경험해보아야 한다

:

20세기의 가장 존경받는 사상가 중 한 사람으로서, 수많은 타이틀과 영광스러운 명예(콜레주드프랑스, 노벨상, 아카데미프랑세즈, 다수의 훈장

등)를 소유한 베르그송은 비시 정부(비시에 주재한 프랑스의 친독일 정부)에게 불편한 존재가 아닐 수 없었다. 그가 유대인인 데다 프랑스의 애국자였기 때문이다. 비시 정부는 베르그송에게 그가 받은 프랑스 최고 훈장 '레지옹도뇌르'를 '아리안도뇌르'라는 요상한 이름의 훈장과 바꿀 것을 요구한다. 이 철학자는 자신에 대한 모든 형태의 특혜나 특권을 거부한 것처럼 그 제안도 거절했다. 그 결과 1941년 1월, 파리에 있는 그의 호화저택에서는 불을 땔 석탄마저 떨어졌고, 그는 여든두 살의 나이에 폐부종에 걸리는 지경에 이른다. 그는 이내 혼수상태에 빠졌다.

당시 언론의 보도는 이러하다. "베르그송의 임종을 지키는 사람들은 그의 마지막이 가까이 왔음을 감지했다. 바로 그때 느닷없이 그가 말을 하기 시작했다. 그는 한 시간 동안 철학 강의를 했다. 그의 발음은 또박또박하고 정확했으며, 문장 구사 또한 분명했다. 그 명석함은 그의 말을 듣고 있는 사람들을 깜짝 놀라게 할 정도였다. 그가 말했다. '여러분, 다섯 시군요. 수업은 이걸로 끝입니다.' 그리고 그는 숨을 거두었다."

이 마지막 수업에서 그는 무슨 말을 했을까? 겉으로는 아무도 그 내용을 기록하지도 않았고, 암기하지도 않았다. 철학자 레옹 브랑슈비크 Léon Brunschvicq는 그날의 기억들 중 공통된 부분들을 비교적 상세하게 정리하여 발표했다. "마지막 날 밤, 그는 자신이 콜레주드프랑스에 와 있다고 생각했다. 그는 강의를 했다. 그가 말하기를, '다섯 시군요. 이제 그만 해야겠습니다'라고 했다. 그리고 그는 죽었다."

베르그송이 실제로 이 꿈같은 수업을 했다고 치더라도, 죽음을 목전에 둔 그가 정말로 그곳을 콜레주드프랑스라고 생각했던 것일까? 아니면 클레르몽페랑 고등학교라고 생각했을까? 아니면 처음 교편을 잡았던 앙제의 고등학교가 아닐까? 그는 여느 때와 마찬가지로, 유려하고 날카로운 문장을 통해 마지막 평화의 순간과 최후의 신성한 산책로를 다시 만났던 것일까? 그는 자신의 솔직하고 유연한 문체를 이용해 철학자 펠릭스 라베송Félix Ravaisson의 마지막 발자취를 묘사한 적이 있다. "웅장한 나무들과 향기로운 꽃들이 만발한 오솔길을 따라 걷듯, 그는 그 고매한 사유와 매력적인 이미지들 사이를 걸어 최근까지 이어져왔습니다. 밤이 오는 것을 염려하지 않고 수평선에 몸을 바짝 붙인 채, 오로지 한층 누그러진 빛 속에서 그 형태가 더욱 또렷해 보이는, 정면의 태양만을 직시하며 말입니다." 그 마지막 날 밤의 베르그송도 라베송처럼 눈앞의 태양을 바라보고 있었던 것일까?

아니면 언제나처럼 밝고 분명한 문장 속에서도, 유럽을 휩쓸고 있던 전쟁의 광풍과, 간호사의 부축까지 받으며 자기가 유대인임을 프랑스 경찰에게 자진 신고해야 하는 굴욕과, 승승장구하는 나치의 야만성에 대한 절망감 때문에 정신적으로 질식할 지경이었던 건 아닐까? 이에 대한 사실은 앞으로도 결코 알 수 없을 것이다. 전기傳記만으로 그 사람을 다 알 수는 없다.

사람들이 자신의 일생을 속속들이 파헤치는 것을 혐오했던 베르그송은 자기만의 분명하고 확실한 원칙을 갖고 있었다. 자기의 강의 노트와 개인적 기록들, 주고받은 편지들 대부분을 파기하도록 했을 뿐만 아니라, 사후 출판도 금지한다는 유언까지 남겼다. 그가 쓴 글 중에서도 다시 읽어보고 허락한 부분만이 자신의 글로 인정되었다. 게다가 다른 사람들이 자기 전기를 아예 쓸 생각조차 못하게 할 목적으로, 확실한 지침까지 미리 마련해두었다. 아래의 고딕체는 베르그송의 요구로 강조한 부분이다. "나는 사람들이 내 **삶**이 아닌, 오로지 나의 **철학**에만 관심을 가져줄 것을 늘 요구했다는 점을 항상 염두에 둘 것. 철학자란 자신의 학설에 대해서는 어떠한 홍보도 하지 않아야 하고, 대중의 관심을 호소하지 않아야 한다는 것이 나의 변함없는 원칙이다. 나는 이러한 홍보에 대해 두려움을 가지고 있는 사람이고, 내 작품을 출간하여 내게 이러한 홍보 효과가 생긴다면 나는 그 출간을 두고두고 후회할 것이다."

하지만 그의 명성과, 후손들의 끈질긴 노력 덕분에 베르그송의 이 모든 선전포고는 아무 소용이 없게 된다. 베르그송의 전기는 세상에 나왔고, 그의 편지, 강의 노트, 개인적 기록도 모두 출간되었다. 분명 그의 의사를 무시한 것이기는 하지만, 결과적으로 그 이상의 커다란 의미를 가져왔다. 베르그송의 저작들은 그 자체로 충분히 완성된 것이기에, 이전 세대 혹은 동시대의 인식 때문에 변화를 겪을 가능성은 없다.

결국 중요한 것은, 우리 각자가 베르그송을 이해하기 위해 지금 베르그송을 읽고 제대로 경험해보아야 한다는 것이다. 그 어떤 것도 실제 대면을 대신할 수 없다는 사실은 베르그송의 중심 사상에 충실한 것이기도 하다. 스스로의 힘으로 움직이게끔 만드는 철학자들, 베르그송도 분명 그중 한 명이다.

베르그송의 책 중에서 가장 먼저 읽어야 할 것은?

베르그송에게 접근할 때 보통 《웃음》이라는 얇은 책을 먼저 읽는 경우가 많다. 나름대로 재미도 있고, 고전으로 평가받는 책이지만, 베르그송의 전체 철학에 비추어보면 그 책은 주변적 지위에 있다고 할 수 있다. 그보다는 그의 첫 번째 저작 《의식에서 직접 주어진 것들에 관한 시론》을 통해 정면으로 베르그송을 돌파하는 방법을 추천한다.

베르그송에 대해서 좀 더 깊이 알고 싶다면?

앙리 베르그송 저, 박종원 역, 《물질과 기억》, 아카넷, 2005
앙리 베르그송 저, 황수영 역, 《창조적 진화》, 아카넷, 2005
앙리 베르그송 저, 김재희 역, 《도덕과 종교의 두 원천》, 지만지, 2013
질 들뢰즈 저, 김재인 역, 《베르그송주의》, 문학과지성사, 1996

previous

경험의 진리와 만나기 위해서는 베르그송과 함께 거짓 표상들과 왜곡된 개념들을 제거해야 하고, 생명의 움직임 속으로 침잠해 들어가야 한다.

윌리엄 제임스 및 그의 프래그머티즘과 더불어, 진리는 경험에서 출발하여 규정되는 것일 뿐만 아니라, 또 다른 방식으로도 규정된다. 즉 기능적인 것도 진리가 된다. 이것은 정확히 무슨 의미일까?

next

1842	1869	1876	1890
뉴욕에서 출생.	하버드 대학에서 의대 박사학위 취득.	하버드 대학의 정신물리학연구소 창립.	《심리학의 원리》 출간.

William James

윌리엄 제임스

모든 진리는 상대적이다

어디서 활동했나?

소설가 헨리 제임스Henry James의 형으로 아일랜드 출신의 유복한 미국 가정에서 귀족 교육을 받고 성장했다. 인생의 대부분을 여행과 집필 활동, 강의로 보냈다.

진리란?

윌리엄 제임스에게 있어 진리란, 경험을 통해 확인되는 믿음이며, 그 실용적 가치와 연결되어 있다. 따라서 그것은 그 효용과 결과에 따라 상대적인 것이기 때문에 내재적 가치란 없다.

명언 한 말씀!

"철학이 없는 인간은, 가능한 모든 친구들 중에서 가장 바람직하지 못하고 가장 메마른 친구다."

철학 역사에서 그는…

생전에는 높이 평가되었던 윌리엄 제임스는 한동안 세간의 주목을 받지 못하다가, 20세기 후반 미국뿐 아니라 유럽에서 다수 철학자들의 주요 관심사로 새롭게 등장했다.

1895	1900	1906	1910.8.26
하버드 대학 철학 정교수로 재직.	스탠퍼드 대학 교수로 재직.	컬럼비아 대학 강연을 《실용주의》로 출간.	자신의 시골집에서 사망.

앙리 베르그송과 그보다 열일곱 살이나 많은 윌리엄 제임스는 서로 잘 알고 존경하는 사이였다. 두 사람이 주고받은 편지들을 보면 이를 충분히 짐작할 수 있다. 이들은 구체적인 것에 대한 감각, 심리학적이고 초심리학적인 취향, 영원한 혁신에 대한 관심, 명확한 언어 구사에 대한 확고한 의지 등의 공통점을 가지고 있었다. 게다가 나이차가 큼에도 불구하고, 두 사람은 주요 저작들을 비슷한 시기에 발표했다. 1906년과 1907년, 컬럼비아 대학에서 있었던 윌리엄 제임스의 강연은 프래그머티즘에 관한 그의 책이 탄생하는 계기가 되었고, 비슷한 시기에 베르그송은 《창조적 진화》를 출간했다.

베르그송의 책을 읽은 윌리엄 제임스는 그에게 이런 편지를 쓴다. "당신은 마술사이고, 아름다운 형식의… 당신 책은 하나의 마법이자 철학사에 있어 진정한 기적입니다." 일반적으로 철학자들은 서로를 칭찬하는 일이 별로 없다. 그래서 이런 식으로 찬사를 보내는 일은 굉장히 이례적인 일이다. 제임스가 죽은 지 7년째 되던 해인 1917년, 베르그송은 《프래그머티즘》이라는 제임스의 책 서문에 다음과 같이 자신 있게 적었다. "그는 그 누구보다 열렬히 진리를 사랑했다. 그 누구보다 열정적으로 진리를 추구했다. 그는 거대한 불안감에 사로잡혀 있었다. 한 과학에서 다른 과학으로, 해부학과 생리학에서 심리학으로, 심리학에서 철학으로 종횡무진 움직였다. 주요 문제들에 신경을 곤두세우고, 그 나머지와 자기 자신에 대해서는 잊은 채였다."

베르그송의 이 말은 바로 윌리엄 제임스를 한마디로 요약해주고 있다. 하지만 생략된 부분도 너무 많다. 사실 윌리엄 제임스는 아주 복합적인 인물이다. 과학적인 만큼 비현실적이고 공상적 기질도 다분하다. 굉장히 부유했던 그의 아버지는 스웨덴의 신비주의 사상가 스웨덴보리Emanuel Swedenborg(1688~1772)를 신봉하는 독특한 기질의 소유자였다. 집안의 큰 아들이었던 윌리엄 제임스는 소설가 헨리 제임스의 형이었다.

미국에서 크게 성공한 아일랜드계였던 이 특이한 집안에서, 세계여행은 또 하나의 자녀교육 방식이었다. 젊은 시절의 제임스는 새로운 여행을 위해 정기적으로 뉴욕을 떠나 유럽이나 그 외 지역을 떠돌았다. 귀족적이었던 그의 삶은 차츰 새로운 깨달음과 발견에 대한 끊임없는 욕구로 채워졌다. 영어만큼이나 독일어와 프랑스어에도 능통했던 그는 그러한 가능성이 남달리 더 컸다고 볼 수 있다. 하지만 이러한 지적 욕망은 이내 지식에 대한 병적인 허기증으로 변해갔다.

그래서인지 그의 《일기》를 읽어보면, 스무 살 즈음 그는 지리학, 전기 역학, 프랑스혁명, 산스크리트어, 찰스 퍼스Charles S. Peirce*를 동시에 공부하고 있었다. 거기다 생물학에 대한 열정도 남달라 찰스 다윈의 라이벌격인 생물학자와 함께 브라질 여행까지 감행했고, 오랜 슬럼프 끝에 프랑스 철학자 샤를베르나르 르누비에Charles-Bernard Renouvier**를 통해, 자유 의지는 우리가 자유롭다는 확신에서 비롯한다는 것을 깨닫기도 했다. 이 정도면 윌리엄 제임스라는 사람이 얼마나 독특한 인물인지 충분히 짐작할 수 있을 것이다.

찰스 퍼스 1839~1914년. 미국의 철학자이자 논리학자이며, 프래그머티즘의 진정한 창시자라 불린다.

샤를베르나르 르누비에 1815~1903년. 프랑스의 칸트주의자이며, 독일의 신칸트파와 비슷하여 신비판주의라고도 불린다. 《일반적 비판시론》, 《도덕의 과학》, 《신단자론》, 《인격주의》 등의 저서가 있다.

중증 히스테리 환자였던 여동생과, 제임스 자신만큼이나 종잡을 수 없었던 특이한 아내, 재산보다 더 불안정한 건강 상태, 보기 드물게 화려한 대학 교수 경력 등은 이 카멜레온 같은 상류층 인사의 또 다른 이력이다. 이는 그가 가장 좋아했던 '늘 극단까지 밀고 가야 한다'라는 좌우명과 상당히 일치한다. 이런 윌리엄 제임스였기에, 1906년 4월 18일 강진으로 화염에 휩싸인 샌프란시스코로 달려가는 것도 마다하지 않았다. 대재앙 속의 집단 반응을 연구하기 위해서였다. 그는 그 무엇보다도 심리학자였기 때문이다.

심리학에서 철학으로

:

1890년에 출간되어 심리학의 기념비적 저서가 된 《심리학의 원리》는

1,377쪽이라는 방대한 분량에 걸쳐 심리학의 새로운 원칙을 정립했다. 이전의 심리학은 신학적 원칙에 근거하고 있었다. 심리학이라는 이름으로 이루어지는 모든 분석은 과학적 실증주의의 영역에 속하지 않았던 것이다. 그러나 윌리엄 제임스가 생각하는 심리학이란 생리학에 기초한 하나의 과학이었다. 심리학은 하나의 독자적이고 엄정한, 가능하면 실험을 통해 증명하는 과학적 인식이라는 것이다. 과거 심리학과의 이러한 단절은 하나의 혁명으로 받아들여졌다.

그러나 윌리엄 제임스의 관심은 그때 이미 다른 데 가 있었다. 그는 하버드에 미국 최초의 실험심리학연구소를 설립한 뒤, 종교, 진리의 정의, 그리고 철학적 방법론에 관심을 갖게 된다. 우리의 관심사와 일치하는 바로 이 지점의 윌리엄 제임스를 잠시 주목해보자. 그의 사유 내부에서 발생한 이런 시각의 변화는 상당히 결정적인 것이다.

예로부터 철학적 전통 속의 진리란(진리라는 것이 존재한다면) 불변하는 것이었다. 2 더하기 2는 어제도 4였고, 내일도 4일 것이다. 이러한 불변성은 장소에 대해서도 마찬가지다. 즉 진리라는 결과는 장소에 상관없이 늘 동일하다. 피레네 산맥 이쪽의 진리는 산맥의 저 너머에서도 진리인 것이다. 의견이나 믿음은 서로 다를 수 있지만, 진리는 그렇지 않다. 윌리엄 제임스의 프래그머티즘은 이 오래된 진리의 기반을 송두리째 뒤흔들다 못해 통째로 뒤엎어버린다.

그가 보기에, 진리와 믿음은 결국 하나다. 진리란 움직이고 진행되는 믿음, 그 실용적 결과들을 확인할 수 있는 하나의 믿음이다. "진리이다"라는 것은 정체된 속성이 아니라, 하나의 과정에서 비롯하는 결과다.

이 프래그머티즘의 창시자는 그 점을 분명히 지적하고 있다. "사상의 진리란, 그 사상 속에 내재되어 있는 어떤 정체된 속성이 아니다. 진리가 하나의 사유 속에 발생하면, 그 사유는 사건들을 통해 진리가 된다. 사유의 진리는 사건, 자기 확인, 자기 검증의 과정이다."

달리 표현하면, 모든 진리는 상대적이라는 것이다. 진리는 그 탄생 조건, 어떤 성향과 기질을 보이느냐에 따라 변한다. 특히 어떤 결과를 낳느냐에 따라서도 달라진다. 즉 그 결과에 따라 주목할 만한 주요 진리 혹은 흥미로운 진리가 결정되는 것이다. 뒤에서 설명할 나무, 사람, 다람쥐의 우화를 통해 알 수 있는 것이 바로 이것이다. 윌리엄 제임스는 1906~1907년에 컬럼비아 대학에서 있었던 자신의 강연에서 이 우화를 생각해냈다. 자신이 말하는 프래그머티즘, 즉 '오래된 사유 방식을 위한 새로운 명칭'이 무슨 의미인지를 분명히 하기 위해서였다.

사유 방식과 일상적 의미의 차이
:

민첩한 다람쥐 한 마리가 나무 둥치 한쪽에 붙어 있고, 그 반대편에 있는 사람은 이 다람쥐를 관찰하고 싶어 한다. 그 사람이 한 걸음 앞으로 내디딜 때마다, 다람쥐도 앞으로 움직인다. 그러면 그 사람은 다람쥐를 절대로 볼 수 없다. 사람이 나무를 한 바퀴 돌 때, 다람쥐도 똑같이 그만큼 안 보이는 반대쪽으로 움직이기 때문이다. 이때 누군가 "이 사람은 지금 다람쥐 주위를 돌고 있나요?"라고 묻는다면, 뭐라고 대답해야 할까? 어떤 사람들은 그렇다고 답한다. 그 사람이 나무 주위를 돌고 있기 때문에, 실제로 다람쥐 주위를 돈다고 할 수 있다. 반면 아니라고 대답하는 사람들도 있다. 그는 다람쥐와 한 번도 마주친 적이 없고, 정면으로 보지 못했기 때문에 그 사람이 다람쥐 주위를 돌고 있다고 말할 수 없다는 것이다.

이 끝나지 않을 것 같은 무미건조한 숨바꼭질은 무엇을 말하고자 하는 걸까? 이 우화의 메시지는 다음과 같다. 사람이 다람쥐 주위를 돈다는 주장이나 혹은 그렇지 않다는 주장이나, 실용적 결과라는 관점에서 보면 아무런 의미가 없다. 사실 이런 질문 자체가 하등의 의미가 없는 것이다. 사람이 다람쥐 주위를 돈다는 결론 혹은 다람쥐가 사람 주위를 돈다는 결론이 도대체 인간에게 어떤 변화를 가져오는가? 변하는 건 아무것도 없다! 이 질문을 첫 번째 혹은 두 번째 결론만을 주장하는 사람들에게 던진다고 해서, 각각의 결론 때문에 불리한 상황을 겪거나 이득을 얻는 사람은 단 한 명도 없다.

윌리엄 제임스에게 있어, 이 결론 혹은 영향력 없는 진리는 아무 내용도 없고 확실성도 없다. 이 문제 자체가 아무런 의미도 갖지 않기 때문이다. 그러므로 이런 공허한 문제는 고려의 대상이 못 된다. 그래도 가던 길은 끝까지 가야 한다. 사실상 형이상학의 중요한 의문점들은 모두 동일한 상황에 놓여 있다. 어떤 대답을 하든지 그 대답은 인간의 삶에 눈곱만큼의 영향도 미치지 못한다. 이 세상이 무한하든 유한하든, 우리에게 불멸의 영혼이 있든 없든, 인간의 현실적 삶에는 실질적인 변화가 전무한 것이다. 이 엄청난 딜레마는 근본적이고 결정적인 것으로 다가온다. 사실상 출구가 없는 것이다.

결국 프래그머티즘의 이러한 사유 방식은 그 말이 가지는 일반적 의미와는 아무 연관이 없다는 것을 확인할 수 있다. 일반적으로 우리가 흔히 아는 프래그머티즘이란 (정치학에서, 비즈니스에서, 개인적 결정에서) 교조적이 아니라 현실적이고, 이상과 원칙을 고수하기보다 구체적 이익을 우선시하며, 요컨대 어떤 것이 진짜 이득인지를 제대로 알고 거기에 자신을 맞추는 것이기 때문이다.

경험, 민주주의의 중심 개념

:

하지만 이러한 일반적 프래그머티즘의 문제는 윌리엄 제임스의 관심사가 전혀 아니었다. 그에 대한 최악의 오해는 그의 사유 방식을 오직 결과에만 매진하는 비즈니스맨들(중요한 것은, 잘 팔리는 것!)의 이데올로기와 동일시하는 것이다. 반미反美적·반자본주의적 선입견에 의해 더욱 심해진 이러한 해석의 오류는 유럽에서 자주 찾아볼 수 있다. 그런데 이러한 오류는 제임스식 분석의 독창성을 간과하는 결과를 낳는다. 프래그머티즘은 결과의 이데올로기와는 거리가 먼, 경험의 철학이기 때문이다.

그는 스스로 과학적 태도에 가까워지고자 한다. 그의 진리 개념은 과거보다는 미래를 지향한다. 다시 말해, 프래그머티즘은 "진리란 실용적 결과를 생산하는 어떤 사유다"라고 주장하지 않는다. 그보다는

"한 사유는 이 사유에서 비롯한 결과에 따라 어느 정도 진리가 된다"고 생각한다. 사실 이것은 과학의 철학이면서 동시에 민주주의의 철학이다.

민주 정치는 진리에 대한 이런 식의 구성 절차가 가장 뚜렷하게 드러나는 영역임에 틀림없다. 민주주의를 움직이고 규제하는 것은 결코 불변의 법칙이 아니다. 민주주의적 진리는 사실, 상황의 이치에서 비롯한다. 즉 그 진리는 그 결과가 나타남에 따라 형성되고 다시 정의되는 것이다. 민주주의체제에서는, 현실을 지배하는 완벽한 규범이란 있을 수 없고, 불가침의 규범을 강요할 수도 없다.

정치란 항상 '만들어지는 과정 속'에 있고, 스스로 형성되고 있는 중이다. 상호작용과 변형과 실험이 서로 맞물려 짜인 천이 바로 정치다. 그런 이유로 '경험'은 민주주의의 중심 개념이고, 프래그머티즘에서도 마찬가지다. 프래그머티즘에서 경험이란, 언제나 어떤 변화의 과정을 가리킨다. 경험이란 만물에 대해 사전 정의된 질서를 부과하거나, 기존의 계획을 현실화시키는 것이 아니다. 오히려 경험은 만물을 변화시킬 뿐만 아니라, 그 경험을 실현하고 완성시키는 사람까지 변화시킨다. 요컨대 주체와 객체가 서로를 형성해나가고, 서로를 변화시키는 것이다. 이러한 상관관계는 세계와 사유의 관계, 또는 자연과 사회의 관계에 있어서도 마찬가지다.

그러므로 프래그머티즘은 나름의 질서와 고착된 구조, 의무적 추론을 갖춘 철학체계와는 정반대다. 오히려 프래그머티즘은, 자존심 상하는 치명적 험담을 단 한 번도 들어본 적 없이 수백 년 동안 고매하게 전해내려온 낡고 공허한 사상들의 거품을 빼보려는 정신적 추이라고 할 수 있다. 더군다나 프래그머티즘을 표방하는 사상가들은 (그 양상은 다양하지만) 프래그머티즘을 고정된 하나의 독트린이 아닌 진화하는 사상으로 이해하고 있다.

진리로 가는 여러 여정들

:

이러한 실용주의적 자세를 윌리엄 제임스의 철학에만 한정시키는 것은 너무 단편적인 시각이다. 프래그머티즘이라는 말과 사상은 찰스 퍼스가 매사추세츠의 케임브리지 대학에서 주관했던 '형이상학 클럽'에서 오랜 기간에 걸쳐 만들어진 성과물이다. 윌리엄 제임스도 이 모임에 참여했다. 이들의 분석은 주요 지점에서 일치하지 않는 부분들도 있지만, 한 가지 기본자세만큼은 공유하고 있다. 이 입장은 존 듀이John Dewey(1859~1952)의 철학에도 똑같이 나타난다.

아흔두 해를 사는 동안 말년까지 생기를 잃지 않았던 존 듀이는 헤겔에서 다윈까지 두루 섭렵했고, 윌리엄 제임스에서부터 자신의 프래그머티즘 철학까지 종횡무진했다(37권에 이르는 그의 전집을 통해 그 자취를 따라갈 수 있다). 이 철학자는 자신의 사유를 주로 교육과 민주주의라는 기본 축을 통해 전개시켰다. 경험의 역동성이야말로 가장 중요한 것임을 확신한 그는, 아동의 탐구와 욕구뿐만 아니라, 과학과 기술을 통해 발견한 해결책들의 타당성에도 초점을 맞춘 교육체계를 만들어냈다.

존 듀이의 독창성은, 인간의 지식이 역사 속에 구축해놓은 것과, 세계가 아이들에게 제기한 문제들에 대해 이 아이들이 해답으로 찾아내려고 하는 것 사이에는 공통점이 존재한다고 가정했다는 점에서 찾을 수 있다. 그 결과 듀이는, 아이들에게 어떤 지식과 어떤 프로그램과 어떤 내용을 전달할 것인가에 대해서만 강조하는 교육학자들과 대립하게 된다. 그리고 직관적 깨달음과 자발적이고 창의적인 능력의 자유 계발만을 신봉하는 교육학자들과도 결별한다. 존 듀이에게 중요한 것은, 세계/정신, 사유/행동 간의 극단적 대립을 해결하는 것이다. 그런 이유 때문에 실용주의자 듀이는 지속적인 창조와 진리-절차를 강조한다.

그에게 있어 민주주의는 이러한 무한 변화에 대한 최상의 사례였다. 민주주의에서는 모든 것이 끊임없이 다시 시작된다. 듀이가 생각하는 민주주의는 단순한 하나의 제도적 장치, 하나의 정치제도 이상이었다. 그는 "민주주의란 정부의 한 형태가 아니다"라고 수도 없이 이야기했다. 민주주의란 스스로의 규범들을 끊임없이 정의하는 하나의 삶의 방식이다. 이런 의미에서, 정치는 실험이다. 단, 대중의 관심이 늘 함께하고, 복잡한 문제들과 전문가의 지배로 인해 대중이 권력을 박탈당하지 않는다는 조건이 필요하다.

프래그머티즘은 현대 철학에 어떤 상황에서는 보이지 않는 영향을, 어느 순간에는 분명하고 가시적인 영향을 미쳤다. 질 들뢰즈의 사상은 프래그머티즘의 영향을 보여주고 있는데, 그 영향의 일부는 윌리엄 제임스와 가까웠던 베르그송이라는 매개를 통해서 드러난다. 또한 1920년에 나온 《영국과 미국의 다원주의 철학자들》이라는 책을 통해 '이 다원주의 철학자들'을 알게 해준 철학자 장 발Jean Wahl의 역할도 들뢰즈의 프래그머티즘적 징후의 일부 원인이 된다. 현대 미국 철학의 일부가 프래그머티즘적 입장과 밀접한 관련이 있다는 사실은 프래그머티즘의 결정적인 영향력을 잘 보여준다. 특히 리처드 로티Richard M. Rorty*의 철학과, 최근에는 미학에 대한 실용주의적 접근의 독창성을 특히 강조한 리처드 슈스터만Richard Shusterman의 영향이 두드러진다. 대중 예술과 일반인의 경험에 초점을 맞춘 이러한 접근은, 대중 예술에 대한 전문 예술가들의 협박에 과감히 맞선다. 여기에서도 프래그머티즘은 그 무엇보다 경험철학의 면모를 드러낸다. "예술가가 작품 생산을 위해 수행한 과정들을 우리가 우리 자신의 삶의 과정 속에서 밟아갈 때, 우리는 예술 작품의 중요성을 진정으로 이해할 수 있다."

리처드 로티 1931~2007년. 미국의 철학자. 철학, 인문학, 비교문학 교수로 활동하는 등 복잡한 지적 배경을 지녔다. 서양의 전통 철학을 비판했으며, 신실용주의를 제창했다.

결국 윌리엄 제임스와 실용주의자들은, 베르그송과 마찬가지로, 우리를 우리 자신에게로 되돌려 보내는 사유의 스승들에 속한다. 진리에 대한 일사불란한 한 가지 개념을 강요하기보다는, 진리에 대한 다원주의, 진리의 다양한 기질, 진리로 향하는 여정은 여러 가지라는 사실을 강조하는 철학자들이다. 다시 한 번 강조하자면, 중요한 것은 바로 '결과'다.

윌리엄 제임스의 책 중에서 가장 먼저 읽어야 할 것은?

윌리엄 제임스의 세계로 들어가기 위한 가장 적절한 통로는 바로 《실용주의》다. 보스턴 대학(1906년 11, 12월)과 컬럼비아 대학(1907년 1월)에서 진행된 강연을 엮은 이 책은 이해하기 쉬우면서도 굉장히 혁신적인 내용을 담고 있다.

윌리엄 제임스에 대해서 좀 더 깊이 알고 싶다면?

윌리엄 제임스 저, 김양은 역, 《심리학의 원리1, 2, 3》, 아카넷, 2005

p r e v i o u s

윌리엄 제임스의 프래그머티즘은 우리가 진리라고 생각하는 것들에 대해 우리의 기질과 개인적 경험이 미치는 영향에 역점을 둔다.

프로이트는 이러한 방법론을 더 극단적으로 밀고 나가, 우리 의식의 통제를 벗어나는 비밀스러운 성향들이 우리의 믿음에 새로운 진리를 부여한다고 주장한다.

n e x t

1856	1885	1895	1900
프라이베르크(현재 체코의 프리보르)에서 출생.	대학 시간강사. 파리에서 신경병리학자 장 샤르코의 수업 수강.	요제프 브로이어와 함께 《히스테리 연구》 출간.	《꿈의 해석》 출간.

Sigmund Freud

지그문트 프로이트

지식과 진리를 구분하기에 이르다

어디서 활동했나? 19세기 말과 20세기 초 빈에 거주했다. 그곳은 현대의 지적·예술적 창조 작업에 있어 가장 특별한 보금자리 중 하나였다.

진리란? 프로이트에게 있어 진리란, 주체의 의식을 완전히 혹은 부분적으로 벗어나며, 정신분석학적 해석 작업을 통해 재구성될 수 있고, 불쾌하고 언짢은 경우가 많으며, 저항과 거부를 불러일으킨다.

명언 한 말씀! "분명하게 볼 수 있는 능력이 부족한 우리는 최소한 어둠 속에서라도 분명하게 보고 싶어 한다."

철학 역사에서 그는… 정신분석학이 촉발시킨 다양한 학파들, 정신분석학의 영향을 받은 여러 창작 활동과 정신분석학이 유발한 다양한 논쟁을 통해, 정신분석학의 주요 내용들은 20세기 사상사에서 핵심적 지위를 차지한다. 이 점에서 프로이트의 영향력은 상상을 초월한다.

1905	1920	1938	1939.9.23
《성욕에 관한 세 편의 에세이》 출간.	《쾌락원칙을 넘어서》 출간.	나치 제3제국의 오스트리아 병합 이후, 나치를 피해 런던으로 감.	런던에서 사망.

프로이트는 철학자인가? 어떤 의미에서 그는 철학자가 아니다. 그는 스스로 철학 공부를 거부했다. 그는 철학적 방법론 및 절차와 자신과의 거리, 철학에 대한 불신을 여러 차례 지적한 바 있다. 심지어 대놓고 철학과 마술을 비교하기도 한다. 즉 철학자들은 순수 이론적인 문제들을 검증함으로써 현실의 문제들까지 동시에 해결할 수 있다고 믿는 오류를 범하고 있다는 것이다. 프로이트는 철학자의 태도와 마술사의 태도가 똑같이 절대 권력적인 사고에 대한 믿음에 기대고 있음을 밝혀낸다. 즉 철학자들이 꿈꾸는 것은 고작 몇 가지 공식들을 주장하며 세상을 바꾸려는 것이라는 얘기다.

철학에 대한 이와 같은 암시적이고 명시적인 비판에도 불구하고, 프로이트는 20세기 사상을 형성한 철학자들의 대열에 당당히 자리하고 있다. 철학을 비판하기는 했지만 무엇보다 철학서들을 가까이에서 접하고 읽었을 뿐 아니라, 그로부터 많은 영감을 받았기 때문이다. 좀 더 결정적인 이유는, 프로이트가 고대 철학의 주요 문제들을 변형시켰다는 점에 있다. 이러한 변형들은 현대 철학 속에 깊은 반향을 남겼다.

지그문트 프로이트의 첫 번째 직업은 의사였다. 무명의 의사였던 그는 비교적 단기간에 세계적 명성을 얻은 정신분석학자가 되었다. 다소 평범한 유대인 상인 집안에서 태어난 그였지만, 생을 마감할 즈음에는 세계적 스타로, 당대 최고의 지식인으로, 전 세계에서 모르는 이가 없는 너무나 중요한 사상가 및 개척자로 변모해 있었다. 실제로 그는 이런 운명을 늘 꿈꾸어왔다. 젊은 시절 프로이트는 무엇이든 알고자 하는 호기심이 강했고, 인식과 사유에 있어 새로운 분야를 개척하고 발견하려는 욕구에 사로잡혀 있었다. 그는 자신의 "우리를 둘러싼 이 세상의 수수께끼들을 조금이라도 이해하려는" 그 조숙한 '욕구'에 대해 공공연히 이야기했다.

이 식지 않는 지적 호기심은 명성과 명예를 얻으려는 그의 꾸준한 목표 의식 덕분이기도 했다. 프로이트는 유명인이 되고자 하는 집요한 의지를 숨기지 않았다. 젊은 시절부터 위인이 되겠다는 희망을 품었고, 그런 지위에 오르기 전까지 숱한 좌절도 맛보았지만 자신의 기본 야망을 포기한 적은 결코 없었다.

의사로서 그의 전공 분야는 신경학이었다. 신경조직 연구라는 엄격히 해부학적이고 생리학적인 의미의 신경학이었다. 그래서 젊은 시절 프로이트의 첫 번째 연구는 바닷가재의 고환에 관한 것이었다. 즉 프로이트 연구의 지향점은 심리학이 아닌 순수생리학이었다. 정신 질환 환자들이 프로이트에게 배당된 것은, 거의 대부분 말장난, 농담 같은 언어 표현들 때문이었다. 즉 그들이 앓았던 정신적 문제들이 신경증에서 비롯된 것이기 때문에 신경 전문의의 진료를 받아야 했던 것이다.

그렇게 해서 프로이트는 최면연구를 시작하게 되었고, 그러면서 점차 심리학 쪽으로 방향을 틀게 된다. 장학금을 받아 떠난 파리 유학을 통해 파리 살페트리에르 병원에서 신경병리학자 장 샤르코Jean M. Charcot의 견해와 임상을 공부한다. 이후에는 낭시로 가서 베르넹H. Bernheim 밑에서 수학한다. 그는 요제프 브로이어Joseph Breuer와 함께 치료법으로 활용하기 시작한 최면치료를 통해, 정신현상에서 미지의 영역을 발견하기에 이른다.

무의식의 발견과, 이후 프로이트가 정신분석학이라고 명명한 분야의 단계적 발전은 수많은 출판물을 통해 세상에 알려졌다. 프로이트 자신과 그 뒤를 이어 수많은 사람들이 프로이트가 어떻게 최면 대신 '자유연상'을 이용하게 되었는지, 어떠한 경로를 통해 꿈을 해석하게 되었는지, 어떠한 논리에 따라 정신분석학의 기본 개념들(충동, 억압, 검열, 화해의 형성)을 만들어냈는지를 설명했다.

그렇다면 프로이트는 오래된 철학적 문제를 어떤 식으로 새롭게 조명하게 되었을까? 프로이트 자신은 부인할지 몰라도, 그는 실질적으로 철학의 주요 문제들을 다루고 있다. 철학적 문제들을 처음부터 끝까지 완전히 뒤흔들어놓는 경우도 있다. 철학적 문제들의 이러한 변화는 당장 드러나지는 않았다. 프로이트는 그의 지적 작업 전반에 걸쳐 진행된 어떤 과정을 통해 마침내 진리의 개념 자체와, 진리와 지식의 관계도를 완전히 바꾸어놓았다.

프로이트의 진리 개념은 끊임없는 진화 과정과 재구성 과정 속에 있다. 그의 이론 작업 속에는 고정된 것이 하나도 없다. 그의 방법론은 계속해서 움직인다. 그는 처음의 직관을 계속 반복하거나, 처음의 설명체계를 완성시켜나가는 데 만족하지 않는다. 어떤 생각들이 저절로 생각나도록 내버려두거나, 새로운 개념 구조를 제시하는 경우들도 있다. 이것은 베르그송의 움직이는 사유나 윌리엄 제임스의 경험론을 연상시키는 방법론이다.

하지만 정신분석학적 사유의 특수성은, 치료 도중 들은 환자들의 이야기 속에서 드러나는 것들에 이론을 적용시킨다는 데 있다. 분석을 진행하면서 드러나는 사실들을 통해 프로이트는 그때그때 시각을 바꾸는 한이 있더라도, 자기 생각들을 심사숙고하여 다시 수정한다. 이러한 과정은 길고 복잡할 뿐만 아니라, 장애물과 진퇴양난의 딜레마도 많고, 예기치 못한 새로운 길이 불쑥불쑥 튀어나오기도 했다.

'무의식적'이란 대체 무슨 뜻인가?

:

프로이트의 업적들 중 가장 중요한 포인트는 분명 무의식의 발견이다. 단, 철학적 관점에서 보았을 때 "인간 정신 속에는 무의식이 존재한다"는 주장 속에 진정으로 새로운 점이 있다는 것을 인정한다는 조건에서 그러하다. 이 주장은 이후에 정신분석학의 기반과 그 이론적 구상을 형성하게 되는 발견이다. 그로부터 100년 뒤 '무의식적 사고'라는 말을 일상적으로 듣고 사는 우리로서는, 이러한 주장이 당시 철학자들에게 얼마나 기이하고 물의를 일으키는 발언인지 가늠할 수가 없다.

프로이트가 등장하기 이전에도 무의식이라는 말은 있었지만, '의식의 부재', '사고의 부재'라는 의미 외에 다른 뜻은 없었다. 그저 단순히 정신을 잃고 쓰러진 사람을 '무의식적'이라고 불렀던 것이다. 이 사람은 온전한 정신을 잃고, 주변과의 접촉이 완전히 차단된 사람이다. 생명이 없는 물질도 무의식적이다. 나무 조각은 모든 형태의 의식과 사고가 부재한다. 차원을 달리하여, 도덕심의 경우를 생각해보자. 이 경우, 책임감이 없고 자기 행동을 이해하지 못하는 사람을 '무의식적'이라고 판단했다.

실제로 프로이트 이전의 철학자들은 우리 몸속에서 자동적으로 이루어지는 모든 과정을 무의식적이라고 불렀다. 나는 내 손톱이 자라는 과정, 내 몸의 세포가 재생되는 과정, 내 허파가 산소를 뿜어내는 과정을 의식하지 못한다. 예로부터 전통 철학은 무의식이라는 것을 의식이 부재하는 것, 사고의 외곽에 위치하는 기질적이고 유기체적인 것을 가리키는 용어로 받아들였다. 따라서 의식과 무의식을 구분하는 기준은 간단했다. 즉 의식은 사고의 영역이고, 무의식은 사고의 바깥, 물질적 혹은 유기체적인 영역에 해당한다. 사고는 의식 없이는 이루어질 수 없고, 무의식은 사고의 바깥을 가리킨다.

따라서 '무의식적 사고'라는 표현 자체가 말이 안 되는 것이었다. 하지만 프로이트와 정신분석을 통해, 정신현상과 의식은 서로 분리되고 의식은 단지 정신현상의 여러 과정들 중 일부의 속성에 불과한 것이 된다. 우리 속의 모든 것들(욕망, 표현, 감정)은 우리가 의식하지 못해도 스스로 사고하고, 스스로 추론하고, 서로 결합하거나 서로 배제한다. 정말 그렇다면, 사고란 내가 알지도 못하고 보지도 못하지만, '내 속에(즉 내 정신세계 속에)' 존재할 수 있는 것이다. 이것은 의식뿐만 아니라 사고라는 것 자체를 바라보는 기존 방식에 커다란 혁명을 일으켰다.

이제 사고란, 주체의 의식이 알아채지 못하는 사이에 저절로 진행되는 일련의 과정들로 나타난다. 나의 의지와 상관없이, 나는 전혀 알지 못한 채, 사고는 스스로의 모습을 바꾸어가며 다른 곳으로 이동하기도 하고, 여러 개의 사고가 하나로 결합하거나 서로 갈등을 일으키기도 한다. 그렇다면 새로운 의문들, 중대한 철학적 결론들이 제기될 수 있다. 예를 들면, 내가 깨닫지 못하는 이 사고의 본질은 어떤 것인가? 이것이 과연 내 안에 들어 있는 것인가? 무의식적이란 대체 무슨 뜻인가?

갈등하고 대립하는 정신세계

:

프로이트의 업적에서 두 번째로 중요한 포인트는 일종의 파워게임에서 만들어지는 무의식적 사고의 구조다. 무의식은 정신현상 속에서 발생하는 갈등과 투쟁에서 비롯한다. 주체는 이 갈등을 통해 자신의 바르고 온전한 정신세계가 감당할 수 없는 몇몇 사고들(예를 들어 욕망이나 표현 같은)과 자동적으로 거리를 둔다. 정신분석학적 사유에서 말하는 심리적 무의식이란 역동적인 시각을 전제하고 있다. 즉 무의식이 어떻게 구성되어 있는지는 힘의 역학관계를 들여다보면 알 수 있다.

이 힘의 논리에 따라 억압되는 욕망들이 있는가 하면, 멀리 거리를 두거나 아예 배제되는 욕망들이 생겨나기도 한다. 하지만 이 욕망들은 결코 소멸한 것이 아니다. 이 욕망은 끈질기게 살아남아 자신을 표현하려 하고, 제자리로 되돌아오려 한다. 그래서 그 욕망에 계속해서 저항해야 한다. 밝은 부분과 어두운 부분이 서로 나누어지는 것과는 다르게, 우리의 정신은 단순히 의식의 영역과 무의식의 영역으로 나누어지지 않는다. 의식과 무의식의 구분은 오래전부터 존재해온 팽팽한 긴장관계에서 생겨나고, 개인마다 강약의 차이는 있지만, 그 첨예한 갈등상황은 해소되지 않고 지속된다. 프로이트는 《정신분석학 입문》(1915)에서 "정신현상이란 대립적 성향들 간 투쟁의 장이다"라고 강조하고 있다.

가장 중요한 점은 이것이다. 만약 이러한 갈등구조가 누구에게나 보편적인 것이라면, 이것은 한 특정인의 인생, 특정 사연, 그리고 개인의 여정 속에서 빠짐없이 전개되는 과정이다. 프로이트에게 있어, 한 사람 한 사람의 무의식은 저마다 특별하고 유일하다. 그래서 이 무의식은, 가능하다면 그 특수성 속에서 탐구되어야 한다. 미리 준비된 해석과 판에 박힌 해독은 프로이트의 정신분석학과 거리가 한참 멀다.

프로이트와 융의 차이는 바로 개인마다 모두 다른 이 무의식의 독특한 특성에 대한 문제에서 비롯한다. 융은 원형이라는 개념을 만들어냄으로써 프로이트와 차별성을 갖는다. 융이 주장하는 바는 집단심리 속에 깊이 각인된 원초적이고 상징적인 내용들, 즉 집단심리를 드러내는 주요 신화들이 존재한다는 것이다. 집단심리 속에 각인된 이런 흔적들은 모든 인간에게 공통된 것으로서, 융은 이 흔적들이 어느 누구에게나 존재하는 것이라고 주장한다. 반면 프로이트는 개인마다 다른 무의식의 개인적 특수성을 강조한다.

물론 프로이트에게 있어서도, 모든 개인은 인간으로 태어나서 언어를 습득하고, 현실의 삶을 학습하며, 권위에 대한 복종과 반항을 깨달아가는 과정을 피할 수 없다. 이 모든 사건들은 어떻게 보면, 단순한 살덩어리로서의 인간과 언어 세계와의 만남에서 매번 비롯한 결과로 이해될 수 있다. 말을 배우기 훨씬 전에 태어나는 모든 인간들은 자신보다 먼저 존재하고 있는 말의 세계 속으로 진입한다. 그리고 이 세계 속에서 자기 위치를 가늠하고, 자기 자리를 찾고, 자기 자신만의 말을 각인시켜나간다. 이런 과정은 반드시 충돌과 위기, 온갖 종류의 심리적 수정을 동반한다.

하지만 이 전체 과정이 형성되는 방식은 매번 똑같다. 각 개인은 이 공통된 사건들을 서로 다른 배경과 맥락을 통해 거쳐갈 뿐이다. 거듭 강조하자면, 모든 것은 각 개인의 가족 구성원, 유년기의 사건들, 사회적 위치, 역사적 상황이 어떠했는지에 달려 있다. 우연과 필연이 서로 얽혀 있는 그 속에서 개인의 욕망의 역사가 조금씩 형성되어가는 것이다. 인간의 섹슈얼리티, 즉 성욕은 동물들의 본능처럼 변화의 여지없이 프로그램화된 생물학적 본능이 아니다. 그것은 아주 복합적인 과정의 산물이다. 이것이 바로, 같은 사유 방식에서 비롯한 또 다른 결론이다.

광범위한 섹슈얼리티

:

인간의 정신현상은 왜 갈등을 통해 형성되는 걸까? 그것은 바로 유아의 성욕이 존재하기 때문이다. 이것이 바로 프로이트 업적의 세 번째 포인트다. 인간의 성욕은 사춘기에 나타나는 것이 아니다. 이것은 갓난아이 때부터 연속적인 단계들과 수정 과정, 첨예하고 폭력적인 갈등들(이는 억압의 대상이 되고, 무의식적 재현을 만들어낸다)을 통과하면서 조금씩 형성된다.

프로이트가 어린아이들에게도 성욕이 존재한다(처음은 구강기, 그다음은 항문기, 그다음은 특별히 성기에만 국한되지는 않는 단계)는 견해를 처음 발표했을 때, 이것은 엄청난 파문을 일으켰다. 1905년에 발표된 《성욕에 관한 세 편의 에세이》는 당시 그에 대한 악마적 평판을 형성하는 데 큰 기여를 했다. 이러한 견해를 받아들이기 어렵다고 생각하는 사람들은 오늘날에도 있다.

인간의 성욕이란 정교한 심리적 완성 작업의 산물이자, 자기 욕망의 형성으로 귀결되는 기나긴 과정의 결과물이다. 그리고 이 욕망은 순수하게 육체적·생리적·생체적 욕망만은 아니다. 욕망이 육체에 나타나는 현상임에는 틀림없지만, 동시에 심리적 과정에 좌우되는 것이기도 하다. 성욕(이때 성욕이란 생리적·육체적 쾌락과 욕망을 가리키는 일반명사이지 단순히 성행위 욕구만을 가리키는 단어는 아니다)에 대한 프로이트적 견해에서 가장 중요한 것은, 이 성욕이 개인의 삶이 진행됨에 따라 좀 더 정교하게 형성된다는 사실이다. 늘 똑같은 모습으로 고정된 본능의 프로그램이 발전해나가는 것이 아니라는 말이다.

이렇게 앞에서 언급된 상이한 요소들(심리적 무의식, 갈등, 욕망의 형성 과정)을 지금 서로 가까이 놓고 보면, 고대 철학에서의 주체와는 사뭇 다른 주체의 개념이 도출된다.

꿈은 꾸지만 알지 못하는 것들

:

프로이트의 관점에서 본 주체는 온전히 자기 자신의 것이 아니다. 물론 주체는 자기 스스로 자유롭게 결정하고, 자기 목표와 운명을 선택하는 데 전권을 가진다고 말할 수도 있다. 하지만 이는 환상에 불과하다. 그렇다고 우리가 우리 자신에 대해 사전에 이미 결정되어버린 존재들이며, 알 수 없는 냉혹한 운명의 희생자라고 결론을 내리는 것은 너무 극단적이고 사태를 단순화시키는 처사다. 하지만 우리의 운신의 폭, 우리에게 주어진 자유의 경계선이 생각보다 제약이 많고 제한적인 것은 사실이다.

주체의 이러한 분열은 이미 꿈에서 나타난다. 꿈꾸는 사람은 모르지만, 자기를 드러내는 무의식적 욕망들은 복잡한 과정들(압축, 이동)을 통해 암호화된다. 그렇기 때문에 우리는 꿈을 꾸면서 우리의 무의식적 욕망들 중 몇 가지를 실현시킨다. 하지만 꿈에서 보이는 것은 전쟁뿐이다. 꿈은 현실이 해체시킨 요인들을 다시 결합시킨다. 즉 A라는 사람은 B라는 사람의 얼굴에, C라는 사람의 말버릇을 가질 수 있지만 결국에는 그 셋 중 어느 누구도 아닐 수 있다. 요컨대 꿈에서 '보이는 내용(우리가 기억하고 있는 것, 그래서 아침식탁에서 식구들에게 무심코 이야기해줄 수 있는 것들)'은 '보이지 않는 내용', 즉 숨겨진 내용과는 엄청난 괴리가 있다. 이 숨겨진 것들은 그 암호를 조금씩 분석함으로써 다시 알아낼 수 있다.

프로이트 이후, 꿈은 유아용 숨은그림찾기로 도식화되기 시작한다. 이 그림 속에 구름이나 나뭇잎 모양을 하고 숨어 있는 토끼 한 마리를 찾아내야 한다. 꿈의 검열 작업이 표현을 왜곡시키는 이유는 의식이 이 표현을 알아보지 못하도록 하기 위해서다. 이 작업의 결과는 대립되는 두 힘 사이의 화해 혹은 타협이다. 즉 무의식적 욕망은 표현이 되기는 하지만, 알아볼 수가 없다. 만족할 만한 검열이 이루어졌지만, 아무도 눈치채지 못한다.

이제 주체는 주체 자신으로부터 분리된 것처럼 보인다. 나는 꿈을 꾸지만, 그 이미지와 이야기 속에 무엇이 표현되고 있는지는 알지 못한다. 마찬가지로, 우연이라 생각했던 나의 일상적 실수와 망각이 무엇을 의미하는지도 모른다. 사소하거나 맹렬한 집착, 불안, 일상에서 습관적으로 치르는 격식들의 의미도 마찬가지다. 즉 모든 행동 속에는 행동하는 주체의 의식 속에 포착되지 않는 것들이 존재한다는 것이다.

그렇다면 모든 사고 속에는 사고하는 주체의 의식 속에 포착되지 않는 것들도 있게 마련이다. 모든 말 속에도 말하는 주체의 의식이 포착하지 못하는 것이 들어 있다. 이처럼 완전한 자기 제어의 불가능성, 말하고 생각하고 행동하는 주체의 의식적 의도에 포착되지 않는 이 나머지 의미, 우리가 생각하는 진실과는 거리가 있는 우리의 행위와 몸짓, 혹은 우리가 내뱉는 말의 진짜 진실 등 프로이트가 알고자 했던 것은 바로 이런 것들이다.

하지만 이 이중의 진실게임은 개인들의 분열과 우리의 미시적 욕망의 갈등 속에 한정되지 않는다. 조금씩 확장된 프로이트의 시선은 결국 인간의 문명과 역사를 포괄하기에 이른다. 그 속에서 삶과 죽음 사이의 영원한 투쟁을 파악해내기 위해서다.

삶의 충동, 죽음의 충동

:

프로이트는 1920년부터 새로운 단계로 진입한다. 이 이론적 관점의 전환을 통해 프로이트는 그가 말한 '쾌락원칙'이라는 것을 넘어서게 된다. 쾌락원칙은 반복적 만족과 관련된다. 즉 쾌락은 반복을 요구한다는 것이다. 쾌락의 반복을 추구하는 것은 너무도 당연한 일이다. 따라서 쾌락적 경험을 무한히 반복하는 실험실의 생쥐들과 인간은 결코 다르지 않다. 하지만 이러한 예상과는 달리, 인간은 쾌락이 아닌 불행을 선호하는 경우도 있다.

프로이트는 몇몇 환자를 진료하는 과정에서 겪은 어려움을 통해, 쾌락원칙이 늘 옳기만 한 것은 아니라는 사실을 확인한다. 어떤 환자들은 회복을 원치 않는 것처럼 보이기도 하고, 자신들의 불행에서 벗어나지 못하고 그 불행에 갇혀 있는 것 같기도 했다. 이들은 자신들을 파괴하거나 고통스럽게 만드는 원인과 함께 뒤엉켜 있었다. 이러한 진단은 프로이트로 하여금 '죽음의 충동'이라는 개념으로 나아가게 한다. 이 충동은 삶을 거부하고, 태어나기 이전 상태와 개체화 이전 상태로 되돌아가고자 하는 충동이다.

죽음의 충동이란 무無로 회귀하고자 하는 것이고, 삶이 대변하는 그 긴장 상태 이전으로 돌아가고자 하는 것이다. 생명 이전의 상태로 복귀하는 것(이런 상태를 적절히 표현할 수 있는 방법은 없다)은 자신도 모르는 무의식적인 목표와도 같다. 프로이트는 이러한 사고에서 출발한 자신의 관점을 정리한다. 이러한 관점은 오늘날까지도 모든 정신분석학자들의 찬성을 얻어내지는 못하고 있다.

프로이트가 강조하는 사실은 문화 그 자체가 삶의 힘과 죽음의 힘, 에로스와 타나토스* 간 갈등의 장이라는 것이다. 에로스는 끌어모으고 결집시키고, 사람들 간의 연결, 연대, 연합을 형성하는 데 반해, 타나토스(고대 그리스어로 '죽음'이라는 뜻)는 인간적 연대를 끊어내고 파괴하고 흐트러뜨린다. 이러한 견해는 현대의 문화적·사회적 현상들이 갖는 다양한 측면들을 밝혀내는 데 도움이 된다. 이것은 다양한 관찰을 통해 검증된 것처럼 보이지만, 지나치게 사변적인 면이 없지 않고, 지나치게 포괄적인 특성이 있기 때문에 프로이트가 처음에 표방했던 구체적 사안에 대한 관찰과는 거리가 한참 멀다. 스스로도 이 점을 인정했던 프로이트는 '힘들고도 긴 여담 끝에' 자신의 '처음 관심사'로 되돌아왔다. 이제는 그의 첫사랑, 즉 철학적 질문들을 이야기해야 할 것이다.

* **에로스와 타나토스** 프로이트는 삶에 대한 본능을 에로스, 죽음에 대한 본능을 타나토스로 정의했다. 그는 우리 삶에는 이 두 가지 욕망이 공존한다고 이야기한다.

지식과 단절한 진리

:

프로이트 이론의 이 사변적 핵심은 부정할 수 없고, 정신분석학에서 비롯한 철학적 효과 역시 다양하다. 프로이트 덕분에, 일련의 기준들이 이전과는 달라진다. 다시 말해, '정상'과 '병적인 것'의 구분, 합리적인 것과 비합리적인 것의 구분도 달라진다. 프로이트는 이러한 기본적인 개념 쌍들의 변화를 초래한다.

요컨대 프로이트의 가장 중요한 파급 효과는 진리의 개념 자체에 변화를 가져왔다는 데 있다. 정신분석학의 다양한 철학적 기여(심리적 무의식, 영역 간의 갈등, 주체의 분열)는 더 이상 지식과 진리를 같은 차원에 자리하지 못하게 만들었다. 이때부터 지식과 진리는 동일한 것이 아니다. 이 둘은 서로 분리되기 시작한다. 이것은 정확하게 어떤 의미일까?

일반적으로, 내가 무언가를 알고 있을 때 나는 이 지식의 진리까지도 보유하고 있는 것이다. 물론 내가 환상에 사로잡혀 있을 수도 있고, 내가 알고 있는 것을 진리로 믿는 것일 수도 있고, 착각을 하는 것일 수도 있다. 하지만 이런 경우 나는 진정한 지식을 소유한 것이 아닐 것이다. 사실 지식과 진리는 동전의 양면처럼 불가분의 관계라고 생각하기 쉽다. 일반적으로 이 둘은 서로 어긋나거나 서로 다른 영역에 속하는 것이 아니다.

하지만 프로이트의 견해가 정확하다면, 한 개인이 자신의 행동, 자신의 인생, 자신의 유년기, 자신의 향후 계획에 대해 알고 있는 것과, 자신의 인생과 계획의 진실 사이에는 간극이 존재한다. 이러한 어긋남은 집단의 지식, 인식의 규범에도 존재한다. 지리학, 역사학 또는 철학은 이런 식으로 상당수의 지식을 보유하고 있다. 하지만 이들 학문 속에는 아마도(마지못해, 자기도 모르게) 자기도 모르는 진실들이 들어 있을 것이다.

달리 말해, 프로이트를 통해 인식은 이전의 투명성을 잃었다. 이전에는 당연시되던 바와는 반대로, 지식과 진리는 더 이상 똑같은 것이 아니다. 프로이트는 니체나 쇼펜하우어보다 더 강력하게 지식과 진리의 단절과 균열을 밝혀냈다. 내가 알고 있는 것이 있고, 이 알고 있는 것의 진실(빈번하게 나를 비껴가는)이 따로 있다. 내가 누구인지에 대해 내가 알고 있는 것이 있고, 내가 누구인지에 대한 진실이 있다. 나는 이 후자를 알지 못한다. 무의식적인 것이기 때문이다. 우리가 알고 있는 것 속에는 늘 모르는 것이 들어 있다. 우리가 생각하는 것 속에는 생각하지 못한 것이 들어 있다. 이러한 균열과 틈 속에서 진실은 지식으로부터 분리되고 있다. 그런데 이런 상황은 적어도 그 정도의 강도로는 한 번도 발생한 적이 없다.

프로이트의 지속적인 변화는 이러한 간극을 좁히기 위한 시도다. 하지만 이 거리가 완전히 사라질 수는 없다는 것은 잘 알고 있다. 무의식이 의식이 되고, 모르는 것이 아는 것이 되고, 야만이 문명이 되고, 무의식이 있던 자리에 자아가 등장하고…. 이러한 공식들은 동일한 시도로 수렴되고, 이 시도는 원칙적으로 영원히 미완성으로 남아 있을 것이다. 이 절차는 끊임없이 '만들어지는 과정 중'에, 즉 진행 중에 있다. 이런 의미에서 이 끝나지 않는(헛수고라는 뜻은 절대 아니다) 과정은 실망스러운 것이고 무시해도 좋은 것이다.

우리가 흔히 오해하는 바와는 달리, 프로이트는 본능 지상주의자가 결코 아니다. 그는 이 모호한 힘을 찬양한 적은 단 한 번도 없다. 그 어디에서도, 이 시원적始原的 표현의 해방을 원하지 않는다. 그가 숱한 희망의 대상이면서 동시에 숱한 증오의 대상이었던 것은 분명 이러한 이유 때문이기도 하다. 사실 프로이트는 자율성과 자유를 손에 넣기 위한 좁은 길 하나를 가르쳐준다. 이 길은 모호한 본능의 힘과 그에 대한 이해 사이로, 또 높아진 통찰력과 궁극적 비관주의 사이로 유유히 흐르는 강과 유사하다.

새로운 영역의 개척자들 중에서도 프로이트는, 현대인들에게 '사유의 스승'이라는 표현이 갖는 다양한 의미를 가장 제대로 구현한 사상가로 꼽힌다. 긍정적 의미에서 보면, 그가 실제로 제공한 이론적 모델들은 이후, 특히 멜라니 클라인Melanie Klein, 도널드 위니캇Donald Winnicott, 윌프레드 비온Wilfred Bion, 자크 라캉Jacques Lacan, 앙드레 그린Andre Green(영향력이 커지고 있는 학자들만 인용했다)에 의해 전개된 다양한 개념 형성에 도움을 주었다.

이 다채롭고 풍부한 지적 후예들을 통해 정신분석학은 끊임없는 진보를 경험하고, 새로운 이해 방식들을 양산하며, 더욱더 풍부하고 충실해진다. 하지만 이러한 긍정적 측면 외에 부정적 측면도 존재한다는 점을 간과해서는 안 된다. 수많은 후학들이 프로이트를 일종의 신성불가침한 무소불위의 정신적 지도자로 변모시킨 까닭에, 그의 말을 신탁처럼 신봉하거나 최악의 오류까지도 그대로 답습하는 경우가 발생하기도 한다. 자유를 추구하는 정신분석학을 전체주의적이고 독단적인 하나의 원칙으로 탈바꿈시키는 경우도 가끔 있을 정도다.

그렇지만 그러한 예기치 못한 변화와 일탈들은 무엇보다 거기에 심취한 사람들의 협소한 지적 능력과 무능력을 보여주는 것일 뿐, 프로이트의 위대함은 여전히 건재하다.

프로이트의 책 중에서 가장 먼저 읽어야 할 것은?

프로이트에 입문할 때 선택할 수 있는 가장 쉬운 텍스트는 분명 《정신분석학 5강》이다. 이 책은 1909년 클라크 대학에서 이루어진 프로이트의 강연을 정리한 것이다.

프로이트에 대해서 좀 더 깊이 알고 싶다면?

지그문트 프로이트 저, 최석진 편역, 《정신분석학 입문》, 돋을새김, 2005
지그문트 프로이트 저, 김인순 역, 《꿈의 해석》, 열린책들, 2004
지그문트 프로이트 저, 김석희 역, 《문명 속의 불만》, 열린책들, 2003
피터 게이 저, 정영목 역, 《프로이트 1, 2》, 교양인, 2011

Part 2

과학과 철학의 동행 혹은 배신

버트런드 러셀

에드문트 후설

마르틴 하이데거

철학자, 과학과 논쟁하다

과학과 철학의 관계는 20세기의 문제다. 이 문제는 철학자들 간의 극단적 분열을 가져왔고, 사상의 흐름을 관통하며, 여러 학파를 만들어냈다. 그 형태는 다양하지만, 꾸준히 되풀이되고 있는 이러한 문제제기를 결코 부인할 수는 없다. 철학과 과학의 관계에 대한 논쟁이 불거지고, 그 관계가 이토록 결정적인 문제로 등장한 것은 20세기에 와서의 일이다. 이 관계는 수없이 다양한 형태를 통해 20세기에 다시 등장했다. 그렇지만 그 다양한 형태들은 단 두 가지 입장으로 정리할 수 있다.

한쪽에서는, 과학적 인식만이 진정한 결과에 도달하는 길을 제공한다는 입장을 고수한다. 즉 과학적 규약 및 방법론, 과학의 논리적 기반, 비개인적이고 객관적인 절차들이야말로 진리에 대한 정교한 표본들을 제공해줄 수 있다는 것이다. 이때 철학은 과학과 유사해 보이거나, 과학의 보조적 역할을 수행하는 것처럼, 혹은 아예 관심의 대상이 아닌 것처럼 보인다. 철학이 '과학인 척' 한다는 것은 여러 가지 의미로 해석될 수 있다. 철학이 과학적 인식에 근거한다는 의미일 수도 있고, 과학적 결론이나 그 절차들에 대해 주석을 다는 데 그친다는 의미일 수도 있다. 필요한 경우에는, 과학적 개념이나 도구들을 분명하게 정리해주는 기능도 하지만, 특별한 것을 생산해내는 일을 절대 없다. 반면, 철학은 하나의 자율적 학문으로서, 과학과 동일한 수준의 엄밀함과 객관성을 획득할 수 있다는 주장도 있다. 이 중에서 어떤 의미를 택하든, 과학적 인식은 진리의 유일한 모델로 간주된다.

철학과 과학의 관계에 대한 정반대의 입장도 있다. 이것은 과학으로부터 철학의 해방과 과학의 패권주의에 대한 문제를 제기하며, 나아가 과학적 의도들을 완전히 초토화시키려는 시도다. 따라서 과학의 오만함이나 맹목성을 비판하는 것, 객관적 엄밀함과는 다른 토양에서 나름의 탐구 작업을 수행하는 것(가령 주관성, 본능, 시詩의 분야), 과학적 진리와는 다른 유형의 진리의 가능성을 항상 열어두는 것(특히 윤리학, 정치학, 미학적 진리)이 바로 철학의 소관이다.

버트런드 러셀은 위의 첫 번째 입장을 가장 탁월하게 대변하는 철학자다. 실제로 그는 수학자들이 진리를 독점하고 있다고 생각한다. 이런 시각에서 보면, 철학은 수학자들의 조수에 불과하다. 기껏해야, 확실성도 없고 분분한 의견 싸움과 감정 게임의 대상으로 치부되는 분야들이 철학의 몫이 된다. 윤리학이나 정치학이 바로 그런 분야다.

반면 에드문트 후설은 학문으로서의 철학, 엄밀한 과학적 인식의 위상에 오른 철학이라는 목표를 대변한다. 의식을 연구하고, 의식의 양상들과 그 절차들을 분석하고, 현상학이라는 '눈에 보이는 것의 과학'을 창조한 후설은 철학의 한복판에서 고대 그리스의 독창적인 사유 방식을 재발견함으로써, 과학적 작업을 수행하고자 한다.

하지만 마르틴 하이데거는 진리에 대해 전혀 다른 이해 방식을 보여준다. "과학은 생각을 하지 않는다"고 주장하는 그는, 과학기술을 통한 세계의 '검증'을 고발한다. 그 역시 그리스로의 복귀를 권장했지만, 그것은 철학을 과학으로 되돌리려는 의도가 아니었다. 오히려 과학과 기술이 시작된 것으로 파악되는 형이상학의 탄생 이전 단계에서, 존재의 소리에 다시 귀 기울이기 위함이었다.

이처럼 서로 다른 관점들 간의 충돌이 바로 20세기 전체를 관통하고 있다. 수많은 논쟁이 불거졌고, 이리저리 가지를 치며 확산된 이들 논쟁은 지금까지도 이어지고 있다. 러셀, 후설, 하이데거에게서 우리는 이러한 논쟁의 시작을 찾아볼 수 있다. 이는 이제 막 태어나기 시작한, 그래서 순수한 형태를 거의 그대로 유지하고 있는 최초의 논쟁들이다.

1872	1890-1894	1918	1938
영국 웨일스의 트렐레크에서 출생.	케임브리지의 트리니티 칼리지에서 수학하고, 이후 이곳에서 강사로 활동.	평화주의 주장으로 옥고를 치름.	시카고와 로스앤젤레스에서 강의.

Bertrand Russell

버트런드 러셀

진리에 대한 욕구를 다양한 형태로 구현하다

어디서 활동했나?

오래전부터 정치와 관련이 깊은 영국의 고위 귀족 집안 출신. 특권적 환경을 타고났지만 일찍이 고아가 된 러셀에게 수학은 일종의 도피처였다. 파란만장한 그의 삶과 줄곧 함께했던 것은 대학과 정치였다.

진리란?

러셀에게 있어 진리란, 논리적 차원에서는 엄격한 증명의 대상이 될 수 있고, 윤리학과 정치학에서는 단지 확신의 대상일 뿐이며, 최대한 평화에 기여해야 한다.

명언 한 말씀!

"나의 끊임없는 관심사는 우리가 우리의 인식에 부여할 수 있는 확실성의 정도와 규모를 알아내는 것이었다."

철학 역사에서 그는…

논리학과, 과학에 대한 사유 분야에서 지대한 영향력을 지닌다. 러셀이 거둔 철학적 성과의 중요성은 영어권 지역에서는 광범위하게 인정받고 있지만, 오늘날 라틴어권 지역에서는 간과되는 경우가 많다.

1950
노벨 문학상 수상.

1959
《나의 철학 발전》 출간.

1966
베트남전의 만행을
심판하자는 취지의 이른바
'러셀 법정' 세움.

1970.2.2
웨일스에서 사망.

"단순하지만 누를 길 없는 내 안의 강렬한 세 가지 열정이 내 인생을 지배해왔으니, 사랑에 대한 갈망, 지식에 대한 갈증, 고통받는 모든 이들에 대한 참기 힘든 연민이 바로 그것이다. 이 세 가지 열정이 강풍처럼 나를 고뇌의 대양 위로 이리저리 몰고 다녔고, 그 대양을 통해 나는 절망의 벼랑 끝을 경험했다." 버트런드 러셀은 1967년부터 1969년에 걸쳐 발표된 자신의 세 권짜리 자서전 첫머리를 이렇게 장식했다. 그는 당시 아흔다섯의 노인이었지만 열정만큼은 젊은 날에 못지않았다.

그는 현대 철학에서 아주 결정적이고도 매력적인 저명인사라 할 수 있다. 그런데 영미권에서는 이렇듯 역사상 가장 중요한 사상가 중 한 명으로 평가받지만, 프랑스어권이나 남부 유럽에서는 영향력이 다소 떨어진다. 어쨌든 러셀은 20세기가 낳은 위대한 수학자이자, 분석철학의 아버지라 불리며 최고의 지적 역량을 발휘한 철학자라는 사실은 틀림이 없다.

살아 있는 이성으로 일컬어지던 러셀은 뜨거운 열정의 소유자이기도 했다. 진리, 철학, 정의 이 세 가지는 그의 전 생애를 엮어간 씨실과 날실이다. 진리에 대한 열정은 아주 일찍부터 시작되었다. 수학과 증명에 대한 진정한 애정이야말로 그를 움직이는 동인이었다. 앰벌리 자작의 아들이자 영국 대귀족의 자손은 어릴 때부터 집안의 서재에 틀어박혀 지냈다. 러셀은 형의 도움으로 유클리드의 《원론Elements》을 통해 기하학의 세계를 발견했고, 수학의 그 엄밀한 아름다움에 매료되었다. 수학에 대한 열광이라고 해도 과언이 아니었다. 러셀 자신도 말했듯이, 수학은 그에게 "진정한 지복, 흥분과도 같은 느낌"을 불러일으켰다. 수학은 그 자신이 "인간 이상의 위치에 오른 듯한 느낌"을 주었다.

그가 가장 열광한 것은 분명 수학의 '확실성'이었다. 그는 절대 확실하고 견고한 지식, 절대 무너지지 않으리라 확신할 수 있는 것들이 무엇인지 끊임없이 자문했다. 어린 시절, 그의 첫 번째 기쁨은 수학 속에서는 모든 것이 증명되고, 흐릿하거나 애매한 것이 남아 있을 여지는 전혀 없음을 깨달은 것이었다. 따라서 그가 느낀 최초의 분노는 "명제는 증명이 불가능하다"는 것을 알게 되었을 때 찾아왔다. 왜냐하면 그에게 있어 그것은 생사가 걸린 문제였기 때문이다.

수학은 구원이었다

:

러셀은 젊은 시절, 여러 차례 자살 충동을 느꼈다고 고백한 적이 있다. 하지만 "나는 자살하지 않았다. 수학에 대해 좀 더 알고 싶었기 때문이다"

라는 말도 잊지 않았다. 그는 수학의 '인간적이지 않은 면' 때문에 수학을 사랑했다. 즉 우리가 일상적으로 경험하는 보다 강도 높고 분명하며 보다 근본적인 확실성과 진리를 발견한다는 느낌 때문이었다. 그의 철학 인생의 출발점에는 이처럼 남다른 애착관계가 존재한다. 러셀은 이성과 추론, 논리와 추상화에 대해 심정적으로 깊은 애정을 지니고 있었다.

그러므로 버트런드 러셀이 단시간에 현대의 가장 위대한 수학자의 지위에 오를 수 있었던 것도 우연이 아니다. 트리니티 칼리지에서 공부할 때에는, 특히 이상주의 철학자 브래들리Francis H. Bradley의 학설에 관심을 가졌고, 그 이후에는 이탈리아의 수학자 페아노Giuseppe Peano를 발견하게 된다. 페아노는 수학의 '공리화公理化'가 불가피하다고 주장한 수학자다.

공리화란 무엇을 뜻하는가? 이것은 수학의 기본을 최소한의 공리 혹은 명제들로 한정시키는 것이다. 공리란, 증명할 수 없음에도 불구하고 자명한 이치로 인정받는 명제들, 그래서 누구나 받아들여야 하는 명제들을 말한다. 그런데 여기에 어떤 문제가 있다. 즉 증명되는 것만이 진리가 되는 체계가 어떻게 증명될 수 없는 것을 발판으로 삼을 수 있는가 하는 문제다.

공리화란, 전체 수학체계의 토대가 되는 이러한 공리들의 수를 가능한 최소한으로 줄이려는 시도다. 이러한 프로그램에 힘입은 러셀은 1903년 《수학의 원리》를 발표한다. 그리고 알프레드 화이트헤드Alfred N. Whitehead와 함께 이 과업을 계속 추진하여 논리학자와 수학자의 바이블로 일컬어지는 세 권짜리 기념비적 저작을 집필하게 된다. 바로 1910년부터 1913년에 걸쳐 발표된 《수학원리》다. 이 저서는 수학적 논리체계에 대한 사유에 있어 아주 중요한 위치를 점하고 있다.

논리의 형태를 계산하다

이 책은 형식 논리학 자체에 근본적 개혁을 가져오기도 했다. 아리스토텔레스 이후, 논리학은 기본적으로 비교적 단순한 메커니즘들에 집중되어 있었다. 즉 타당한 논리 형태와 그렇지 못한 논리 형태들을 구분할 수 있는 메커니즘이 정통 논리학의 주요 대상이었다. 아리스토텔레스는 논리적 형태로 정해진 범위를 결코 넘어서지 않았다. 러셀과 화이트헤드는 형식적 증명의 세계 속에서 명제들 사이의 관계를 다룸으로써 논리학의 한계를 돌파하고자 했고, 이것이 바로 현대 논리학의 진정한 출발점이다. 여기에는 몇 가지 설명이 필요하다.

여기서 명제란 가장 단순한 표현으로 축소된 문장을 가리킨다. 가령 "비가 온다" 혹은 "소크라테스는 죽는다" 등이다. 더 이상 쪼개질 수 없는 '원자화된' 이런 명제는 담론과 의미작용의 기본 단위를 이룬다. 러셀과 화이트헤드는 '명제들의 계산'에 대한 대책을 세우고, 그 명제들의 진리 가치를 수학적으로 분석하는 것이 가능함을 보여준다.

여기서 우리는 사유의 수학화라는 이상理想을 만나게 된다. 이것은 라이프니츠에게서 유난히 두드러졌던 오랜 꿈이기도 하다. 라이프니츠는 하나의 사유의 수학이라는 '보편적 속성'을 고안해냄으로써, 각각의 사유에 해당하는 상징을 하나씩 부여하고자 했다. 그렇게 되면 "신은 존재하는가?"라는 질문에 "한번 계산해보자!"라고 대답하게 될 것이고, 산술적 계산만큼이나 정확한 해답을 도출할 수 있을 것이다.

러셀과 화이트헤드의 이러한 생각이 라이프니츠의 꿈을 실현시킬 가능성은 극히 희박해 보인다. 하지만 논리적 사고의 형식화라는 부분에 있어서는 커다란 진보를 가져올 수는 있다. 명제들을 계산하고, 그다음에 술어를 계산할 수 있다면 그때부터는 어떤 논리 형태는 타당하고 어떤 것은 타당하지 않다는 것을 방정식의 계산처럼 정확하게 증명할 수 있기 때문이다.

러셀이 분석철학의 진정한 선구자로 자리매김할 수 있었던 것은 바로 이런 점 때문이었다. 그의 시각에서 보면, 상당수의 철학적 문제들이 보편성의 문제를 벗어나 있다. 철학적 질문들은 무의미한 수다도 아니고, 막다른 길도 아니다. 철학의 문제들도 수학이나 과학의 문제처럼 증명과 정리定理와 확실한 해답의 대상이 될 수 있다. 또한 질문의 형태를 제대로 갖추지 못한 경우나 관점의 오류 및 통사론적 오류를 범하는 경우에는 질문으로서의 자격 자체를 박탈당할 수도 있다. 따라서 러셀 특유의 논리적 요구사항들은 철학에 영향을 미칠 수밖에 없다.

이발사의 논리적 모순

:

옛날에 한 마을이 있었다. 그 마을 남자들 중 어떤 이들은 손수 면도를 하고, 어떤 이들은 이발소를 이용했다. 즉 손수 면도하는 사람의 집단, 이발소를 이용하는 사람의 집단이라는 두 개의 서로 다른 집합이 존재한다. 그렇다면 이발소의 이발사는 이 둘 중 어느 집합에 포함될까? 이발사는 손수 면도를 하기 때문에 첫 번째 집합에 속한다. 하지만 자신이 이발사이기 때문에 손수 면도하는 행위는 이발사에게 면도를 시키는 행위이기도 하다. 즉 그는 두 번째 집합에도 속한다. 이런 것이 바로 논리적 난관이다.

이 이야기는 1903년, 러셀이 발견한 가장 단순한 형태의 역설에 속한다. 당시는 특히 독일의 수학자 고틀로프 프레게Gottlob Frege*의 이론에 힘입어 집합론이 그 형태를 갖추기 시작한 시기였다. 그런 의미에서 논리학에 대한 프레게의 기여도 역시 상당하다고 할 수 있다. 하지만 프레게는 위와 같은 난관을 예상하지 못했다. 러셀은 프레게에게 편지를 보내 이 같은 역설을 제기했다. 이는 당시 수학자들이 구축하기 시작한 논리체계를 완전히 뒤흔드는 모순이었다.

고틀로프 프레게 1848~1925년. 독일 수학자 겸 논리학자. 분석철학의 초기 단계부터 깊게 영향을 끼쳤다. 러셀은 자신의 책 《수학의 원리》에서 자기와 비트겐슈타인이 프레게로부터 크게 영향을 받았음을 고백했다.

이 짤막한 이야기 때문에 논리학은 아주 까다로운 논리적 모순에 직면하게 된다. 이보다 좀 더 정교한 일화를 이용하면, 앞서의 이야기를 훨씬 더 쉽게 이해할 수 있다. 상품 카탈로그나 전화번호부 중에서도 그 자체의 정보를 기재하는 경우와 그렇지 않은 경우를 구분할 수 있다. 예를 들어, 전화번호부의 경우 이 전화번호부 제작사의 전화번호를 수록하는 경우가 있고 하지 않는 경우가 있다. 이번에는 제작사의 전화번호를 기재하지 않는 전화번호부 제작사들만을 대상으로 새로운 전화번호부를 만든다고 할 때, 이 새 전화번호부 속에는 이 새 제작사들의 전화번호를 포함시켜야 할까, 말아야 할까?

해결이 불가능한 문제이다. 만약 이 제작사들의 번호를 새 전화번호부에 포함시킨다면 새로 만든 이 전화번호부는 제작사 번호를 기재한 전화번호부의 범주에 포함되기 때문에, 제작사 번호를 기재하지 않는 제작사들을 대상으로 한 전화번호부라는 취지에 맞지 않는다. 따라서 이 새 제작사는 새 전화번호부에 수록되자마자 제외되어야 할 것이다. 반대로, 이 제작사의 전화번호를 새 전화번호부에 수록하지 않는다면, 이 제작사는 제작사 전화번호를 기재하지 않은 전화번호부 제작사에 속하기 때문에 새 전화번호부에 올라갈 자격을 갖게 된다. 결과적으로 이 새 제작사들은 이 새 전화번호부에 속하지도 않고 제외되지도 않는다.

집합론의 관점에서 보면, 그 해답은 결정되어 있다. 즉 하나의 집합은 그 자신 속에 포함될 수 없다는 것이다. 하지만 사람들의 깨달음은 이런 해답을 훨씬 앞서간다. 수학과 논리학의 토대를 둘러싼 연구가 활발해지고 강화되던 시대적 전환기에, 그 견고함을 믿어 의심치 않았던 체계라는 것이 미처 생각지 못했던 약간의 허점만으로도 여지없이 무너질 수 있음을 깨닫게 된 것이다.

그 결과 젊은 러셀은 짤막한 이야기 몇 줄로, 프레게의 성과를 단번에 무너뜨리게 된다. 그런데 그 이후, 러셀 자신이 프레게와 비슷한 상황의 희생자가 된다. 몇 년 후, 루트비히 비트겐슈타인이라는 철학자가, 러셀이 프레게에게 했던 것만큼이나 갑작스럽고 급진적으로, 러셀이 구축한 논리체계를 훼손하는 일이 벌어지기 때문이다. 흔히 생각하는 바와는 달리, 논리학자라는 직업은 무척 위험하고 불안정하다.

믿음과 지식 사이

:

젊은 시절의 러셀이 철학과 과학을 연결시켰다면, 그 이후의 러셀은 철학을 신학과 과학 사이에 두려는 경향을 보였다. 그에게 있어 신학은 인간이 절대 증명할 수 없는 문제들에 대한 사변思辨이었다. 반면 과학은 경계가 분명한 주제들에 대한 확실하고 정확한 지식을 구축한다. 러셀에게 있어 철학은 신학과 과학 사이에 놓인 일종의 '무인지대'였다. 다시 말해 철학은 그 엄밀함, 증명, 합리적 확실성의 의지에 있어서는 과학의 성격을 띠고 있지만, 철학이 다루는 대상들의 범주를 정하기가 유난히 모호하고 까다롭다는 점에서는 신학적 성격을 갖는다는 것이다.

이러한 어정쩡한 상황 덕분에 철학은, 과학에서는 언급되지 않는 감수성, 공감, 정서와 관련하여 중요한 지위를 부여받는다. 러셀은 탁월한 수학자일 뿐만 아니라, 위대한 지성을 갖춘 최고의 과학자이자 논리학자였다. 그는 인간성을 탐구하는 윤리학자이자 윤리철학자였고, 독특한 유형의 정치가이기도 했다.

러셀 인생의 일정 부분은 오롯이 자신의 입장표명이 낳은 결과들이기도 했다. 1914~1918년에 걸친 제1차 세계대전 중에는 평화주의자로서, 전쟁을 반대했다는 죄목으로 옥고를 치렀다. 6개월 동안 감옥에 있으면서, 그는 과학 논문을 한 편 쓰기도 했다. 하지만 이것은 굴곡 많은 공인으로서의 삶의 서막에 불과했다. 거침없는 그의 언행이 낳은, 소용돌이와도 같은 그의 공적인 삶은 과학자로서의 정체성과 끊임없이 충돌을 일으켰다. 실제로 러셀은 특히 10대의 성적性的 자유를 주장함으로써 부르주아적 관습에 저항했고, 서로 다른 성적 표현들에 대한 관용을 위해 투쟁했다.

그는 네 명의 여성과 결혼했다. 그의 사생활과 정치적 삶은 늘 장안의 화제였으며 스캔들의 대상이었다. 1940년 당시에는 미국 대학의 강단에 서기로 되어 있었으나, 낙태와 미성년자의 성적 자유를 찬성하는 그의 공식입장 때문에 교수 자격이 박탈되기도 했다.

러셀의 내면에는 분명 도발적 기질이 존재한다. 자신이 옳다고 생각하는 문제에 있어서는 결코 물러서지 않는 의지와 결합된 기질이다. 1910년부터, 《윤리학의 요소》를 통해 그는 편견의 굴레와 동시대인들의 편협한 판단을 고발하고, 무거운 종교적 금기들을 비난하면서 사랑과 행복, 자유에 대한 끈질긴 탐구를 주장했다.

러셀이 전쟁반대론자일 수밖에 없는 것은 바로 이러한 이유들 때문이었다. 그런데 제2차 세계대전 당시는 예외였다. 그때는 전쟁에 반대하기보다는 나치에 반대하는 것이 더 낫다고 생각했다. 하지만 1920년부터는 공산주의적 전체주의 역시 그의 비판을 피해가지 못한다. 구소련을 방문하여 레닌을 만나고 온 후, 그리고 《볼셰비즘의 이론과 실천》을 발표할 당시의 일이다.

그 후 1950년, 자신의 저작 전체에 대해 노벨상을 수상한 그는 아인슈타인과 함께 핵무기사용반대위원회를 조직한다. 그다음에는 사르트르와 연합하여 '러셀 법정'*을 세우기도 한다. 그의 전 생애를 움직인 추진력은 바로 사상의 자유, 삶의 자유, 인권을 위한 진정한 투사의 투쟁이었다.

러셀 법정 1960년대 중반에 미국이 베트남에서 저지른 전쟁 범죄를 국제법을 통해 심판하려는 목적으로 러셀과 사르트르가 세운 민간 법정이다.

진리를 추구하는 수학자이면서 동시에 사회 정의를 위해 열정을 아끼지 않은 박애주의자인 러셀은 뼛속까지 합리주의자였다. 그는 특히 기독교적 신념을 받아들이지 않았다. 1957년, 그는 《나는 왜 기독교인이 아닌가》를 출간한다. 하지만 이것이 대부분의 영국 및 미국 여론과 러셀 자신의 관계를 호전시켜주지는 않았다.

요컨대, 러셀을 규정짓는 가장 큰 특징은 진리에 대한 욕구를 이론의 형태에서 실천의 형태에 이르기까지, 아주 복합적인 형태에서 가장 단순한 형태에 이르기까지 수없이 다양한 형태로 구현한다는 데 있다. 그에게 가장 중요한 문제는, "인간은 무언가를 확실하게 인식할 수 있는가?" 하는 것이다. 수학자들은 이 의문에 대해 상당 부분 해답을 내놓았다. 하지만 윤리 문제에 있어서는 원칙적으로 신념과 믿음밖에 존재하지 않는다. 이 신념이란 인간에게 최대한 무해한 것이어야 하고, 가능한 최대한의 개연성을 확보해야 한다. 따라서 러셀의 입장에서, 윤리적 신념은 가장 최상의 감정 위에 구축되어야 한다. 이 감정이 바로 타인에 대한 공감이다. 이것이야말로 이 세상에 존재하는 불의와 고통을 감소시킬 수 있는 가장 확실하고 유일한 보증서다.

결국 20세기에 진행된 진리 탐구의 여정 속에서 버트런드 러셀의 기나긴 일생과 다양한 저작들은 상당히 중요한 위치를 차지하게 된다. 그의 인생은 비교적 단순하게 두 영역으로 나누어진다. 한쪽에는 증명 가능하고 실험 가능한 과학적 진리가 자리하고 있고, 다른 한쪽에는 최대한 무해한 것이기를 심정적으로밖에 바랄 수 없는 도덕과 정치라는 감정적 선택이 자리하고 있다. 이러한 삶은 용기와 투쟁을 요구한다.

러셀의 책 중에서 가장 먼저 읽어야 할 것은?

버트런드 러셀 저, 황문수 역, 《철학이란 무엇인가》, 문예출판사, 2008

러셀에 대해서 좀 더 깊이 알고 싶다면?

버트런드 러셀 저, 임정대 역, 《수리철학의 기초》, 경문사, 2002
버트런드 러셀 저, 김경숙 역, 《우리는 합리적 사고를 포기했는가: 합리적 회의주의자의 에세이》, 푸른숲, 2008

p r e v i o u s

버트런드 러셀과 더불어, 논리학은 모든 주관적 사유로부터 독립하여 순수하게 형식적으로 진리를 사고할 수 있는 모델을 제공해주었다.

에드문트 후설에 이르면, 논리학과 수학은 동등한 지위에 오르게 된다. 단, 이는 의식의 사실들에 대한 체계적인 접근과 주관성에 대한 엄격한 인식을 통해, 철학 자체를 변화시키기 위해서다.

n e x t

1859	1887	1891	1913	1916
오스트리아 제국 메렌의 프로스니츠에서 출생.	수학과 철학을 공부한 뒤, 수의 개념에 대한 논문으로 교수 자격을 얻음.	《산술 철학》 출간.	《현상학의 주요 이념들》 출간.	프라이부르크 대학에서 강의.

Edmund Husserl

에드문트 후설

위기의 과학을 가까스로 구해내다

어디서 활동했나? 19세기 말과 20세기 초 독일 대학(할레 대학, 괴팅겐 대학, 프라이부르크 대학)의 정밀과학과 철학 분야에서 활동했다.

진리란? 후설에게 있어 진리란, 플라톤의 이데아와 유사한 모델에 따라 자체적으로 독립된 관념들에 기초하고, 우리의 합리적인 인식으로 이해할 수 있으며, 철학이 '정밀과학'으로 변화할 수 있도록 한다.

명언 한 말씀! "모든 의식은 무언가에 대한 의식이다."

철학 역사에서 그는… 그가 토대를 세우고 출범시킨 현상학이 20세기 전반에 걸쳐 다양한 형태로 드러난다는 점에서 핵심적 지위를 점하고 있다. 상당한 양의 사후 출판 저서들에 대한 체계적인 연구 덕분에 후설의 영향은 지금까지도 계속되고 있다.

1929	1933	1935	1938.4.27
파리와 스트라스부르에서 강연(《데카르트적 사유》).	히틀러체제의 반유대주의 조치에 따라 프라이부르크 대학 도서관 출입을 금지당함.	빈과 프라하에서의 강연(《유럽 학문의 위기와 선험적 현상학》).	프라이부르크에서 사망. 나치가 자기 무덤을 훼손시키지 못하도록 아예 화장해줄 것을 당부함.

철학을 하나의 '정밀과학'으로 만드는 것, 이것이 바로 후설의 목표였다. 그의 이러한 목표는 20세기 철학 전반에 걸쳐 크나큰 자취를 남긴다. 러셀과 마찬가지로, 후설 역시 처음에는 수학을 전공했다. 그의 이론적 목표는 무엇보다 철저히 합리적인 방법론에 의거하는 과학적 이론을 수립하는 것이었다. 그는 의문점과 문제들에 대한 합리적 분석을 통해, 철학의 영역에서 과학의 확실성과 같은 진정한 확실성에 도달하고자 했다.

순수하게 수학적인 의문들에 기초한 그의 첫 번째 작업은 특히 수학자 고틀로프 프레게의 작업과 연관되어 있다. 그는 수학적 의문들을 추구하는 동시에 철학 연구에 착수한다. 그리고 차츰 형이상학의 가장 근본적인 질문들을 재발견하게 된다. 어떤 의미에서 후설은 고대 그리스인들의 목표, 특히 플라톤의 목표를 되살리고 있다. 영원한 본질, 즉 우리의 정신적 능력 또는 우리 뇌의 구조와는 별개인, 그 자체로 존재하는 이데아-형상에 대해 고민하는 것이다. 이러한 철학적 목표를 추구하는 후설은 논리학적 분석 방식을 거쳐간다. 시대적 조류에 따라 후설 역시 러셀처럼 수학적 엄밀함의 기본 조건들, 즉 사유의 법칙 자체에 대해 연구했다.

실제로 후설은 여러 권으로 간행된 《논리 연구》(1901)라는 저서를 집필하는 데 힘을 쏟았다. '논리 연구'라고 해서 형식 논리나, 동시기에 러셀과 화이트헤드가 《수학원리》에서 실행한 명제의 계산에만 국한된 것은 아니었다. 후설의 《논리 연구》는 본질적으로, 증명의 수학적 처리 혹은 순전히 형식적인 추론의 측면과는 무관하다. 여기서 '논리'라는 용어는 고대 그리스어로 '말parole'과 '이성raison'을 동시에 의미하는 '로고스logos'로 이해해야 한다.

합의된 출발점은 다음과 같다. 우리의 이성적 추론은 여러 문장을 만들어낸다. 추론은 이 문장들과 문장 고유의 구성 형식 없이는 이해할 수 없다. 그래서 후설은 우리가 구사하는 문장이 어떤 조건하에서 진리에 가까이 갈 수 있는지 고찰한다. 첫째, 이 문장들은 '제대로 된 표현'이어야 한다. 즉 이 문장들이 발화되고 있는 언어의 통사 규칙에 부합해야 한다. 가령 "초록은 '왜냐하면'에 있다"라는 문장은 제대로 구성된 문장이 아니다. 이 문장 속의 형용사, 동사, 접속사, 부사는 아무 의미도, 제대로 된 문장도 만들어내지 못하고 있다. 우리 눈앞에 있는 것은 나란히 놓인 일련의 단어일 뿐, 그 이상은 아니다.

제대로 구성된 문장으로 표현되어야 한다는 것은 첫 번째 조건일 뿐이다. 만약 "자본주의는 오렌지색일까?" 혹은 "산업사회는 달콤한 맛일까?"라는 문장이 있다고 하자. 이들 문장은 통사 구조상으로 옳은 문장이다. 하지만 이들은 제대로 된 의미를 만들어내지 못한다. 즉 문법적으로는 오류가 없지만, 아무런 의미가 없다.

다시 시작하는 철학

:

초반에 이러한 방식을 따라가던 후설의 사유는 점차 그 이상으로 전개된다. 사유의 방향성에 근본적인 변화가 찾아온다. 실제로 그의 목표는 철학의 기초를 새로이 설정함으로써 철학을 처음부터 다시 시작하는 데 있다. 이런 관점에서 보면, 그의 철학적 여정은 데카르트를 연상시킨다. 후설의 주요 저서 중 하나가 《데카르트적 사유》(1929)인 것도 우연이 아니다. 이것은 데카르트의 《형이상학적 사유》에 대한 그의 오마주hommage다.

데카르트가 0에서 다시 시작하여 철학을 처음부터 다시 시작하고자 했던 것처럼, 후설도 자신의 기본 목표에 대한 사유로 되돌아간다. 그의 목표란, 이성이라는 단 하나의 수단을 통해 과학적 유형의 확실성, 진정으로 확실한 인식에 도달하는 것이다. 그는 "사물 그 자체로 되돌아가야 한다"고 말한다. 여기서 사물이란 우리가 일상적으로 마주치는 물질적 대상이 아니다. '사물 그 자체'란 우리의 이성을 통해 우리가 인식할 수 있는 관념, 본질, 이상적 형상들을 말한다. 기본적으로 후설의 목표는 플라톤적이다. 즉 플라톤으로부터 이어받은 영감이 그로 하여금 영원불변의 진리에 도달하게(적어도 추구하게) 한다.

후설의 힘은 이들 이데아(가장 추상적이고 가장 이론적인)가 우리 삶의 구체적 경험들 속에 뿌리내리고 있다는 것을 증명해 보인 것이다. 순수 추상과 기본적 체험의 이 보기 드문 접목이 바로 후설이 '현상학'이라고 부른 새로운 학설의 핵심이다. 현상학은 20세기 처음부터 끝까지, 현대 철학의 가장 중요한 학설의 하나로 자리매김하고 있다. 하나의 섬처럼 독자적인 이 사상은 그만큼 후설의 막대한 영향력을 증명해주고 있으나, 그 후 후설은 오랫동안 세간의 관심에서 멀어지게 된다.

현상학이라는 용어는, 고대 그리스어에서 만들어진 용어임에도 불구하고 그다지 세련되지 못한, 즉 고상하지 못하고 어색한 느낌이 드는 표현이다. 하지만 이해하기 어려운 용어는 결코 아니다. 현상이란, 우리의 의식에 나타나는 것을 말한다. 고대 그리스어 '파이노마이 Phainomai'는 파도 위에 부서지는 햇빛처럼 '반짝이다'라는 뜻과, '빛나다' 그리고 '나타나다'라는 뜻을 동시에 가진 동사다. 그리스의 철학적 전통에서 볼 때, 현상이란 세계가 우리에게 나타나는 모습, 우리에게 드러나는 모습이다.

우리는 최후의 궁극적인 현실이 과연 무엇인지, 우리가 지각하는 것들이 이 세계의 현실과 일치하는지 늘 자문할 수 있다. 하지만 그러한 현상들이 실제로 존재할 것이라고 짐작만 할 뿐이다. 후설의 철학적·개념적인 작업은 이처럼 주어진 세계 속에 기초를 두고 있다. 사물이 우리 의식에 나타나는 양상들은 후설이 선보이는 이론적 체험의 장이 된다.

그렇다면 사물들은 어떻게 나에게 나타나는가? 나의 의식은 어떤 방식으로 사물을 향하는가? 내 앞에 나무 한 그루, 물 한 잔 또는 내게 말을 하고 있는 친구 하나가 있다는 것을 나는 어떻게 알 수 있는가? 내 눈에 보이고 내가 느끼고 내가 생각하는 것들 속에는 어떤 절차들이 작동하고 있는 걸까? 이 절차들을 어떻게 개념화할 수 있을까? 후설의 질문은 이런 것들이었다.

그는 우리가 느끼는 것들에 대한 순전히 체계적이고, 개념적이고, 이론적인 분석을 시도한다. 그의 연구는 눈앞의 물컵을 바라보는 사람의 시신경이나 신경세포 속에서 무슨 일이 벌어지는지 탐구하는 것이 아니다. 그렇다고 눈에 보이는 것에 대한 시적 환기나 단순한 언어적 언급만도 아니다. 그의 목적은 진정 과학적인 방식으로, 하지만 철학적인 방식을 통해, 내 앞에 놓인 테이블 위의 물컵이라는 이 현상 속에서 문제되는 것이 무엇인지, 이 현상 속에 주어진 것은 무엇이고, 변한 것은 무엇인지를 모두 분석하는 것이다.

이러한 사유 방식이 왜 독특할까? 후설 이전의(이후에도 마찬가지지만) 철학은 두 가지 입장으로 나누어진다. 한쪽은 관례적 표현에 따르면 '관념의 철학'이다. 과학, 논리학, 수학 이론을 중심으로 하는 이 철학은 개인의 체험에는 무관심하다. 주관성과 체험보다는 지식과 이론을 더 선호한다. 이 반대쪽에 일명 '의식의 철학'이 있다. 주체의 존재와, 우리가 주체가 되어가는 과정을 기본으로 삼는 철학이다. 20세기 내내, 철학의 이 두 가지 얼굴 사이의 골은 너무 깊었다.

후설의 독특함은 철학의 이 두 측면을 동시에 끌어안는다는 데 있다. 사실 그는 의식 속에 작동하는 절차들을 설명해줄 수 있는 관념의 철학을 세우고자 했다. 그런 이유로 후설은, 그의 연구 저 너머에서 서로 모르는 체하거나 서로 싸우는 현대 철학의 상반된 두 가지 접근 방식의 접점에 위치하고 있다.

부분에서 전체를 만들어내는 '의식'

:

현상학의 주된 관심사, 즉 현상학이 처음으로 시도한, 의식에 대한 새로운 이해 방식은 어떤 것일까? 후설은 의식을 일정량의 정신적 행위 또는 예상으로 이해하는 것이 아니라, 의식의 행위를 밝히고자 한다. 그 어떤 대상도, 감정도, 생각도 부재하는 텅 빈 혹은 '순수한' 의식 그 자체는 이해가 불가능하다. 의식이란 배고픔 또는 갈증에 대한 의식, 두려움 또는 행복에 대한 의식, 밝은 빛 또는 어렴풋한 빛에 대한 의식, 추위 혹은 따뜻함에 대한 의식이라는 형태로 우리에게 주어진다.

후설은 "모든 의식은 무언가에 대한 의식이다"라고 말한다. 이 유명한 일종의 보증서는 후설로 하여금 그가 말하는 '지향성'이라는 것을 발견하게 한다. 이것은 현상학의 가장 기본 개념들 중 하나다. 지향성이란 의식이 어떤 대상을 '목표로 삼을' 때 그 의식의 움직임을 말한다. 내 앞에 놓인 물컵을 바라보는 나는 '물컵의 인상'을 내 의식 속으로 받아들이는 것이 아니다. 스크린을 이미지로 채우고, 창고에 물건을 채우는 것과는 다르다는 뜻이다. 나의 의식은 외부로부터 들어온 소여로 채워지는 상자나 항아리 같은 것이 아니다. 의식은 그렇게 수동적이지 않다.

후설의 주장은 그 반대다. 나는 내가 바라보는 물컵이나 나무를 향하는 의식을 통해 나의 방향을 정한다. 나의 의식은 이 대상을 향해 의도적으로(지향적으로) 나아간다. 그리고 하나의 지각 작용은, 말하자면, 내가 목표로 하는 이 대상과 관계된다. 이 지향성이란 목적과는 다른 것이다. 즉 나는 내가 이 물컵을 보러 갈 것이라고 미리 생각하는 것이 아니라, 그 물컵을 보면서 그 물컵이 눈앞에 있는 조건하에서 그것을 '그려내고 구성해내는' 것이다. 지각이란 결코 완전무결한 것이 아니며, 단숨에 주어지는 것도 아니기 때문이다.

지각 작용은 이러한 '구성' 작업들을 통해 점점 더 정교해지는 것이다. 내가 고개를 살짝만 움직여도 그 물컵은 약간 다른 각도로 보일 것이고, 위에서 바라보면 동그란 원만 보일 것이며, 옆에서 보면 또 다른 모습일 것이다. 이러한 다양한 변이형들 속에서, 나는 그 대상에 대한 일련의 관점을 가지게 된다. 나의 의식은 늘 무언가를 향해 있기 때문이다. 즉 나는 '동시에 모든 방향에서'는 아무것도 볼 수 없다. 하나하나의 시선을 통해 물컵의 각기 다른 '실루엣', 나의 현재 위치에 연결된 새로운 그림이 나타나는 것이다.

이 물컵을 '총체적으로' 재구성하기 위해, 나의 의식은 내 의식이 본 것을 정교하게 다듬고, 지각된 바에 근거하여 본 것을 구성한다. 이와 마찬가지로, 내가 누군가를 뒷모습 혹은 옆모습을 통해 알아볼 경우, 그 사람을 완전히 다 볼 필요는 없다. 나의 의식은 부분적인 시각에서 출발하여 전체를 재구성하는 것이다.

세계에 대한 나의 자연스러운 경험을 합리적 연구의 장으로 변화시킨다는 자신의 목표를 성공적으로 달성하기 위해, 후설은 고대 그리스 회의주의자들의 '에포케epoch'* 라는 개념을 다시 취하여 이를 변형시킨다. 회의주의자들은 '판단정지' 상태를 에포케라고 불렀다. 나의 지각이 진실인지 거짓인지를 확실히 알 수 없기 때문에, 나의 확실한 판단을 유보하는 것이다. 후설은 이러한 개념을 활용하여 그의 현상학적 탐구의 방법론적 도구를 한 가지 만들어낸다. 현상학적 탐구는, 세계를 대하는 우리의 '자연스러운 태도'를 중단시키도록 요구한다. 다시 말해, 우리의 사고하는 습관, 즉각적으로 믿어버리는 습관을 방법론적 차원에서 잠시 중단시킨다. 따라서 그 물컵을 지각하는 나의 의식이 무엇으로 이루어져 있는지를 내가 엄밀하게 연구하고자 한다면, 습관적인 성향, 평범한 자세는 모조리 중지시키고 오직 현상 그 자체만 살아남도록 해야 한다.

에포케 고대 그리스의 회의주의자들이 쓰던 말로, '멈춤', '아무것도 하지 않고 그대로 둠' 등의 뜻을 지닌다.

정신적 아들의 배반

:

그 준엄한 분석 방식과 감성을 완전히 배제한 건조한 스타일에도 불구하고, 현상학은 철학자들 사이에 상당한 지지와 공감을 불러일으켰을 뿐 아니라, 다양한 형태의 후학을 낳았다. 이러한 성공은 분명 사물과 경험적 사실에 뿌리를 둔 구체적인 출발점과, 엄밀하고 합리적이며 개념적인 검토의 의지를 가장 보편적인 입장에서 혼합했다는 특수성 때문이다. 사르트르는 후설을 읽으며, 우리는 하나의 물컵과 커피잔을 이야기할 때 정확하고 준엄한 철학을 하고 있다는 사실을 깨닫는다. 현상학의 초기 추종자 집단에 속하는 사르트르는, 제2차 세계대전 이전의 프랑스 사상계에 지향성이라는 개념을 도입한다.

또 한 가지 기억해야 할 점은, 후설의 작업에 힘입어 20세기의 위대한 여러 철학적 성과가 가능했다는 사실이다. 사르트르의 실존주의도 현상학이 밑받침되지 않았다면 불가능했으리라는 것은 주지의 사실이며, 에마뉘엘 레비나스와 모리스 메를로퐁티의 철학 역시 마찬가지다. 그보다 최근의 자크 데리다는 후설의 사상과 직접적으로 연결되어 있다. 마지막으로, 후설의 주요 제자들 중에서 꼭 기억해야 할 사람이 바로 그의 정신적 아들이면서 동시에 아버지를 배신한 철학자, 마르틴 하이데거다.

후설의 제자였던 하이데거는 후설의 뒤를 이어 1927년 프라이부르크 대학의 철학교수직에 오른다. 어떤 의미에서 보면, 하이데거는 현상학의 유산을 물려받았지만 현상학을 너무도 극단적으로 변화시켰고, 오히려 현상학의 파괴자로 변모한다. 후설과 하이데거 사이의 분기점은 과학 및 합리성과의 관계에 관련된다. 후설에게 중요한 것은, 이성의 승리다. 하지만 이후 하이데거가 중요하게 생각한 것은 이성을 비판하고, 플라톤과 아리스토텔레스와 데카르트의 이름을 통해 완벽하게 구현되는 형이상학적 사유를 넘어서고자 노력하는 것이다. 후설과 하이데거가 갈라서게 된 데에는 정치적 이유도 있었다. 하이데거는 나치즘에 동조한 반면, 후설은(양친이 모두 유대인이었지만, 젊은 시절 프로테스탄트로 개종했다) 철학적 사유가 전체주의 속으로 침몰하는 사태를 막으려 했던 것이다.

수렁의 가장자리에서

:

이러한 관점에서 볼 때, 후설의 가장 날카로운 저작은 그의 유고작《유럽 학문의 위기와 선험적 현상학》이다. 이 책은 독자들로부터《크리시스Krisis》라는 친근한 제목으로 불린다. 이것은 후설이 1935년에 했던 강연의 주제였는데, 후설이 나중에 그 내용을 좀 더 충실히 보완하여 한 권의 책으로 엮은 것이다.

후설은 이 책을 통해 유럽에서 성장하고 있던 반反이성과 반反합리주의에 대해, 특히 철학의 목표가 그 최초의 의미를 잃어가고 있는 것에 대해 경고의 목소리를 높이고 있다. 학문은 자신을 탄생시켰던 과거 그리스적 사상의 흐름에서 해방되었다. 그렇게 되면서, 학문은 스스로의 존재 이유인 자기의 목표를 망각했다. 이를 개선하고 치유하기 위해, 후설은 고대 그리스인들의 정신으로 되돌아갈 것을 권한다. 그는 '합리적 인간성'의 가장 기본 요소인 유럽의 이성을 되살려야 한다고 주장한다. 이 인간성은 단순히 관습이나 '인류학적 특성'에서 출발한 것이 아니라 철학을 통해, 철학과 더불어 정의되는 것이다.

즉 후설은 합리적 진리와, 불변의 학문적 탐구를 향한 무한한 지평을 옹호한다. 후설이 비극적인 어조로 들려준 이 강연의 맺음말은 그 전문을 인용할 만한 가치가 충분하다.

"유럽의 위기는 두 가지 결말만 있을 뿐이다. 삶에 대한 자신의 합리적 의미와는 전혀 다른 방향으로 흘러가버린 유럽의 쇠락, 정신적 증오 속으로의 추락, 그리고 야만이 그 하나이고, 자연주의를 확실하게 극복한 영웅적 이성 덕분에 철학의 정신으로부터 다시 태어나는 것이 또 하나의 결말이다. 유럽의 가장 큰 위험은 바로 권태다. '훌륭한 유럽인'으로서 투쟁의 영원함을 두려워 않는 용기로 이 최악의 위험과 맞서 싸우자. 그렇게 되면 우리는 니힐리즘*이라는 화염과, 인간에 대한 서구의 과업을 의심하는 절망의 속사포, 그리고 도저한 권태의 잿더미 속에서, 내부의 새로운 생명과 새로운 정신적 숨결로 되살아나는 불사신을 목도하게 될 것이다. 이것이 우리 인간의 위대하고 장구한 미래를 보장해줄 것이다. 오로지 정신만이 불멸이기 때문이다."

니힐리즘 라틴어의 '니힐', 즉 '무'를 의미하는 말을 어원으로 둔다. 허무주의를 이르는 말로, 모든 이데올로기에 대해 무조건적 반대, 부정의 뜻을 전한다.

1935년 5월 빈에서, 후설은 이런 식의 주장을 한다. 그때는 나치가 이미 권력을 장악하고, 유대인 박해가 강도를 더해가는 시기였다. 그 직후 뉘른베르크의 반유대주의 법안, 독일의 오스트리아 침공, 제2차 세계대전과 홀로코스트가 이어진다. 따라서 1938년에 죽은 후설은 자신이 예견했지만 결코 일어나지 않기를 바랐던 그 야만적 행태의 몇 가지만을 목격했을 뿐이었다. 하지만 그것만으로도 그의 삶은 이미 산산조각이 나버렸다.

이 수정처럼 맑고 투명한 지성인을, 역사를 넌지시 회피한 대학 교수로, 관념의 모험과 이론의 항해 이외에는 아무 일도 겪지 않은 평온한 한 인간으로 치부하는 것은 큰 오산일 것이다. 오히려 후설이라는 인물 속에는 비극적 영웅의 면모가 숨어 있다. 단지 우리 눈에 잘 띄지 않을 뿐이다. 그의 죽음은 말 그대로 드라마 같았다. 1936년 뉘른베르크 인종법의 발효로 나치는 후설의 양친이 유대인이라는 이유를 들어 그의 강의를 금지시켰다. 그는 자기 제자이자 후임자인 하이데거가 자신을 배신하는 것도 똑똑히 목격했다. 하이데거는 스승인 후설의 변호나 복권을 위해 그 어떤 노력도 기울이지 않았다. 후설은 1938년, 침묵과 고독 속에서 세상을 떠났다.

후설의 책 중에서 가장 먼저 읽어야 할 것은?

에드문트 후설 저, 이종훈 역, 《유럽학문의 위기와 선험적 현상학》, 한길사, 2007

후설에 대해서 좀 더 깊이 알고 싶다면?

에드문트 후설·오이겐 핑크 공저, 이종훈 역, 《데카르트적 성찰》, 한길사, 2002
에드문트 후설 저, 이종훈 역, 《순수현상학과 현상학적 철학의 이념들 1, 2, 3》, 한길사, 2009
에드문트 후설 저, 이종훈 역, 《경험과 판단》, 민음사, 2009
에드문트 후설 저, 이종훈 역, 《현상학적 심리학》, 한길사, 2013
박승억 저, 《후설 & 하이데거: 현상학, 철학의 위기를 돌파하라》, 김영사, 2007

previous

후설과 더불어, 진리는 오로지 이성의 소관이 되었고, 유럽은 철학적 인간을 만들어낸다는 고대 그리스적 목표를 재발견하고 재구성하기에 이른다.

반면, 하이데거의 등장과 함께 진리는 합리성으로 위장되고, 합리성에 의해 타락한다. 유럽은 과학과 기술의 모태인 형이상학을 파괴하고, 인간을 시인 속에 자리 잡게 한다는 그리스적 목표를 재발견하게 된다.

next

1889 독일 메스키르히, 뷔르템베르크 목공소에서 출생.

1909 프라이부르크 대학 신학부 입학.

1911 철학 공부에 전념하기로 결심.

1927 《존재와 시간》 출간, 후설과 결별.

1928 후설의 교수직 승계.

Martin Heidegger

마르틴 하이데거

존재의 의미에 대해 밝히려 하다

어디서 활동했나?

독일 수아브의 가톨릭 전통이 강한 시골 마을, 나치와 검은 숲(슈바르츠발트, 독일 남서부 라인 강 동쪽에 북북동에서 남남서 방향으로 뻗어 있는 산맥), 시인들이 지배하던 시절의 대학에서 활동했다.

진리란?

하이데거에게 있어 진리란, '폭로 혹은 드러내기'로 정의된다. 또 존재의 현전을 보여주며, 과학자보다는 시인에게서 발견된다.

명언 한 말씀!

"과학은 생각을 하지 않는다."

철학 역사에서 그는…

진정한 정신적 혁명을 예고하고 최초로 실천했다는 점에서 그를 가장 위대한 사상가로 꼽는 사람들이 있다. 그런가 하면, 정체성이 모호하고 필력은 애매한 데다 정치적으로 위험성이 있는 사상가라는 사실에도 그를 존경하는 사람이 있다는 면에서 '오해의 대상'으로 평가하는 이들도 있다. 따라서 여전히 논쟁의 여지가 많다.

1933	1945	1947	1951	1976.5.26
프라이부르크 대학 총장으로 선출, 나치체제 지지.	연합군 당국에 의해 교수직 박탈.	장 보프레의 질문에 대한 편지 형식의 답글인 《휴머니즘에 관한 편지》 출간.	교수직 박탈 결정이 철회됨.	메스키르히에서 사망.

철학에 있어 하이데거라는 이름은, 단절의 추구를 상징한다. 합리성, 과학, 증명 등은 고대 그리스 이후 철학과 밀접히 관련되어 있었다. 이러한 연관성은 후설을 통해 더욱 강화되고 더욱 정교하게 다듬어졌다. 20세기 초반의 사상적 흐름은 모두 그러했다. 하지만 하이데거는 이와는 정반대로 나아간다. 그는 과학과 철학을 분리시키려 했고, 논리의 우선권을 거부하며, 철학 속에 그노시스적(신에 대한 신비적 직관) 경향을 부활시키려 했다. 영적인 인식을 중시하는 그노시스적 흐름은 낭만주의에 의해 다시 부각된 경우를 제외하고는 오랫동안 사유의 수면 아래 잠들어 있었다.

마르틴 하이데거는 19세기 말, 독일 남부의 가톨릭 전통이 강한 한 시골 마을에서 자랐다. 그의 아버지는 통을 만드는 제조공이자 소교구 성당 관리인이었고, 어머니는 전업주부였다. 그는 평생, 땅에 뿌리박은 시골생활을 고집하며 고향의 자손으로 남기를 원했다. 그는 '뿌리 뽑힌' '범세계적'인 것들은 한사코 거부했다. 그는 자본주의의 논리에도 익숙하지 않았고, 토지에 대한 과학의 지배 역시 그에게는 두려움을 줄 뿐이었다. 그에게 있어 인간에 의한 자연의 도구화란 자연을 유린하는 범죄행위나 다름이 없었다. 이런 점에서 볼 때, 하이데거는 오늘날 환경주의자들의 주장을 예고하고 있는 듯하다.

젊은 시절의 그는 타고난 재능을 유감없이 발휘했다. 가톨릭 분위기 속에서 성장한 탓에 고전 교육을 제대로 받을 수 있었고, 신학교에 입학한 후 본격적으로 신학 공부도 시작했다. 하지만 스무 살에 신학 공부를 그만둔다. 그 이유를 자세히 알 수는 없지만, 그는 개인적인 위기 이후 가톨릭과 공식적 단절을 선언하고 이내 철학을 선택한다. 그 당시 독일 대학에서 그의 이력은 주목할 만한 점이 전혀 없었다. 하지만 서른여덟 살이 되던 1927년, 한 권의 책을 출간하면서 일약 화려한 명성의 주인공이 되었고, 그 명성은 독일을 넘어 전 유럽으로 확산되기에 이른다. 그 책이 바로 《존재와 시간》이다. 낯설고 난해한 이 책은 독일 독자들조차 읽어내기가 쉽지 않다. 그럼에도 불구하고 그 반향은 실로 엄청났다.

존재에 대한 의문

:

반향이 그토록 컸던 이유는, 이 책이 오랫동안 잊혔던 해묵은 문제, 즉 '존재의 의미'에 대해 밝히고 있기 때문이다. 이는 고대 그리스의 사상가들이 이미 제기했던 문제다. 이 문제는 '있다there is'라는 사실, 즉 '아무것도 없는 것이 아니라 무언가가 있다'는 사실과 관련된다. 하지만 다양한 것들이 존재하고 있는 자연과는 무관하다. 하이데거에 따르면, 이 원초적인 의문은 플라톤과 아리스토텔레스 이후, 존재하는 것(=존재자)들의 속성에 대해 질문하는 형이상학에 밀려 사유의 중심에서 멀어져 있었다. 존재에 대한 이러한 망각이 과학과 기술적 조작의 가능성을 열어놓았는지도 모른다. 즉 과학과 기술은 존재를 망각한 형이상학의 산물이다.

존재에 대한 시각의 변화는 일련의 핵심적 문제들에 있어 변화를 가져오기 시작했다. 시간, 주체, 인간 본성, 그리고 역사에 대한 철학적 이해에 문제가 제기된 것이다. 하이데거는 기존의 철학적 이해들을 새롭게 재정의하려고 했다. 동시대인들 중에서는 하이데거가 사상에 일대 변화의 문을 열었다고 생각하는 이들이 있었고, 그가 의도한 예언자적이고 매혹적인 어조는 이러한 인상을 더욱 강화시켰다.

프라이부르크 대학에서 열린 하이데거의 강의는 수강생이 날로 늘어났다. 그의 수업을 들은 학생들(카를 뢰비트, 한나 아렌트, 에마뉘엘 레비나스, 한스 요나스 등등)은 아주 특별한 모험에 참가하는 느낌이었다. 학기가 거듭될수록, 스승 하이데거는 '존재의 역사'를 모든 역사의 보이지 않는 축으로 변화시킨다. 이로써 세상의 흐름은 더 이상 무력 충돌이나 정치적 술수, 경제력의 경쟁 및 과학기술의 성과에 좌우되지 않는다. 존재가 사유되는 방식은 그보다 더 은밀하고 더 확실하게 인류 운명의 흐름을 바꾸고 변화시키기 때문이다.

하이데거는 이런 식으로 사유의 역사를 통째로 다시 시작한다. 그가 많은 지지와 찬동을 얻어낼 수 있었던 것은 이런 이유도 한몫했다. 그는 철학을 과거에 매몰된 일련의 닫힌 텍스트로 생각하지 않는다. 오히려 그는 철학을, 말 그대로 '극적'으로 되살린다. 분명 이러한 특성은, 어떻게 보면, 모든 철학자들의 공통된 속성이다. 하이데거가 갖는 차별성, 즉 그가 보여주는 단절의 인상은 바로 서구 사상의 가장 해묵은 장치들 한가운데로 거슬러 올라가려고 시도한다는 데서 비롯한다. 그는 존재에 대한 의문에서부터 출발한다. 즉 이 의문의 원초적 의미를 다시 만나고자 했고, 이러한 의문이 왜 그토록 오랫동안 잊혔는지를 설명하고자 했으며, 그 질문이 오늘날까지도 나름대로 유지하고 있는 그 힘을 강조하려고 했다. 이처럼 하이데거는 비밀스러우면서도 기본이 되는 어떤 역사, 나머지 전부의 운명을 은밀히 결정하는 장기적인 역사를 정교하게 창출해낸다.

진리의 본질은 폭로다

:

이러한 진리 개념은 1931년 10월부터 다음 해 2월까지 진행됐던, 진리의 본질에 대한 세미나에서 특히 더 분명하게 나타난다. 원래는 플라톤에 관한 세미나였던 이 수업은 하이데거의 진리 개념을 명확히 다듬어 가는 중요한 단계로서 작용했다. 1926년, 이미 플라톤의 텍스트를 연구하고 있던 하이데거는 그리스 철학으로부터 어떤 '상승적' 시각을 이끌어낸다. 바로, 소크라테스 이전부터 아리스토텔레스에 이르기까지 존재에 대한 사유는 점진적으로 전개되었다는 시각이다. 그리스의 플라톤은 존재에 대한 사유의 초기 단계부터 진행되고 있던 것들이 급진화되고 첨예화되는 필수불가결한 시기를 대변하고 있다. 특히 《국가론》 속 선의 이데아에 대한 견해가 이 점을 잘 보여준다.

하지만 1931년에서 1932년에 이르는 동안 상황은 급변한다. 하나의 도식이 확실한 자리를 잡게 되었고, 이는 그 후로 오랫동안 하이데거의 후계자들에게 영향을 미친다. 하이데거에 따르면, 논리와 증명을 통해 도출되는 진리 개념이 플라톤에게 이르면, 그 이전에 우세했던 초기의 진리를 밀어내고 그 자리를 대신하게 된다. 이처럼 그리스 사상은 플라톤을 통해 존재에 대한 최초의 합의를 포기하고, '존재의 망각'을 특징으로 하는 형이상학의 영역으로 들어가게 된다. 1931~1932년의 세미나는 '사물과 정신의 합치'로서의 진리 개념이 어떤 방식을 통해 플라톤 철학 속에 자리 잡게 되는지를 증명하고자 했다. 이러한 진리 개념은 이후 아리스토텔레스와 그 해석자들의 뒤를 이어 형이상학의 모든 영역을 장악하게 되고, 이에 따라 서구의 과학 및 기술의 영역(이 둘은 결국 동일한 흐름에서 비롯한다)까지 모두 장악하게 된다는 것이 하이데거의 입장이다.

하이데거에 따르면, 이런 식의 진리 개념은 고대 그리스의 '최초의' 혹은 '본래의' '알레테이아aletheia(진리)'를 배제한다. '알레테이아'라는 그리스어의 특수성은 지극히 독점적이고 배타적인 의미를 가진다는 데 있다. 즉 우리가 흔히 '진리'로 번역하는 이 용어는 자칭 '숨기는 바'가 거의 없다는 뜻을 갖는다. 하이데거는 그리스어 '알레테이아'를 독일어로 'Unverborgenheit' 즉 '비은폐성'으로 번역한다. 이것은 '폭로', '드러내기', '비非은폐', '완전한 개방' 등으로 해석될 수 있다.

겉으로는 지극히 참신해 보이지만, 사실 이 주제는 독일 낭만주의의 유산인 기원의 신화에 전적으로 기초하고 있다. '원래의 의미'로 거슬러 올라간다는 것은 분명 필요한 작업이다. 왜냐하면 이 '원래의 의미'가 잃어버린 의미를 간직하고 있다고 생각되기 때문이고, 이 근원으로의 회귀만이 우리가 처한 이 혼란스러운 세상에서 벗어날 수 있는 방편이기 때문이다. "본질적인 것의 제일 첫 시작이 어디였는지 우리는 알 수가 없다. 지금 우리가 이해할 수 있는 것은 모든 것이 완전히 타락했고, 우스꽝스럽고, 무질서하고, 사방이 무지로 가득하다는 것뿐이기 때문이다"라고 하이데거는 주장한다.

따라서 이 최초의 본질을 회복한다는 것은 현재를 회피하는 것이 절대 아니다. 이미 지나간 과거에 대한 무미건조한 연구 속으로 도피하는 것도 아니다. 오히려, 감추어진 시원始原을 향한 '뒷걸음질' 속에서 현재 우리 앞에 놓인 막다른 길을 극복할 수 있는 근본적 방법을 발견하는 것이다. 프리드리히 슐레겔로 대표되는 독일 낭만주의의 주장도 이와 다르지 않다. 즉 우리가 처한 이 타락한, 타락해가고 있는 모더니티를 피할 수 있는 방법은 바로 그 완벽하고 위대한 최초의 새벽으로 거슬러 올라가는 것이다.

역사적 맥락과 언어적 맥락이라는 서로 다른 맥락 속에서, 하이데거는 이 낭만주의 신화의 수많은 특성들을 부활시킨다. 최초의 기원, 특히 언어가 갖는 최초의 의미에 대한 과대평가는 철학과 시의 역사적 역할에 대한 과대평가를 동반한다. 즉 "감수성 발견의 정수는 과학이 아닌 최초의 철학과 위대한 시, 이 시의 기획(호메로스, 베르길리우스, 단테, 셰익스피어, 괴테) 속에서 가능했고, 지금도 가능하다." 이와 동시에, 과학적 인식은 평가절하된다. "과학의 기반과 존엄성과 권리는 오직 철학에서 비롯한다." 역사는 총체적으로 그 최초의 완벽함으로부터 조금씩 퇴락과 실추의 일로를 걷고 있다. "근원적 체험의 실추 (…) 알레테이아의 근원적 의미가 가진 힘의 상실은 이미 플라톤을 통해 진행되고 있었다. 이러한 과정은 또 다른 역사의 시작이나 다름없다. 즉 이 새로운 역사 속에서 존재자로서의 서구인들은 자기 땅을 잃었고, 그 결과 지금도 서구인은 자신의 땅을 박탈당하고 있다."

이처럼 하이데거는 철학자들이 생각하지 않았던 것, 즉 철학자들의 관념화 작업 속에 새겨진 맹목적이고 폐쇄적인 오점에 대해 주목하고자 한다. 또 하이데거는 합리성이 지배하는 시대를 시인의 언어로 대체하고자 한다. 중요한 것은, 오늘날까지도 여전히 '전면에 나서지 못하고 있는' '또 다른 사유'를 기다리고 기대하는 것이다. 우리의 발자취 속에 묻혀 있는 이 시원 속에 미래의 가능성이 나름의 입지를 지키고 있을지도 모를 일이다. 우리가 할 일은 그 가능성을 원래 주인에게로 되돌려주는 것이다.

어두운 이면, 그리고 침묵

:

이처럼 열정과 존경과 감사와 평온함이 깃든, 존재에 대한 이러한 사유 방식은 오랫동안 하이데거의 주요 트레이드마크로 통용되었다. 적어도 하이데거에 대한 강의가 가장 빈번하게 이루어졌던 1960년대부터 1980년대까지는 그러했다. 당시에는 하이데거의 나치 부역, 히틀러 숭배, 반유대주의, 홀로코스트에 대한 논란 많은 침묵 등이 전혀 언급되지 않았다. 그 시기의 하이데거에게 암울한 이면 따위는 없었다. 하지만 지금은 그렇지 않다.

나치 정권과 하이데거의 공모 관계에 대한 과거의 '공식입장'은 더 이상 설득력이 없다. 이 공식입장이란, 하이데거가 히틀러체제의 본질에 대해 단 몇 개월 동안 오해를 했었다는 것이다. 1933년 4월 21일, 하이데거는 동료 교수들의 강권에 못 이겨 프라이부르크 대학의 총장 자리를 수락했고, 이듬해인 1934년 4월 23일 사임했다. 이 방황과 일탈의 12개월은 수치심 속에서도 나름의 중심을 잡으려고 애를 쓰면서, 이후 10여 년 동안 히틀러체제로부터 겪게 될 박해와 고초를 가늠해본 시기였다고, 공식입장은 밝히고 있다.

이것은 하이데거의 최측근 제자들이 1970년대에 전한 당시 상황의 전모다. 하지만 오늘날, 하이데거에 대한 이런 식의 '성인군자 이미지'를 믿는 사람은 아무도 없다. 여러 편의 저서들이 이와는 정반대의 실체를 폭로하고 있기 때문이다. 그중 정확한 날짜와 인용문들은 그 실체를 더욱 확실하게 드러내고 있다.

1910년, 하이데거는 최초로 글을 발표했는데 그 글은 〈알게마인 룬트샤우Allgemeine Rundschau〉라는 반자유주의적이고 반유대주의 성향의 잡지에 실렸다. 그는 이 글에서 성 아우구스티누스적인 기독교 성인 아브라함 아 산크타 클라라Abraham a Sancta Clara라는 인물을 찬양하고 있다. 그런데 이 사람은 악의적 민족주의와, 국가가 묵인하는 유대인 박해를 선동한 인물로 알려져 있다. 젊은 시절의 하이데거에게 이 천재적 위인은 '민족의 정신과 육체 속에서 민족의 활력'을 추구한 인물이었다. 그로부터 한참 후인 1964년, 유명인사가 된 하이데거는 여전히 이 위험한 반유대주의자이자 반터키주의자를 '우리 삶의 스승'으로 여기고 있었다.

1916년 10월 18일, 그는 아내 엘프레데에게 다음과 같은 편지를 쓴다. "우리 문화와 대학의 유대인화는 정말 소름끼치도록 끔찍하오. 독일 민족은 내부의 능력을 충분히 발휘하여 최정상에 올라야 한다는 것이 나의 생각이오." 또 1918년 10월 17일에는 아내에게 이렇게 속내를 털어놓는다. "나는 독재자의 필요성을 인정하오. 아니 점점 더 강하게 절감하고 있소." 1920년 8월 12일, 그의 결론은 이러하다. "유대인과 부당한 모리배들(수단과 방법을 가리지 않고 자기 이익만 꾀하는 사람)이 모든 것을 잠식해버렸소."

1932년 하이데거는, 그의 아들 헤르만이 최근 확인해주었듯이, 나치당에 찬동하는 표를 던진다. 1933년 3월 12일, 이번에도 그는 아내에게 쓴 편지에서 절친한 친구인 철학자 카를 야스퍼스Karl Jaspers• 에 대해 이야기하고 있다. "순수 독일 혈통에, 가장 정확하고 올바른 본능의 소유

카를 야스퍼스 1883~1969년, 독일 철학자. 칸트, 니체, 키에르케고르에게 영향을 받았으며, 하이데거와 함께 독일 실존철학을 창시했다.

자인 그가, 우리 운명의 가장 높고 고귀한 욕구를 잘 이해하고 있는 그가 (…) 어떻게 그런 여자와 결혼했는지 정말 충격적이오." 야스퍼스의 아내가 바로 유대인이었던 것이다. 야스퍼스는 하이데거에게 그처럼 많이 배우고 교양 있는 사람이 어떻게 히틀러처럼 비열하고 야만적인 인간에 대해 눈곱만큼이라도 존경심을 가질 수 있는지 물은 적이 있다. 여기에 하이데거는 이렇게 대답한다. "히틀러의 손이 정말 곱거든…."

제3제국의 독일 치하에서 대학 총장이 된 하이데거는 대학이 이미 최고 수준으로 올라 있는 독일 민족의 운명과 같은 수준에 오를 수 있게 하기 위해 대학 개혁에 힘썼다. 총장 사임 후, 스스로 주장했던 자기 수치심은 결코 나치에 대한 그의 '저항'에서 비롯한 것이 아니라, 나치 이데올로그들 간의 내분에서 비롯한 것이었다. 그의 대학 총장 취임 연설문은 나치의 고전이 되어 반유대주의 대학생 조직들에게 공공연히 인용되었고, 1943년까지 수천 부가 인쇄되어 퍼져나갔다.

1934년 6월 30일에 벌어진, 나치가 정적과 정부 요인, 그리고 유대인을 학살한 일명 '긴 칼의 밤'•• 사건 이후 9월, 하이데거는 나치 독일 치하의 대학 교수 아카데미 프로젝트에 참여한다. 여기서 그는 "국가-사회주의의 군대와 시험에서 출발하여 전통 과학을 다시 생각해볼" 것을 제안한다. 1943년, 종이 부족 현상이 절정에 달했음에도 불구하고 클로스테르만 출판사는 정부의 동의하에 특별 호까지 제작해가며 하이데거의 작품을 펴내기도 했다. 이것이 박해와 고초일까?

긴 칼의 밤 에른스트 룀을 비롯한 갈색 셔츠단이라 불리던 나치 돌격대의 지도자들을 히틀러가 급습하여 숙청한 사건이다. 이때 85명을 반란 혐의로 처형하고 수백 명을 체포했다. 이후 히틀러는 군부를 완전히 장악하고 제국의 총통 자리에 오른다.

제2차 세계대전 종전 후 연합군 당국에 의해 종신 교수직이 박탈되어 1951년이 되어서야 다시 강단에 설 수 있었던 하이데거는 그 이후로도 명시적으로 나치를 비난한 적이 한 번도 없다. 수백만 명의 유대인 학살에 대해서도 끝내 아무런 입장표명을 하지 않았다. 루마니아의 시인 파울 첼란Paul Celan이 이 문제에 대해 묻기 위해 그를 방문했을 때에도 그의 침묵은 변함이 없었다. 다만 "성탄절을 진심으로 축하하고, 새해 복 많이 받으시라"는 말만 덧붙였다. 1960년 독일의 인종학자이자 '인종 위생연구소'를 창립하고 운영했으며, 특히 훗날 요제프 멩겔레Josef Mengele*의 생체실험에 영향을 미친 오이겐 피셔Eugen Fischer에게도 이와 똑같은 새해 인사를 했다고 한다.

요제프 멩겔레 1911~1979년. 일명 '죽음의 천사'라고 불리는, 독일 친위대 장교이자, 아우슈비츠 강제수용소의 내과의사. 유대인 수감자들이 수용소에 도착하면 가스실에 보낼 사람과 강제노역을 할 사람을 선별해내고, 수감자를 대상으로 생체실험을 진행한 것으로 악명이 높다.

두 개의 얼굴? 하나의 얼굴?

:

철학자 하이데거와 활동가 하이데거 간의 관계를 어떻게 이해해야 할까? 이 질문에 대답할 수 있는 방법은 세 가지가 있다.

첫 번째 방법은, 하이데거의 그 어두운 이면 자체를 단순하게 부정해 버리는 것이다. 소수이기는 하지만 하이데거의 제자들 중에는 사람들이 자기 스승의 나치에 대한 호의를 자꾸 환기시킴으로써 스승을 중상모략한다는 식의 분위기를 조성하려는 이들도 있다. 하지만 그 결과가 어떠할지는 미지수다. 이들의 주장이 사실이라면, 하이데거의 행위 하나하나를 전혀 다르게 해석해내야 하기 때문이다. 하이데거 추종자들은 하이데거가 나치식 거수경례를 하고 홀로코스트를 찬양할 때, 히틀러식 인종차별 용어들을 사용할 때 그의 진정한 의도는 나치 찬양이 아닌 '다른 어떤 것'이기 때문에 우리는 반드시 눈에 보이지 않는 다른 맥락에서 그를 이해해야 한다고 주장한다. 하이데거의 모든 언행은 항상 사람들이 흔히 생각하는 바와는 다른 중요성과 효력을 갖고 있다는 것이다.

두 번째 방법은, 이 두 개의 얼굴이 불러일으키는 불편함을 감수하고, 이 대립적 측면의 팽팽한 긴장 속에서 둘을 동시에 인정하는 것이다. 이것은 하이데거가 현대의 가장 위대한 사상가 중의 하나라는 사실과, 그가 뼛속까지 나치주의자라는 사실을 동시에 받아들이는 입장이다. 이럴 경우, 존재의 부름과 나치 친위대 간의 경계선을 어디서 어떻게 그어야 하는가 하는, 풀리지 않는 난제가 남는다. 뿐만 아니라, 이 두 개의 얼굴이 어떻게 하나가 될 수 있는가 하는 문제 역시 풀어내기 어렵다.

세 번째 방법은, 하이데거의 어두운 면만을 인정하는 것이다. 흔히 하이데거의 긍정적 부분으로 간주되는 것은 그의 겉모습이거나 막연한 껍데기에 불과하다고 생각하는 것이다. 달리 말해, 하이데거의 모든 것은 히틀러와 똑같은 선동 행위로 귀결된다. 단지 방법에 있어 좀 더 우회적이고, 좀 더 장황하고, 좀 더 교묘할 뿐이다.

실제로 1933년 프라이부르크에서 하이데거는 노조원들이 체포되고, 유대인들이 박해받고, '비非아리안계' 가게들의 유리창이 박살나는 광경을 목격했다. 하지만 그는 나치 당국의 추적을 받지도 않았고, 해외로 도피할 필요도 없었다. 그가 나치 당원증을 가지고 있었기 때문이다. 그의 이러한 행위가 그의 사상 때문은 아니라고 치더라도, 그의 철학이 그의 이러한 행위를 전혀 막아내지 못한 것도 사실이다. 그의 나치 부역을 막을 수 있는 안전장치나 보호막은 전혀 없었던 것이다. 상황이 이러하다면, 우리는 굳이 하이데거라는 철학자를 고집할 필요가 없다. 하이데거는 무시해버리고, 다른 철학자들과 함께하는 것이 더 바람직할 것이다.

풀리지 않는 의문은, 하이데거가 과연 어떤 이유로 그 많은 사람들을 매료시켰고, 어떤 동기로 실질적인 사유의 스승(과학적 철학자라기보다는 영적 지도자에 가까운)의 대열에 오를 수 있었는지 하는 것이다. 히틀러 정권과 제3제국과의 확실한 영합迎合이라는 실체를 폭로하는 움직일 수 없는 증거들(관련 문건들, 동시대의 증인들, 역사가들의 증명 작업)이 있음에도 불구하고, 그에게 면죄부를 주고 그의 잘못을 망각하는 시대적 흐름은 어떻게 가능했던 것일까?

프랑스가 사랑한 철학자

:

전쟁이 끝난 뒤, 하이데거에 대해 속속들이 파악하고 있던 연합군 당국은 하이데거의 공식적 강의 활동을 완전히 금지한다. 이미 오래전부터, 헝가리의 철학자 게오르그 루카치Gyorgy Lukacs*는 하이데거를 '사상의 게오르그 루카치 1885~1971년. 헝가리의 철학자 겸 미학자. "다시 문제는 리얼리즘이다"라는 말을 남겼다. 마르크스주의자로서 충직한 삶을 살았다.

테오도르 아도르노 1903~1969년. 프랑크푸르트 학파의 중심인물이자 1세대 비판이론의 대표적 인물이다. 호르크하이머와 공저한 《계몽의 변증법》으로 철학적 위상과 명망이 더욱 높아졌다.

나치 돌격대원'이라는 별명으로 불렀고, 독일의 철학자 테오도르 아도르노Theodor Adorno**는 하이데거의 학설이 처음부터 끝까지 철저하게 '파시스트적'이라 평가하고 있었다.

그렇다면 하이데거라는 철학자가 유독 프랑스에서 60년 이상이나 누려온 사상 유례 없는 영향력과 인기는 도대체 어떻게 설명해야 할까? 유럽을 비롯한 다른 어떤 나라(일본은 예외)에서도 하이데거가 쓴 책 혹은 하이데거에 관한 연구서들이 넘쳐나는 일은 없었다. 유독 프랑스에서만 그러했다. 프랑스의 대학생들은 하이데거에 관한 수많은 강의에 심취했고, 대부분의 프랑스 지식인들은 이 독일 사상가에 대한 열렬한 애정을 통해 스스로를 자극하고 고무했다.

그 이국적 존경심에 담긴 경애심과 은밀한 공모 의식은 지금까지도 제대로 해명되지 않고 있다. 하이데거가 유독 프랑스 땅에서, 실추된 정치적 명예와 지식인의 정통성을 그토록 단기간에 회복할 수 있었던 이유는 무엇일까?

종전 직후에는, 현대 프랑스 철학자 앙리 르페브르Henry Lefebvre 같은 공산주의자들이 '나치 하이데거'를 고발했고, 프랑스 극작가 겸 철학자 가브리엘 마르셀Gabriel-Honore Marcel 같은 열렬한 가톨릭 신자들은 그를 비꼬았다. 사르트르는 하이데거의 나치 부역을 당사자의 모호하고 유약한 성격 탓으로 돌림으로써 이 철학자의 명예회복과 복권에 가장 결정적인 역할을 했다. 이런 상황에서, 1947과 1948년에 걸쳐 〈현대Les Temps modernes〉라는 잡지를 통해 논쟁은 지속되었다. 여기서 특히 유대인 철학자 카를 뢰비트Karl Löwith와 에릭 베이유Eric Weil는 하이데거 사상의 위험성을 공격하기도 했다.

하이데거에 대한 프랑스의 절절한 애정은 장 보프레Jean Beaufret와 르네 샤르René Char가 차례로 만들어낸 작품이었다. 각각 교수와 시인인 이 두 사람은 과거에 레지스탕스 활동을 했다는 공통점이 있다. 덕분에 문제가 될 수 있는 수상쩍은 점들은 모두 간과되었다. 1961년, 프랑스 철학자 장 피에르 페이Jean-Pierre Faye가 하이데거의 나치 찬동 발언을 들추어내고 발표하는 등 몇 차례 문제가 있었음에도 불구하고, 하이데거에 대한 프랑스의 태도는 프랑스 철학의 한 축으로 변모한다. 사르트르에서 코스타스 악셀로스Kostas Axelos, 에마뉘엘 레비나스, 폴 리쾨르Paul Ricoeur를 거쳐 자크 데리다에 이르는 다수의 사상가들이 모두 나름의 방식대로 하이데거의 사상과 연관이 있다. 이들의 철학과 하이데거는 상당한 유사성을 갖는다.

하이데거에 심취했든 아니면 객관성을 유지했든 간에, 이토록 다양한 형태의 관심 속에 그에 대한 비판적 의미는 결여되어 있었다. 하이데거가 그리스어와 독일어만이 철학의 언어라고 아무리 소리 높여 주장해도, 비상식적인 어원들을 아무리 열심히 만들어내도, 극단적이고 비관적이며 주술적 마력을 지닌 시적·생태학적·종교적인 직관을 고안해내도, 단지 몇 명의 철학자만 인정하고 다른 철학자들에 대해서는 침묵함으로써 철학의 역사를 공동화空洞化시켜도, "과학은 생각을 하지 않는다"라고 확신에 찬 어조로 아무리 주장해도, 범세계주의와 현대성에 대한 증오를 끊임없이 피력해도, 합리성에 대한 경멸과 과학기술에 대한 혐오와 시인의 역할 숭배를 아무리 반복해도 데카르트의 나라 프랑스에서 하이데거의 열기는 도무지 식을 줄을 몰랐다. 프랑스의 이러한 지적 토양의 원인을 밝혀보려는 작업들이 없지 않지만, 이 수수께끼는 아직까지도 완전히 해소되지 않는 의문으로 남아 있다.

하이데거의 책 중에서 가장 먼저 읽어야 할 것은?

마르틴 하이데거 저, 이기상 역, 《존재와 시간》, 살림출판사, 2008

하이데거에 대해서 좀 더 깊이 알고 싶다면?

마르틴 하이데거 저, 박찬국 역, 《니체 1, 2》, 길, 2012
마르틴 하이데거 저, 신상희 역, 《언어로의 도상에서》, 나남, 2012
제프 콜린스 저, 이경현 역, 《하이데거와 나치》, EJB(이제이북스), 2004

Part 3

소리 이상의 언어

루트비히 비트겐슈타인

한나 아렌트

윌러드 밴 오먼 콰인

철학자, 어제의 말과 오늘의 말을 구별하다

20세기 철학에서 언어 분석은 역사상 전례 없는 중요성을 지닌다. 말의 실재, 말과 사고의 상응, 언어의 구조, 언어의 기원 등이 철학적 사유의 중요한 테마로 자리 잡은 것은 이미 오래전의 일이다. 이러한 테마가 불러일으킨 논쟁과 질의들이 수백 년에 걸쳐 이어져 오고 있는 것이다. 하지만 이러한 흐름도 따지고 보면, 그리 특별한 것도 없는 철학적 과제 중 하나일 뿐이다. 20세기에 이르러 언어는 철학의 토대가 되는 기본 쟁점이 된다.

흔히 말하는 '언어학적 전환점'이라는 것은 모든 쟁점을 '어떻게 표명되는가', 즉 형식적이고 논리적인 표명 방식에 초점을 맞추어 고려한다. 20세기 초, 러셀과 논리학자들에게서 두드러지게 나타난 표명의 문제는 루트비히 비트겐슈타인과 비엔나 학파의 연구를 통해 더욱 발전했고, 결국 현대 철학의 전반에 영향을 미치는 결과는 낳았다. 이 철학의 주요 쟁점은 형식을 제대로 갖추지 못한 채 제기되는 문제들, 언어적 표현 방식에 대한 우리의 불찰에서 비롯하는 근거 없는 질문들, 말하는 방식과 실체 사이에 발생하는 혼돈들을 제거하는 데 있다.

이 철학의 상당 부분은 일상 언어 분석으로 전환되거나, '일상의 말하기 방식'과 '순수하게 논리적이고 정확한 언어' 간의 차이 연구로 변화했다. 게다가 이러한 변모는 20세기의 어휘 변화라는 또 다른 측면과 결합한다.

사실 우리가 수백만 명의 유대인 학살 및 화장火葬을 가리키는 말로 '최후의 해결책'이라는 표현을 사용하고, 체포와 강제이주 및 사형 등을 '청소', '정화' 혹은 '특별 조치'라고 표현하는 것은 20세기의 인간성 말살이 언어 표현 방식에서도 예외가 아니었음을 보여준다. 실제로 옛날 표현들 중에서는 전체주의의 도래로 인해 그 원래 의미를 상실한 경우들이 상당히 많다. '시민', '공공의 자유', '정치' 등의 명사도 그 의미가 박탈된 표현들로 보인다. 우리는 언제부턴가 이런 말들이 어제는 어떤 의미였는지, 내일은 또 어떤 의미일지 짐작할 수 없게 되었다. 모든 것을 다시 시작해야 한다.

정치의 언어가 황량한 폐허를 보여준다면, 과학의 언어는 그보다는 불안과 동요가 덜해 보인다. 즉 과학의 언어는 정확하고 객관적이며 관찰과 실험을 설명하기 위해 설계된 맞춤 언어가 아닌가? 하지만 20세기에는 이러한 과학의 언어도 의혹이 대상이 된다. 한 언어에서 다른 언어로 용어를 번역하는 것은 불완전할 수밖에 없고, 따라서 의미에 대한 사고 자체가 생각만큼 그렇게 견고하지 못하다는 것이 드러나기 때문이다.

오늘날 철학적 의문의 토대가 되는 이러한 계기들은, 이제부터 만나보게 될 철학자들의 사유와 연결되어 있다. 루트비히 비트겐슈타인은 일상적 언어 표현에 대한 우리의 그릇된 해석으로부터 출발하여, 우리가 만들어내는 잘못된 문제들을 폐기하기 위해 우리와 말의 관계를 탐색한다. 한나 아렌트는 핵심적 정치 용어들이 어떻게 그 의미를 박탈당하게 되는지, 그 의미들의 재구성은 어떤 방향에서 시작될 수 있을지 탐구한다. 윌러드 밴 오먼 콰인은 과학 언어의 한계와, 번역 및 의미의 개념들이 갖는 기만적 복합(잡)성을 강조한다.

이 세 철학자들은 서로 다른 방식을 통해 현대 사상 전체를 언어에 대한 관심이 지배하는 새로운 경지로 들어서게 한다. 이때부터 진리에 대한 사유, 진리의 의미와 그 위상에 대한 모든 사유는 '언어유희' 분석을 거치지 않을 수 없다. 이것은 오늘날까지도 끊임없이 강화되고 있는 철학의 한 가지 경향이다.

1889

빈의 아주 부유한 가정에서 출생.

1911

버트런드 러셀이 있는 케임브리지에 정착.

1914-1918

오스트리아 군대에 자원입대. 이탈리아에서 부상을 입고 옥살이를 함. 첫 저서 집필.

1919

재산을 포기하고, 시골의 가정교사가 됨.

Ludwig Wittgenstein

루트비히 비트겐슈타인

어떻게 사고를 '청소'한다는 생각을 했을까?

어디서 활동했나?

전성기에는 빈에서 활동했으며, 사상의 도피처는 케임브리지였다. 확실성을 추구하는 모험가 시절에는 노르웨이의 외딴 오두막에 기거했다.

진리란?

비트겐슈타인에게 있어 진리란, 우리가 말하는 방식과 따로 생각할 수 없는 것이고, 논리적이고 언어학적인 용어들을 통해 분석되며, 우리의 언어 사용에서 비롯하는 오류의 사고를 한꺼번에 제거함으로써 가까이 다가갈 수 있다.

명언 한 말씀!

"말할 수 없는 것에 대해서는 침묵해야 한다."

철학 역사에서 그는…

그의 개인 수첩, 강의록, 유고작이 출간되면서 그 위상이 점점 더 중요해지고 있다. 생전에 자기 학파에만 머물러 있었음에도 불구하고, 그의 사상이 미친 여파는 최근 몇십 년 동안 지속적으로 확대되어왔고, 현재 그의 영향력은 결코 무시할 수 없는 것이 되었다.

1921

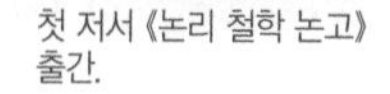

첫 저서《논리 철학 논고》 출간.

1929

케임브리지로 돌아옴.

1939

케임브리지 대학 교수로 임명. 자기 아파트에서 강의.

1951.4.29

암으로 사망.

우리는 말을 어떻게 사용하고 있는가? 말은 현실과 일치하는 것일까? 말이란 단지 말하는 방식에 불과할 뿐인데, 우리는 왜 말이 현실을 그대로 드러낸다고 생각하는 것일까? 이러한 오해를 우리는 어떤 방법을 통해 납득할 수 있을까? 이러한 오해를 종식시키거나, 최소한 줄이는 것이 과연 가능할까? 루트비히 비트겐슈타인은 바로 이러한 의문을 집요하게 파고들었다.

사실 비트겐슈타인은 소설에나 등장할 법한 파란만장한 이력을 지녔다. 엔지니어, 군인, 정원사, 초등학교 교사, 건축가, 대학 교수, 은둔자, 작업 인부…. 그는 끊임없이 변신했다. 한곳에 정착하지 못하는 그의 유목민적 천재성은 그로 하여금 수많은 지인들과 과감히 결별한 채 근원적이고도 방대한 작업에 매진하게 했다. 그가 보여준 결연하고도 비전형적인 철학적 여정은 현대 철학자들 중에서도 가장 독특한 사례에 속한다. 1951년 사망 후, 그의 영향력이 지속적으로 확대되고 있는 것은 전혀 놀라운 일이 아니다.

사상사에 있어 비트겐슈타인의 영향력을 가늠하는 데에는 상당한 시간이 필요했다. 생전에는 출간한 저서가 거의 없기 때문이다. 그를 제일 처음 매료시킨 것은 과연 무엇일까? 그것은 바로 음악과 기계였다. 비트겐슈타인은 1889년 빈의 한복판에서 일곱 대의 피아노를 갖춘 궁궐 같은 집의 아이로 태어났다. 따라서 그에게 음악은 공기처럼 익숙한 존재였다. 가족들은 하나같이 극도로 예민한 신경과 뛰어난 연주 실력을 가진 음악의 달인이었다. 작곡가 모리스 라벨Maurice Ravel의 〈왼손을 위한 피아노 협주곡〉은 전쟁에서 한쪽 팔을 잃은 비트겐슈타인의 형 파울을 위한 곡이었다. 브람스 역시 비트겐슈타인 가족들의 가까운 지인이었고, 화가 구스타프 클림트를 비롯한 수많은 예술가들이 이 집안의 도움을 받았다. 엄청난 재력가였던 아버지 카를 비트겐슈타인은 카네기 가家와 크루프 가(독일의 철강무기 제조업 재벌) 사람들과도 교류했다. 이 철강 재벌은 새로운 예술 애호가였고, 오스트리아 부르주아들에게 정신적 충격을 주는 것들을 특히 좋아했다.

조종사가 될 뻔한 철학자

:

어린 시절의 비트겐슈타인은 오케스트라 지휘자만을 꿈꾸는 아이는 아니었다. 열두 살 때는 재봉틀 한 대를 하나부터 열까지 자기 혼자 힘으로 조립해냈다. 그의 주변은 톱니바퀴, 모터, 비행기 따위로 가득했다.

그는 오스트리아 북부, 린츠의 한 사립학교에 다녔다. 같은 반에는 아돌프 히틀러라는 학생도 있었다. 히틀러가 말하는 최고의 유대인 우등생, 나중에 복수하고 싶었던 그 젊은 유대인이 바로 비트겐슈타인이었을 수도 있다. 하지만 지나친 상상력은 금물이다. 아무 데나 비트겐슈타인을 갖다 붙이는 것은 삼가는 편이 좋다.

스무 살이 된 비트겐슈타인은 공학을 공부하기 시작하면서, 비행기의 프로펠러 원리를 배우기 위해 영국의 맨체스터로 유학을 떠난다. 이번에는 수학이 그를 사로잡았고, 그러자 수학에서 비롯한 논리적이고 철학적인 의문들까지 그의 관심 대상이 되었다. 그는 당시 화이트헤드와 함께 《수학원리》를 출간한 직후였던 버트런드 러셀의 케임브리지 대학 강의도 듣게 된다. 이처럼 비트겐슈타인은 유난히 순수논리학과 철학적 추상화에 강하게 이끌리고 있었다. 하지만 그는 확신을 갖지 못했다. "이것이 과연 나의 길일까?"

러셀은 《기억의 초상》에서 이 독특한 젊은이를 이렇게 기억하고 있다. "그는 좀 특이했고, 그가 알고 있는 것들도 좀 이상해 보였다. 그래서 한 학기 내내 그가 비상한 천재인지 아니면 그냥 엉뚱한 괴짜인지 결론을 내리지 못하고 있었다. 케임브리지에서 처음 한 학기를 이수한 그가 학기말에 나를 찾아와서는 '제가 완전 바보인지 아닌지 말씀을 좀 해주시면 좋겠습니다'라고 말했다. 그래서 내가 대답했다. '학생, 나도 그건 알 수가 없다네. 그런데 왜 나한테 그런 걸 묻는 건가?' 그가 대답했다. '왜냐하면, 제가 백 퍼센트 바보라면 전 경기구 조종사가 될 것이고, 그게 아니라면 철학자가 되려고 합니다.' 나는 그에게 방학 동안 한 가지 철학 주제에 대해 뭐든 써오라고 말했다. 그때 가서 그가 바보인지 아닌지 알려주겠노라고 했다. 다음 학기 개강 후, 그는 내가 내준 숙제의 결과물을 가지고 왔다. 나는 딱 한 문장을 읽고 난 후 그에게 이렇게 말했다. '자네는 경기구 조종사가 될 사람은 아니야.' 결국 그는 조종사가 되지 않았다."

때마침 전쟁이 발발하면서 비트겐슈타인은 군인이 되었다. 폴란드 비스와 강변의 해군 어뢰정에 배치된 그는 자신의 첫 번째 책 원고를 작은 수첩에 틈틈이 기록했다. 시끄러운 기계음과 피로와 추위 속에서 이룩한 작품이었다. 이 책의 목표는 철학적 문제와 관련된 논의들을 완전히 종결짓는 것이었다. 철학의 본질은 형이상학의 인위적 질문들을 일소해버릴 수 있는 언어 비판 속에 있다. 의미를 가진 문장들만이 이 세상의 사건과 사실들을 묘사할 수 있다. 세계 그 자체는 무엇으로 이루어져 있는가? 세계의 짜임과 그 존재의 구성 요소는 무엇인가?

"녹색이 무엇입니까?"라는 질문에 대답해야 하는 상황을 가정해보자. 질문자가 녹색이 무엇인지 전혀 모르는 사람이라면, 나는 녹색의 어떤 사물을 보여주면서 "바로 이런 거야"라고 대답할 수밖에 없다. 이처럼 언어 외적인 현실은 손으로 가리켜 보여주거나 느낄 수는 있지만, 그것을 말할 수는 없다. 비트겐슈타인은 이런 현실을 가리켜 '신비'라고 했다. 우리가 가장 흔히 범하는 오류가 바로 이 말해질 수 없는 것을 표현하려고 하는 것이다. 이러한 환상에 맞서 그가 제시한 규범이 바로 "말할 수 없는 것에 대해서는 침묵해야 한다"이다.

기행을 거듭하다

:

그의 분석을 집대성한 이 얇은 책은《논리 철학 논고》라는 전혀 구미가 당기지 않는 괴상한 제목으로 출간되었다. 1921년에 출간된 이 책은, 당시 위대한 저작들의 경우처럼, 비록 소수이긴 하지만 그 내용을 이해할 수 있는 독자들로부터 단기간 내에 호평을 받았다. 하지만 정작 비트겐슈타인 자신은 그 책에 완전히 흥미를 잃는다. 그의 관심은 이미 다른 분야로 옮겨갔기 때문이다.

그는 아버지로부터 막대한 유산을 상속받았지만, 형제자매들에게 모두 나누어주고 돈에서 자유로워진다. 그의 설명에 따르면, 자기 형제자매들은 가난한 사람들보다는 그 돈에 대해 그다지 놀라거나 당황하지 않는 사람들이었다. 빈에 있는 휘텔도르프 수도원의 정원사로도 잠시 일한 그는 초등학교 교사 자격을 주는 사범학교를 그만두고, 노르웨이 스크욜덴의 외딴 호숫가로 떠나 그곳에 작은 오두막을 짓는다. 그곳에서 가장 정열적이고 생산적인 시간을 보내고 돌아온 그는 푸흐베르크, 트라텐바흐, 오테르탈 등 오스트리아의 산골 마을 어린이들에게 글과 숫자를 가르쳤다. 그렇게 몇 년이 흐르자, 지나치게 무사태평해질 수밖에 없었다. 루소의 생각과는 반대로, 시골 사람들은 생각이 좁고 인색했다. 아이들도 너무 우물 안 개구리에 불과했다.

비크겐슈타인은 이 외딴 오지에 도대체 무엇을 하러 간 것일까? "그는 완전히 신비 그 자체가 되었다"라고 러셀은 쓰고 있다. 불안과 번민이 그를 떠나지 않았고, 동성애적 성향 때문에 죄의식에 시달려야 했다. 1924

년, 영국의 경제학자 존 케인스John Keynes는 그를 원래 자리로 돌아오게 하려는 시도를 한다. 그에 대한 비트겐슈타인의 대답은 이러했다. "내가 했어야 할 말은 모두 다 했고, 사실 내 샘의 물이 다 말라버렸네. 이상하게 들릴지 모르지만, 그게 사실이야." 그가 대학으로 돌아오기까지는 그로부터 또 얼마간의 시간이 필요했다.

그는 누이 마르가레트를 위해 빈에 새 집을 지을 구상을 한다. 직접 설계를 하고, 문과 자물쇠, 라디에이터까지 직접 디자인했다. 쿤드망가세에 가면 지금도 그 집을 구경할 수 있다. 그의 건축 스타일은 오스트리아 건축가 아돌프 로스Adolf Loos를 연상시킨다.

1929년, 비트겐슈타인은 마침내 케임브리지로 돌아온다. 《논리 철학 논고》에 대한 논문으로 박사논문 심사를 받은 그는 러셀을 포함한 심사위원들에게 이렇게 말했다. "걱정하지 마십시오. 여러분들이 제 논문을 하나도 이해 못하실 거라는 걸 알고 있습니다." 교수가 된 후에도, 이 범상치 않은 인물의 기행奇行은 계속된다. 그는 강의실에서 강의를 하지 않고, 몇 명의 학생들만 자기 집에 불러서 자기의 생각을 끝도 없이 받아적게 했다. 재미있는 수수께끼나 황당무계한 이야기들을 들려주었고 게임 형식의 수업도 진행했다. 그것은 처음에는 그저 황당한 이야기나 수수께끼로 들린다. 하지만 서로 다른 회로를 통해 똑같은 수수께끼에 계속 접근하다 보면, 그 수수께끼의 전체적 지형 자체가 달라진다.

멋진 삶을 살았다고 전해주게

:

당시의 그는 새로운 사유 방식을 창안해낸다. 오늘날 전문가들로부터 '전기前期 비트겐슈타인'으로 불리는 이때의 비트겐슈타인은 이전의 자기 분석 방식을 비판한다. 새롭게 그의 관심을 끈 것은 바로, 우리가 말을 작동시키고자 할 때, 그때그때 달라지는 말의 의미들을 이용하여 곤경에서 '벗어나고자' 할 때, 또는 어떤 상황에 얽혀들고자 할 때 우리가 사용하는 다양한 방법들을 밝혀내는 것이다. "하나의 말에는 우리와는 별개로 어떤 힘에 의해 주어진 단 하나의 의미만 있는 것이 아니다. 따라서 그 말이 진정으로 의미하는 바에 대한 과학적 연구를 진행할 수 있을 것이다. 말의 의미란 누군가 그 말에 부여한 의미다." 비트겐슈타인은 과거의 엄격함과 경직성을 탈피한다. "확실하고 엄격한 의미를 갖지 못한 말들이 많다. 하지만 이것은 단점이 아니다. 오히려 정반대로 생각한다는 것은 이렇게 말하는 것과 같다. '내 스탠드의 불빛 속에는 스탠드만의 진정한 불빛은 하나도 없다. 왜냐하면 그 빛만 구분해주는 뚜렷한 경계선이 없기 때문이다.'"

머릿속에서만 목소리를 높여가며 겉으로는 이리저리 산보를 하는 듯한 이 몇 년 동안 그는 연구에만 집중했다. 그러나 만족스럽지는 않았다. 베껴 적은 그의 노트들만이 사람들 손에서 손으로 유통되었다. 비트겐슈타인은 실험을 계속했지만, 세상에 발표한 것은 하나도 없었다. 그는 기약 없는 방랑을 계속한다. 소련 기행을 떠났다가, 노르웨이의 시골집에 또다시 칩거하기도 했다. 그러다 결국 케임브리지로 돌아와

1939년 정교수로 임용된다. 하지만 제2차 세계대전 중 또다시 강단을 떠나 런던의 한 병원에서 자원봉사자로 일했고 종전 후에는 결국 교수직을 사임한다. 그리고 이번에는 거처를 아일랜드로 옮겨 해변 오두막에 틀어박힌다.

말년에는 이 외에도 더 다양한 인생 역정이 펼쳐진다. 잠깐 동안의 미국 생활, 빈으로 귀향, 마지막으로 찾은 노르웨이. 안식을 추구했지만 늘 떠돌아다니기만 했던 비트겐슈타인은 1951년 4월 29일 암으로 세상을 떠난다. 지상에서 그의 마지막 말은 "멋진 삶을 살았다고 전해주게"였다. 이것은 그의 마지막 농담이었을까 아니면 진심으로 그렇게 생각했던 것일까?

그 누구보다 벌거벗은 영혼

:

사실, 어떤 의미에서 보면 비트겐슈타인은 멋진 인생을 살았다. 사회적, 경제적 또는 학문적 성공이라는 잣대가 아닌 다른 기준으로 보면 멋진 인생이라고 할 수 있다. 흔치 않은 극단의 자유를 구가하며, 그는 자신의 목표를 추구하는 한 가지 방식(열정적이고 섬세한, 완고하면서도 불안한)을 새롭게 만들어냈다. 그렇다면 그가 추구했던 것은 정확하게 무엇이었을까? 그의 사유 양식을 어떻게 정의하면 좋을까? "우리가 하는 일은 우리가 알고 있는 개념들을 일소하고, 이 세계에 대한 말을 좀 더 분명하게 만드는 것이다." 그는 우리의 말과 그 말의 용례가 무엇인지, 언어의 힘이 미치지 못하는 영역은 어디인지에 대해 확실하고 분명한 판단을 내림으로써, 잘못되고 부정확한 문제를 완벽하게 색출해냈다.

비트겐슈타인만의 사유의 특징은 철학을 형성하거나 구축하는 것이 아니라 해체하는 데 있다. 그렇다고 2,500년에 걸친 형이상학적 반추의 시간이 만들어낸 막대한 분량의 철학적 과제를 또다시 반복하고자 하는 것은 절대 아니다. 오히려 그 많은 과제들의 과감한 청소 및 정리 작업을 시도한다. 뿐만 아니라 그는, 무엇보다 화석처럼 단단해진 이 형이상학의 껍데기를 녹여버리길 꿈꾼다. 대부분의 철학적 문제들은 우리의 언어 습관이 낳은 환상과 오류와 오해에서 비롯한다는 것이 그의 생각이었다. 철학적 반성은 "우리에게 이상한 마력을 발휘하는 그 표현 형식들에 맞서 투쟁"해야 한다.

케임브리지의 그는 이 잘못된 표현들을 '정신의 경련'이라고 지칭했다. 이 경련을 해소하고 해체시키기 위해 비트겐슈타인은 우리가 사용하는 언어 표현들을 구분하는 작업을 시도한다. 우리가 사용하는 용어들이 늘 똑같은 의미를 가지는 것처럼 보인다 하더라도, 우리가 질문하거나 주장할 때, 명령하거나 묘사할 때, 가정하거나 불평을 늘어놓을 때 그 용어에 한결같이 똑같은 의미를 부여하는 것은 아니다. 이 서로 다른 상황들을 제대로 파악하기 위해서 비트겐슈타인은 짤막한 콩트, 가상세계 묘사하기 등의 '언어유희'를 고안해낸다.

지금부터 딱 20분만 존재하고 사라져버리는 세계가 있다고 상상해보자. 그 속에서 한 초등학교 선생님이 학생들에게 숫자 세는 법을 가르치고 있다. 우리는 과연 이 선생님이 수학을 하고 있다고 말할 수 있을까?

또 다른 예를 들어보자. 우리가 "아이고!"라고 비명을 지를 때, 그걸 "I go!"라고 알아듣는 사람이 있을까? 또 베토벤 심포니에 대해 글을 쓰려고 고심하는 괴테의 모습을 상상하면, 왜 어색한 느낌이 드는 걸까?

이러한 언어유희에서 분명하게 감지되는 이 낯선 느낌은 선종 불교의 몇 가지 실천사항들을 연상시킨다. 불교와의 유사점은 또 있다. 즉 사고를 '청소'하고, 경련을 해소하고, 이것을 하나의 도구화학설화하겠다는 의도가 바로 그것이다.

비트겐슈타인은 자신의 작업을 하나의 사다리에 비유했다. 벽을 넘기 위해서는 꼭 필요하지만, 일단 넘고 나면 더 이상 필요가 없는 사다리는, 석가모니가 자기의 생각을 뗏목에 비유한 것과 비슷하다고 할 수 있다. 뗏목은 강 건너편에 도달하고 나면 더 이상 소용이 없기 때문이다. 이러한 유사성들 외에도 한 가지 더, 삶의 변화를 가져오는 사유의 존재론적 측면까지 이야기할 수 있다. "철학적 작업이란 (…) 다른 무엇보다도 자기 자신에 대한 작업이다"라고 비트겐슈타인은 쓴 바 있다. 다른 지면에서는 "네 삶의 문제를 해결하는 방법은 바로 그 문제를 사라지게 만드는 삶의 방식이다"라고 덧붙였다.

사고를 정화하는 가장 최상의 방법은 사고의 존재 양식을 변화시키는 것일까? 비트겐슈타인은 그렇게 생각했던 것 같다. 10여 년 전, 분실되었다고 생각했던 그의 《작가수첩》이 세상에 공개되고 난 뒤, 이 점을 좀 더 제대로 이해할 수 있게 되었다. 이 글은 케임브리지와, 노르웨이의 스크욜덴 오두막에서 기록한 것이다. 그 속에서 우리는, 철학은 '무의미한 문제들에 대한 정신을 잠재우기에는' 무력한 존재일 뿐이라고 생각하며, 광기에 사로잡힌 자신을 두려워하면서도 멜로디를 쓰려고 꿈꾸는 한 남자를 찾아볼 수 있다. 당시의 비트겐슈타인은 고독 속에서 절대를 추구하고 있었다. 그는 신을 공격했고, 아무도 찾지 않았다. 그의 곁에는 위대한 어떤 양식만이 함께했다. "다른 어떤 영혼보다 벌거벗은 하나의 영혼이 이 세상을 가로질러 무에서 지옥으로 간다. 그것은 이 세계에 대해 교활한 부르주아들의 영혼보다 더 위대한 하나의 느낌을 만들어내는 영혼이다."

이 문장은 분명 비트겐슈타인 자신에 대해 말하고 있다. 그리고 역설적이게도 자신의 '멋진 삶'에 대해 이야기하고 있는 것인지도 모른다. 늘 '다른 누구보다 벌거벗은 영혼'으로 머문다는 것, 여행을 중단하지 않는다는 것, 연구도 방랑도 멈추지 않는다는 것, 쉼 없는 천재이고자 한다는 것, 케임브리지 대학의 교수이면서도 그 자리에 전혀 연연하지 않는다는 것, 〈마인드Mind〉 같은 잡지에 기고하기보다 영화관에 가서 서부극을 관람하길 좋아하는 것, 끊임없이 철학을 청소하는 것, 언젠가 자기 집에서 카바레 여가수 이베트 질베르에게 붉은 장미꽃을 선사하기 위해 넥타이를 매는 것 등등…. 이 모든 것이야말로 정말 멋진 삶이 아닐까?

발가락이 열 개인 사실

:

비트겐슈타인의 철학적 위상은 확실히 규정짓기가 어렵고, 지금까지도 그의 철학적 영향력을 둘러싼 논쟁은 계속되고 있다. 굳이 도식화시키자면, 그 학문적 여정의 제1단계를 《논리 철학 논고》나 '전기 비트겐슈타인'의 단계로 구분하는 것이 통상적이다. 철학적 문제들을 종결짓고자 한 단계다. 이때 철학은 아무것도 만들어내지 못하고, 이 세상을 눈곱만큼도 바꿀 수 없으며, 오히려 모든 것을 원래 모습 그대로 유지시킨다. 철학의 영향력은 오직 비판에 있다.

이 전기 비트겐슈타인에게 있어 철학 행위의 본질은, 일종의 자기 파기에 도달해야 하는 언어 비판에 있다. 의미를 갖춘 문장이란 오직 사실, 즉 이 세상에 실제로 일어나는 사건들을 묘사하는 문장들뿐이다. 이런 의미에서 보면, 과학 역시 일어날 가능성이 있을 뿐이고, 이 세계에 대해 말을 하게 만들 뿐이다. 이 세계 자체, 즉 그 짜임과 그 존재 자체에 대해 말하는 것은 불가능하다. 가장 보편적인 오류는 이 말해질 수 없는 것을 표현하려고 하는 데에 있다. 이런 관점에서 보면, 형이상학은 불가능한 환상일 뿐이다.

이 짤막한 책 한 권으로 철학의 모든 문제가 해결되었을까? 비트겐슈타인은 우리의 언어를 정당하게 표현하기 위해서는 어떻게 해야 하는지와, 철학자들의 공허한 수다 속에 빠져들지 않으려면 어떤 조치를 취해야 하는지의 문제를 이 책을 통해 해결한 것으로 보인다. 이 책의 의미는 그것으로 충분하다. 하지만 1930년대 케임브리지에서는 여러 가지 여건들이 달라진다. 언어유희는 접근 방식과 관점에 커다란 변화를 가져온다. 《철학적 탐구》는 《피시Fiches》와 마찬가지로, 앞서의 '전기 비트겐슈타인' 단계의 사고와 단절을 보여주는 '후기後期 비트겐슈타인'

에 해당한다.

하지만 전기와 후기라는 편리하지만 도식적인 이분법에 머무는 것이 꼭 바람직하지만은 않을 수도 있다. 말년인 1949년에서 1951년 사이, 비트겐슈타인은 1번에서 676번까지 일련번호가 붙은 노트를 작성한다. 마지막 노트는 죽기 이틀 전에 급하게 휘갈겨 썼다. 《확실성에 관하여》라는 제목으로 출간된 이 책의 내용은 상당히 파격적이다. 이 책은 하나의 분석을 계속적으로 전개시키는 고전적 방식을 취하지 않는다. 내용이 전개될수록 오히려 똑같은 난관으로 되돌아온다. 다만 이 난관을 바라보는 관점이 매번 달라진다. 이는 꼬여 있는 잘못된 문제들의 매듭을 풀기 위한 방식이다. 그 수단은 역사를 통해 구체화되는 유머와 논리다. 이는 마치 엉뚱하고 말이 안 되는 이야기처럼 보인다. 몇 가지 사례를 통해 살펴보자.

430번. 마르티엥을 만났는데, 그가 내게 묻는다.

"사람의 발가락은 몇 개지?"

내가 대답한다. "10개. 내가 보여줄게."

그러고 나서 내가 양말을 벗는다.

내가 발가락을 보지도 않고서 그렇게 확실하게 알고 있다는 사실에 그가 놀라워한다면, 나는 이렇게 말할 것이다.

"우리 인간들은 보든 안 보든, 발가락이 몇 개인지 알고 있어."

450번. 나는 철학자 한 명과 정원에 앉아 있다. 그 철학자는 주변의 나무한 그루를 손으로 가리키며 계속 이렇게 중얼거리고 있다.

"나는 이것이 나무라는 것을 알고 있다."

제3자가 나타나 그 말을 듣는다. 나는 그 사람에게 이렇게 말한다.

"이 사람은 미치지 않았습니다. 우리는 지금 철학을 하고 있습니다."

비트겐슈타인이 이런 이야기들을 통해 밝히고자 했던 것은 무엇일까? 바로 의심과 앎에 대한 전형적인 철학적 개념, 즉 잘못된 개념을 지적하고자 했다. 눈앞의 나무를 두고, "그것이 나무라는 것을 우리가 알고 있다"라고 말하는 상황은 사실 거의 일어나지 않는다. 억지로 이런 상황을 만들어냄으로써 뭔가 알고 있다는 환상을 빚어낸다 하더라도, 그 앎이란 것은 아무 짝에도 소용이 없다.

이런 관점에서 보면, "이것이 내 손이라는 것을 나는 알고 있다"라거나 "내 발가락은 열 개다. 그건 확실하다"라고 말하는 것은 아무런 의미가 없다. 사실 우리는 그런 것들에 대해 거의 생각하지 않기 때문이다. 따라서 확실성의 속성이란, 명백하다는 것이 아니라 오히려 침묵을 지키는 것이다.

100년 전에도 지구가 존재했다는 사실을 의심하는 사람은 아무도 없다. 하지만 우리들 누구나 그것을 '알고' 있다고 말할 수 있을까? 비트겐슈타인은 이성적인 인간이라면 결코 의심하지 않는 것들이 있음을 강조한다. 내 이름이 정말 내 이름이 맞는 걸까? 내 두 손은 내가 잠든 사이에 사라지지는 않는 걸까? 내가 말하는 언어는 내가 말하고 있다고 믿는 그 언어가 맞는 걸까? 우리집 주소는 내가 알고 있다고 믿는 그 주소가 맞는 걸까? 이런 의문들은 머리가 살짝 이상한 사람이나 철학자가 아니라면 절대 궁금해하지 않는 것들이다. 즉 실생활에서는 아무도 이런 의심을 하지 않는다.

> 476번. 어린아이는 책이 존재한다거나, 안락의자가 존재한다는 것 등등을 배우는 것이 아니다. 아이는 책 읽는 방법을 배우고, 의자에 앉는 방법 등을 배운다.

철학자들의 그 위대한 의심과 회의도 꿋꿋이 견뎌냈을 인위적 산물로서의 확실성에 맞서서, 비트겐슈타인은 삶이라는 확실성-형식을 대립시킨다. 그것은 하나의 도착점이라기보다 출발점, 즉 행위 속에 포함된 일종의 본능적인 이치다.

이러한 확실성은 지적인 것도, 개념적인 것도 아니다. 이것은 의심과 회의에서 비롯하는 것이 아니라, 오히려 우리로 하여금 이런 의심들을 만들어내게 하는 일종의 배경막이다. 즉 출발점에 바로 이 확실성이 자리하고 있는 것이다. 이것은 너무나도 명백하고 물질적이며, 현실의 행위 및 용례에 뿌리박고 있기 때문에, 이를 논리적으로 정당화하고자 하는 모든 사고를 포기해야 한다.

하지만 비트겐슈타인의 이러한 혁명적 사유를 제대로 이해하기에는 아직 역부족이다. 이러한 입장을 심각하게 받아들이면, 앎이나 지식에 대한 모든 의문은 지금까지와는 다른 방식으로 제기되어야 한다. 따라서 그때부터는 소크라테스의 "내가 아무것도 모른다는 것을 나는 알고 있다", 몽테뉴의 "나는 무엇을 알고 있는가?", 칸트의 "나는 무엇을 알 수 있는가?"에 비트겐슈타인의 충격과 교란을 추가해야 한다. 그 교란은 이렇게 요약될 수 있다. "우선 내가 살아 있고, 그다음에 안다." 아니면 그의 방식대로 "마르티엥이라는 사람이 나에게 그런 질문을 하기 전에는 내 발가락이 열 개라는 사실을 나는 모르고 있었다"라고 해도 좋다.

비트겐슈타인의 책 중에서 가장 먼저 읽어야 할 것은?

루트비히 비트겐슈타인 저, 이영철 역, 《확실성에 관하여》, 책세상, 2006

비트겐슈타인에 대해서 좀 더 깊이 알고 싶다면?

루트비히 비트겐슈타인 저, 이영철 역, 《논리 철학 논고》, 책세상, 2006
루트비히 비트겐슈타인 저, 진중권 역, 《청갈색책》, 그린비, 2006
이승종 저, 《비트겐슈타인이 살아 있다면: 논리철학적 탐구》, 문학과지성사, 2002
레이 몽크 저, 남기창 역, 《비트겐슈타인 평전》, 필로소픽, 2012

previous

비트겐슈타인에게 중요한 것은, 말의 고유 의미가 아니라 그 말의 사용이다. 본질은 말이 수행하는 기능과, 우리가 말을 사용하는 방식에 있다.

한나 아렌트에게 중요한 것은, 국가, 시민, 자유, 권력 등 20세기의 양차 대전과 전체주의 이후에 공허한 껍데기로 변해버린 말들의 의미를 재구성하려는 시도다.

next

1906
독일 하노버에서 출생.

1928
후설과 하이데거 밑에서 철학을 공부한 후, 야스퍼스의 지도 아래 《사랑 개념과 성 아우구스티누스》라는 논문으로 박사학위 취득.

1933
나치하의 독일을 떠나 프랑스로 피신.

1951
미국 시민권 획득, 《전체주의의 기원》 출간.

Hannah Arendt

한나 아렌트

폐허 속에서 국가 재건의 방법을 연구하다

어디서 활동했나?

나치가 권력을 장악하기 이전의 독일 대학과, 이후 파리를 거쳐 미국 대학에서 활동했다. 그녀의 인생은 방랑과 끝없는 글쓰기로 점철되었다.

진리란?

한나 아렌트에게 있어 진리란, 행동과의 관계 속에서 규정되고, 인간 개념의 복수성과 연결되며, 각 시대의 역사적·정치적 조건에 달려 있다.

명언 한 말씀!

"적절한 순간에 발현되는 정당한 말은 행동이다."

철학 역사에서 그는…

그녀가 다룬 테마와 그녀가 주장한 테제들이 갈수록 더 강하고 생생한 반향을 불러일으키고 있다는 점에서 그 철학사적 위상은 지속적으로 확대되고 있다. 그녀의 철학은 한때 주목받지 못했지만 이제는 현대성을 이해하는 데 필수요인으로 평가받기도 한다.

1955-1967	1963	1967	1975.12.4
미국의 여러 대학에서 철학 강의.	《예루살렘의 아이히만》 출간.	뉴욕 사회학연구소의 철학교수로 재직.	뉴욕에서 사망.

"그녀에게는 어떤 강력한 힘, 그녀만의 내적인 방향성, 품성에 대한 본능적 추구, 본질을 모색하는 과정, 사물의 바닥을 꿰뚫어보는 방법이 있었다. 이 모든 것들이 마법과 같은 기운을 형성하여 그녀 주변을 에워싸고 있었다. 자기 자신을 잃지 않으려는 절대적이고 확고부동한 자세가 느껴졌고, 그런 자세에 견줄 만한 것은 그녀의 위대한 감수성밖에 없었다."

1975년 12월 8일, 뉴욕에서 치러진 한나 아렌트의 장례식에서, 철학자 한스 요나스Hans Jonas*는 그녀에 대해 이렇게 표현했다. 그는 놀라우리만치 천재적이었던 한 유대인 여대생의 모든 것을 일깨워주고 있다(그녀는 반세기 전 그와 함께 마르부르크에서 하이데거의 강의를 들었다). 뿐만 아니라 이 말은 20세기에 단 한 줄기 빛이라도 다시 비칠 수 있도록 금세기의 어두움을 사

한스 요나스 1903~1993년. 독일의 생태철학자. 프라이부르크 대학 등에서 철학과 신학, 예술사를 공부했으며, 후설, 하이데거, 불트만(독일 신학자)에게 가르침을 받았다. 《책임의 원칙》을 출간함으로써 생태철학이라는 새로운 철학을 창시해냈다. 그의 철학은 하버마스에게 큰 영향을 주었다.

고하는 위험을 감수한 이 여성의 인생 역정과 지적 여정, 삶 등 그 모든 것에 대해서도 적용된다.

실제로 한나 아렌트는 인식의 노력을 평생 멈추지 않은 여인이었다. 열네 살 때부터 칸트가 나고 자란 쾨니히스베르크에서 칸트를 읽기 시작한 그녀의 집요한 지적 욕구는 무엇보다 순수 철학자의 모습을 뚜렷하게 띠고 있다. 이도저도 아닌 어정쩡한 것을 생태적으로 거부하는 그녀는 하이데거, 불트만, 야스퍼스 같은 1920년대 독일 최고의 명교수들 밑에서 공부하기 위해 고향을 떠난다. 초기 몇 년 동안의 그녀를 설명해줄 수 있는 것은, 인식에 들뜬 열정과 현재를 해명하고자 하는 욕구, 하이데거와 나눈 열정, 그리고 그녀의 첫 번째 저서인 박사논문《사랑 개념과 성 아우구스티누스》다.

그리고 1933년, 그녀 인생에 첫 번째 위기가 찾아온다. 하이데거가 히틀러 총통을 찬양하고 나서면서 대학 개혁을 시도했고, 아렌트는 유대인이라는 이유로 체포되었다가 가까스로 프랑스로 피신한다. "독일을 떠날 때 내 머릿속은 온통 이런 생각뿐이었다. 약간 과장해서 말하면, '절대로! 이제는 그 어떤 지식인의 이야기도 내겐 소용이 없을 것이다. 나는 이제 이 사회와 연을 끊으려 한다.'" 프랑스에서 1941년까지 유대인 어린이들을 팔레스타인으로 보내는 일을 하던 그녀는 또다시 미국으로 피신을 가야 했다.

아렌트는 미국에 가서야 유대인 학살수용소의 존재를 알게 된다. 그녀는 그때부터 지성도 어찌할 수 없는 것, 앎의 한계를 넘어서는 것, 즉 전체주의의 기원이 무엇인지 알기 위해 애쓴다. 정치는 어떻게 스스로의 의미를 상실했고, 언어는 어떻게 그 영향력을 상실했는가? 괴물이 아닌 지극히 정상적인 인간들에게서 어떻게 그렇게 비인간적인 상황이 가능할 수 있었는가? 우리는 과연 어떠한 경로를 통해 이 혼란과 무질서를 경험한 세계를 다시 생성해낼 수 있는가? 그녀의 머릿속 사유의 중심에는 이러한 질문들이 자리하고 있었다.

그녀는 철학자들과 단절하지 않았다. 오히려 이들의 작업을 끊임없이 살피고, 의문을 제기하며, 정치라는 그 고유하고 특이한 공간에 대한 정교한 사유에 돌입한다. 그녀는 정치의 역사와 취약점 및 우연성과 불투명성을 포착하고자 한다. 부동의 관념이나 섭리보다는, 이제는 사라져버린 것 같은 국가가 끊임없이 변화하는 모습, 다시 말해 그 유동적 수수께끼를 더 선호했다. 그녀의 사유는 지난 역사와 지금 현재 사이, 고전적 기원과 당대의 사건 사이의 왕복과 교류를 되풀이한다. 그녀는 자신의 철학적 분석의 요소들을 신문에도 발표했다.

악마가 어떻게 평범할 수 있는가
:

한나 아렌트는 전쟁이 계속되던 몇 년 동안, 뉴욕에서 발행되던 독일어 신문인 〈아우프바우Aufbau〉지에 여러 차례 기고했다. 아렌트는 이 지면을 통해, 특히 유대인 군대의 필요성과 세계 평화에 있어 '유대인과 아랍인 간의 결정적 합의'가 무엇보다 필수적임을 역설했다. 그녀는 여러 면에서 앞을 내다보는 혜안을 일찍부터 갖추고 있었다.

한편 그녀의 발언은 종종 파문을 일으키기도 했다. 그녀는 예루살렘에서 진행됐던 나치 전범 아이히만의 재판*에 〈뉴요커The New Yorker〉지의 특파원으로 파견되었는데, 당시 그녀의 논평은 국제적 반향을 불러일으켰다. 그 파문은 1966년 프랑스에서 그녀의 책《예루살렘의 아이히만: 악의 평범성에 대한 보고서》가 번역 출간될 때까지 이어졌다.

나치 전범 아이히만의 재판 제2차 세계대전 이후 전쟁범죄를 심판하기 위해 열린 재판에서 유대인들에게 무자비한 폭력을 가했던 '악의 화신' 아이히만의 재판은 단연 모든 사람들의 시선을 사로잡았다. 이 재판에서 가장 놀라웠던 것은 악마 중의 악마로 생각됐던 아이히만의 지극히 평범한 모습이었다. 한나 아렌트는 이를 두고 '악의 평범성'이라는 철학 개념을 만들어냈다.

유대인 단체의 몇몇 수장들이 나치에 협력했다고 주장하는 그녀의 글을 보고, 사람들은 경악을 금치 못했다. 독일 출신의 유대 지식인 게르숌 숄렘Gershom G. Scholem이 동족에 대한 애정을 망각했다고 그녀를 비난하자, 그녀는 이렇게 답했다. "당신 말이 백 번 옳습니다. 나는 유대인들을 '사랑하지' 않습니다. 그들을 '믿지도' 않습니다. 저는 단지 유대인의 한 사람일 뿐이고, 이것은 그 어떤 논란과도 무관한 자명한 사실입니다."

이러한 논쟁은 '악의 평범성'에 대한 의문으로 시작되는 그녀의 책이 지닌 진정한 본질을 상쇄시키는 결과를 낳기도 했다. '악의 평범성'이라는 것에 대한 계속되는 비난과는 반대로, 아렌트는 단 한순간도 죽음의 수용소를 평범한 것으로 일반화시키지 않았다. 그녀는 그 인종대학살이 인류 역사상 전무후무한 대참사였음을 쉼 없이 글로 발표했다. 하지만 그녀는 지극히 평범하다 못해 별 볼 일 없어 보이기까지 한 사람들이 어떻게 그런 극단적 악을 자행할 수 있었는지 이해하고 싶어 했다.

아이히만의 그 별 볼 일 없는 평범함은 공포 그 자체였고, 그에 대한 의문은 자연스럽게 그녀를 사로잡았던 것이다. 하지만 이 같은 그녀의 시도 역시 주변의 오해와 억측을 피할 수는 없었다. 사람들은 평범한 인간도 누구나 악마가 될 수 있다는 교과서적 답변만을 앵무새처럼 반복했다. 하지만 아렌트는 그 모든 '아무개 씨'가 그렇게 쉽게 인간이기를 포기할 수 있다고 생각하지 않았다. 오히려 그녀는 그 악마들이 겉으로는 어떻게 그렇게 '천사 같고' '평범할 수 있는지'를 알아내고자 했다.

아렌트가 생각한 인간의 본질은 개인적 천성에만 달려 있는 것이 아니라 사회적·정치적 장치와 관련되어 있었다. 아이히만은 "우리가 알고 있는 것은 정부의 공식언어뿐이다"라고 말했다. 사람의 사고가 국가의 천편일률적인 공식표현 속에 완전히 매몰되고, 언어가 전체주의적 중화작용에 굴복하고, '강제추방' 대신 '재편성'이라는 말을, '살인' 대신 '특별조치'라는 말을 사용할 때, 세상은 얼음장처럼 차갑고 냉혹해진다. 실제로 인간의 조건은 자연적이기 이전에 정치적이다. 만약 이 정치의 공간이 황폐해지면, 인간의 야만성은 언제든 우리를 덮칠 수 있다.

철학자이길 거부한 철학자

:

이 정치적 공간에 대한 환기는 한나 아렌트가 현대 사상에 미친 영향 중 가장 본질적인 것이다. 그렇다면 이 자명하고도 적나라한 원칙의 의미를 제대로 이해해야 한다. 인간의 조건이 정치적이라는 말은, 인간이 홀로 존재할 수 있는 가능성을 원천적으로 차단한다. 즉 집단 속에 자리하지 않는 인간은 존재할 수 없다는 뜻이다. 아무리 야만적이고 거친 존재도 공존과 공동규범, 집단규칙이 지배하는 공간 속에서는 인간으로 존재할 수밖에 없다.

이 점은 아리스토텔레스도 이미 지적한 바 있다. 즉 '정치적 동물'인 인간은 불변의 묵계默契(아무 말 없이도 서로 뜻이 맞는 것)인 자연법칙이 아닌, 인간이 정한 권력체제 속에서 살아간다. 물론 아렌트의 사유는 이 핵심을 지적하는 데 그치지 않는다. 그녀는 20세기의 대참사들로 인해 정치의 본질과 심지어 인간의 연속성 자체가 어떻게 접근 불가능하고 도저히 이해할 수 없는 대상으로 변질되었는지 알고자 했다. 이러한 분석이 갖는 독창성, 그 철학적 영향력은 한 번에 포착할 수 있는 것이 아니다.

아렌트는 당대의 현실적 논쟁에 지나치게 깊이 관여된 것처럼 보였기 때문에, 전문 철학자로 제대로 인정받기에는 다소 무리가 있었다. 철학자라고 하기에는 지나치게 투명하고 직설적이었는지도 모른다. 그녀의 문체는 과장이나 왜곡 없이 담백했고, 관심사 또한 분명하게 드러났다. 그녀의 주된 관심사는 바로 전체주의, 폭력, 인간의 조건, 원자폭탄 등이었다. 그래서인지 그녀는 오랫동안 문필가나 정치학자 정도로 간주되었다. 물론 시대의 지식인이었던 것은 분명하다. 가끔은 지나치게 뛰어난 재능과 박식함, 의외의 모습을 보여주기도 했다. 그래도 철학자는 아니었다. 뭔가 어울리지 않는 구석이 있었다.

무엇보다 그녀 스스로 자신을 철학자로 절대 인정하지 않았고, 국가적 사안에 대한 전통 철학의 무관심, 상아탑의 오만함, 나아가 독재가 수많은 인명을 살상하는 동안에도 탁상공론에만 몰두하던 귀족 사상가들의 시선과 그것이 불러온 파국적이고 불행한 결과들에 대해 통렬한 비판의 목소리를 냈다. 서구 역사상 가장 극단적인 관념론자인 하이데거와 플라톤은 하나같이 대중의 언어와 국가적 행위 속에 깊이 동참했던 소크라테스를 배신했다.

이러한 철학자들의 직무유기에 대한 아렌트의 비판은 그 자체로 철학적이다. 하지만 아렌트의 행위와 그녀의 위력, 그 특수성을 정확하게 포착하기 위해서는 좀 더 주의 깊고 세심한 독해, 비교, 재구성 작업이 필요할 것이다. 그녀의 철학자 비판은 사실 후설이나 하이데거와 관련되어 있다. 현상학은 '세계 내內 존재'의 경험을 인간 존재의 근원적 속성으로 간주했지만, 이 실존의 세계와 정치적 상황의 관계에 대해서는 아무런 언급도 하지 않았다. 하지만 인간 세계는 '존재자'의 질서, 이 세상에 주어진 존재들의 질서에만 속하는 것은 아니다. 인간 세계는 언제나 공존재共存在이고, 함께 살아가는 곳이며, 거듭 이루어진 행위들을 통해 만들어진 것이다. 세계는 결코 그냥 주어진 것이 아니다. 인간에게 있어 이 세계는 모두가 공동으로 만들어나가는 것이고, 행위에 기반을 둔 것이며, 스스로 만들어짐으로써 존재한다.

그런데 이러한 공동 세계가 20세기에 와서 감쪽같이 사라졌다. 나치의 강제수용소와 파괴적 전체주의, 집단학살에 의해 이 세계가 없어져 버린 것이다. 인간 문명의 이러한 몰락은 우발적 사태도 아니고 어쩌다 실수한 악마들의 문제도 아니다. 만약 이런 성격의 사태였다면 그 여파는 일시적인 것에 머물다가 시간이 흐르면서 조금씩 사라졌어야 했다.

하지만 20세기가 시작되면서 인간에게는 세계가 존재하지 않는다. 이제부터는 이 지구를 탈출하고자 꿈꾸는 세계, 최소한 세계를 구속하던 낡은 울타리들(육체, 성, 생식, 지속 등)을 벗어던지고자 열망하는 세계가 시작된다.

따라서 세계에 대한 질문 자체에 변화가 도래한다. 이제부터는 이런 질문이 제기된다. 세계 없이, 또는 역설적인 이 '비우주적 세계' 속에서 인간의 미래는 무엇인가? 아렌트의 사유 방식은 새로운 '정치철학'을 만들어내는 것이 아니라, 현실 정치를 철학적으로 이해하고 설명하는 것이 불가능함을 확인하는 데에서 출발한다.

바로 이 점 때문에 아렌트는 철학자들과의 대화를 결코 포기하지 않는다. 물론 철학자들은 특권의식으로 가득하다. 그들을 전적으로 신뢰할 수도 없다. 하지만 "그들이 우리 성에 안 차면, 도대체 누구를 믿어야 한단 말인가?" 아렌트는 시인들도 염두에 두었다. 그녀가 정치 행위를 '보물'이라고 일컬었던 것도 바로 르네 샤르라는 프랑스 시인에게서 빌려온 것이었다. 그녀의 모든 철학 인생은 이 시인의 유명한 글귀 "우리의 유산은 유서 없이 우리에게 남겨졌다"를 해명하는 한 가지 방법에 불과할지도 모른다.

야스퍼스에게 쓴 편지

:

사유 방식을 비롯하여, 당대의 현안들과 철학적 분석에 대한 한나 아렌트만의 지속적이고 단호한 입장을 이해할 수 있는 가장 좋은 방법은, 그녀의 박사논문을 지도한 카를 야스퍼스와 그녀가 주고받은 서신들을 살펴보는 것이다. 이 편지들은 주로 1945년부터 1969년까지 오고 간 것으로 400통이 넘는다. 이 많은 서신들은 끊임없이 흔들리고 괴로워하며 방황하는 한 인간의 모습을 잘 보여준다.

사실 아렌트는 독일을 떠난 뒤 오랫동안 생계수단이 일정치 않았고, 사는 형편도 옹색했다. 그녀는 혼란과 초조함 속에서 사유했던 것이다. 1945년의 한 편지에서 그녀는 "12년 동안 나는 지식인들의 활동과 관련해 침묵만을 전해들을 수 있었다"고 쓰고 있다. 그러던 그녀가 1951년 미국 시민이 되었을 때, 그녀는 순식간에 유명인이 되었다. 그리고 그 유명세는 침묵을 허락하지 않았다. 여행과 강연, 현장 보도, 논쟁이 이어졌다.

원자폭탄에서 세계 최초의 위성, 한국전쟁에서 베트남전쟁, 미국 매카시즘Mccarthyism(1950년대 미국을 휩쓴 반공산주의 열풍)의 '빨갱이색출작업'에서 마오쩌둥의 중국과 문화혁명에 이르기까지, 세계 정세에 관해 아렌트와 야스퍼스가 주고받은 논평들은 가히 20세기를 그대로 보여주는 산증인이라고 할 수 있다. 두 사람은 모든 것이 파괴된 이후에도 하나의 공동 세계가 존재하기 위해서는 어떤 조건과 어떤 토대가 필요한지 끊임없이 알아내고자 했다.

'모든 것이 파괴되었다.' 이것은 무엇을 의미하는 것일까? 폐허가 된 도시들과 패전국들? 겨우 살아남은 가족들의 부양과 제자리걸음을 면치 못하는 재건사업? 더 이상 셀 수도 없는 무수한 사망자들? 단지 그것만은 아니다. 이전에도 역사는 수많은 학살을 자행해왔다. 하지만 나치의 범죄는 역사상 유례가 없는 대량살육이다. 이들의 범죄는 이전과는 전혀 다른 차원에 속한다. 1946년부터 한나 아렌트는 실제로 무슨 일이 일어났는지 알아내기 위해 노력한다. 그녀는 야스퍼스에게 이렇게 쓴다. "인간적 이유 때문에 개인들이 다른 개인들을 죽이는 것이 아니라, (…) 인간이라는 개념을 조직적으로 말살시키려고 한다."

20년 동안, 두 사람은 줄곧 책과 편지를 통해 대참사의 원인과 그 파문에 대해 스스로 질문을 던졌다. 이들은 과연 어떤 방법으로 이 카오스에 접근해야 하는지, 어떤 통로를 통해 이 혼돈의 시대를 해명해야 하는지 자문한다. 유대인의 정체성은 무엇인가? 독일 민족의 정체성은? 두 사람은 전후 세계와 사상과 행동을 어떻게 재건할 수 있을지 함께 고민했다. 누구와 함께, 무엇부터, 어떻게 시작해야 할 것인가? 이러한 질문들은 인류의 사활이 걸린 중요한 문제가 아닐 수 없고, 인간 정신의 모든 기원은 이러한 문제들과 직결되어 있다. 이것이 바로 당시 두 사람이 공유했던 신념이다. 이들은 모든 철학이 정치적 결과를 낳는다는 사실을 망각하지 않았다. 그러한 망각은 불가능하다는 것을 이들은 알고 있었다. 따라서 두 사람은 하이데거에 대해 결코 호의적일 수 없었다. 하이데거에 대한 이들의 판단은 '가식적이고 유아적인 부당함', '무기력하고 비열한 인간'이었다.

하이데거의 여든 번째 생일에, 아렌트는 이렇게 쓴다. "플라톤과 하이데거, 두 사람 모두 인간에 대한 관심에 연루되어 있었음에도 불구하고, 이들이 폭군과 독재자들에게 도움을 청했다는 사실에, 즉 그 파렴

치함에 우리는 충격을 금할 수 없다. 그것은 매번 시대적 상황 때문만은 아닐 것이며, 인간성에 대한 전성설前成說* 때문만은 더더욱 아닐 것이다. 그보다는 프랑스인들이 말하는 전문적 타락에 그 원인이 있다."

전성설 수정란이 성체가 되는 과정에서 모든 형태 및 구조가 알 속에 이미 형성되어 있다는 설.

철학 권력에 대한 이러한 단죄, 나아가 독재정치와 형이상학 간의 암묵적 공모에 대한 이러한 단죄는 야스퍼스 나름의 행동과 부합한다. 야스퍼스가 유럽 철학의 새 장을 열고자 했고, 현실적 보편성을 갖춘 시각을 만들어내고자 했다는 점에서 그러하다. 그는 그리스적 유산에 속하지 않는 인도와 중국까지 포괄할 뿐 아니라, 독일의 유죄 또는 원자폭탄의 문제라는 자신의 사유를 현실에 적용시키려고 노력했다. 아렌트에게 보낸 편지에서 야스퍼스는 "철학은 스스로의 기원을 한순간도 잊지 않아야 하고, 늘 구체적이고 실천적이어야 한다"고 쓰고 있다.

실제로 이들이 말하는 '정치'란 늘 새롭게 재발견하고, 새로운 가치를 부여해야 하는 대상이다. 여기서 이 용어는 현실 참여, 공적인 입장 개진, 국가에 대한 탄원, 무력 선동 따위와는 전혀 무관하다. 전투적 태도가 이들의 관심사와 양립 불가능한 것은 아니지만, 근본적인 성격 자체가 다르다고 할 수 있다. 실질적인 국가, 즉 겉모습만 그럴듯한 국가 혹은 허구가 아닌 사고되고 의도된 현실로서의 국가가 다시 가능하기 위해서는 무엇을 해야 하는가? 전체주의 이후, 또다시 시민이 존재하기 위해서는 무엇을 해야 하는가? 이것이 바로 아렌트가 제기한 질문들이다.

단편적인 답변들 중에서, 다수의 개인, 다수의 집단, 다수의 목소리, 다수의 의견, 다수의 언어, 다수의 문화라는 '다양성' 테마는 대단히 중요하다. 아렌트는 이 다양성을 인간의 가장 중요한 문제로 간주하는데, 이러한 입장은 시간이 지날수록 더 명확해진다. 이 다양성의 공간을 철학이나 신학은 제대로 이해할 수 없다. 전체주의가 말살시키고자 하는 것이 바로 이 다양성이다. 이 다양성이 정치의 필요조건이며 정치의 본질 그 자체라면, 인간의 정치는 과연 어떤 조건들 속에서 가능할 것인가?

아렌트가 주장하는 인간성은 단 하나인가, 아니면 여러 가지인가? 전체주의라는 과거를 가진 우리는 오늘날 이 단일성과 다양성을 어떤 의미로 받아들여야 할까? 전쟁이 끝난 후, 한나 아렌트의 모든 사상은 이러한 문제들을 중심으로 전개된다.

폭력적 역사가 아렌트와 하이데거의 관계를 완전히 단절시켰다고 생각할 수도 있다. 좌파 유대계 미국인 지식인과 과거 나치체제의 대학 총장 사이에는 그 어떤 관계도 성립할 수 없을 것처럼 보인다. 하지만 이런 추측은 사랑의 힘과 감정의 역설을 고려하지 않은 것이었다. 1998년에야 출간된, 아렌트와 하이데거가 주고받은 편지를 보면 이들이 서로를 계속 생각하고 있었음을 알 수 있다.

아렌트와 하이데거, 그들의 사랑

:

두 사람이 처음 만난 것은 1925년이다. 아렌트는 열아홉 살, 하이데거는 서른여섯 살이었다. 그때는 하이데거가 유럽 철학에 새로운 활기를 부여했다는 명성이 자자하던 시기였다. 아렌트는 하이데거의 철학을 이해하는 데 전력투구했고, 그의 세미나 수업에 등록했다. 동아리 조직에서 간부직도 맡는 등 그녀는 한마디로 하이데거에게 '열광했다.' 하이데거도 마찬가지였다. 25년 동안 한 번도 만나지 못했음에도 불구하고, 하이데거는 아렌트의 빛나던 두 눈을 생생히 기억하고 있었다. "내 강의 시간에 반짝이는 눈빛으로 나와 눈을 맞추던 (…) 그 시선"은 그 이후 고통과 침묵, 이별로 점철된다. 두 사람은 분명 첫눈에 반했다. 그 섬광의 순간은 이후에도 결코 사그라지지 않는다. 두 사람은 그 격정의 몇 개월이 남긴 흔적을 나름의 방식대로 평생 간직하며 살았다.

어떻게 보면, 두 사람은 그 사랑의 여파로부터 결코 벗어나지 못했다. 두 사람은 1933년 이후 단 한 번도 다시 만난 적이 없고, 1944년 이후로는 더더욱 그러했다. 하지만 사랑은 그리 간단치가 않았다. 시들지 않는 창백한 꽃과 같은 이들의 애정은 숭고하지만 생기가 없고, 이룰 수 없지만 피할 수도 없는 것이었다.

사랑에 빠진 하이데거는 그 사랑을 피하지 않았다. 《존재와 시간》(1927년에 출간되어 그에게 세계적 명성을 가져다준 책)을 집필 중이던 철학자였지만, 자기가 쓴 일련의 편지 속에서는 그저 평범한 한 인간이었다. 감정적이고, 소심하고, 사랑에 눈이 먼, 그저 사랑받고 싶어 하는 한 남자였던 것이다. 물론 그가 가진 몇 가지 결점과 답답함도 눈에 띈다. 가령 "아직도 너무나 유아적인 당신의 삶이 앞으로 택하게 될 길은 뭐라 말하기가 어렵군요"라는 말은, 그 직후 그의 '짓궂은 숲의 요정'이

될 아렌트에게 쓴 최초의 편지 중 일부다. 전혀 상상이 안 되는 하이데거의 이런 모습은 역설적이기까지 하다. "'하이데거의 제자들'로 분류되는 굉장히 불쾌한 족속들이 도대체 무엇 때문에 그렇게 불리는지 짐작하기란 그리 어렵지 않지. 염려스러운 소문에 따르면, 그것은 완전히 경직되고 부자연스러운 사고방식, 질문 방식, 논쟁 방식을 이르는 말이라고 하더군."

하지만 가장 놀라운 것은 시간을 초월한 이 변함없고 조건 없는 사랑이다. 전 세계를 초토화시킨 파괴적 전쟁과 혼돈의 역사에도 불구하고 두 사람 사이의 애정은 계속 유지되었다. 때는 1950년, 이들은 1932년부터 편지 왕래를 끊고 있던 터였다. 아렌트가 먼저 재회를 추진했다. 독일로 돌아온 그녀는 하이데거를 다시 만나고 싶어 했다. 하이데거는 그때까지 꽁꽁 숨기고 있었던 아렌트에 대한 자신의 애정을 마침내 아내 엘프리데에게 털어놓는다. 결국 심장의 시계는 과거에 그대로 머물러 있었던 것이다.

아렌트는 말한다. "호텔 직원이 그의 이름을 불렀을 때, 시간이 그대로 멈춘 것만 같았다." 하이데거는 또 이렇게 말한다. "아렌트, 우리는 지나간 사반세기의 시간을 다시 찾아야 하오." 자기 사무실에서 아렌트를 만난 하이데거는, "아! 너구나! 너야!"라고 말했고, 그 뒤 몇 주일에 걸쳐 그녀를 위한 여러 편의 시를 지었으며, 과거의 감성이 그대로 살아 있는 글을 보내기도 했다. "나는 다섯 개의 살이 있는 빗으로 너의 엉킨 머리카락을 빗어주는 꿈속으로 종종 빠져든다."

검은 숲 속에 자리한 그의 오두막 집 주변에서 아렌트를 위해 은빛

엉겅퀴꽃 한 송이를 꺾은 하이데거는 그것을 미국으로 보내기도 했다. "만약 공간이 있으면, 그 꽃을 명주실에 달아서 너의 소파 위쪽 천장에 달아두기만 하면 돼. 그러면 햇빛을 받아 반짝일 것이고, 살랑거리는 미풍에도 흔들거리고 빙빙 돌아갈 거야. 날씨가 나쁜 날은 꽃망울을 닫게 되지." 아렌트는 이따금 거리를 유지하는 것처럼 보이기도 하지만, 확실치는 않다. 1953년의 한 일기에서, 그녀는 "여우 같은 하이데거의 아주 진실한 이야기"라고 쓰고 있다. 이 글에서 우리는, 믿기지 않지만, 교활함의 대명사인 이 여우가 덫이란 것이 무엇인지 전혀 알아차리지 못하고 있음을 알 수 있다. 덫 속에 집을 짓고, 다른 동물을 그 덫에 초대한다는 것이 그 증거다. 이미 오래전에 결혼을 한 그 '님프'는 끝까지 짓궂지만 가혹하지는 않은 존재였다.

그 후, 또다시 헤어짐이 찾아온다. 1954년부터 1959년까지가 특히 그러하다. 마지막으로 이 10년은 애정 어린 편지들만이 간간히 오고 간 완만한 경사의 단계라고 할 수 있다. 1966년, 하이데거는 아렌트의 예순 살 생일을 축하해주었고, 아렌트는 1969년 이 늙은 철학자의 여든 살 생일을 축하했다. 1975년 8월 12일, 님프는 여우의 집(덫)을 마지막으로 방문한다. 하이데거는 "보통 때처럼, 저녁 먹을 때까지 계속 있게"라고 말했다고 한다. 1975년 12월 4일, 한나 아렌트가 세상을 떠난다. 그로부터 채 몇 달이 지나지 않은 1976년 5월 26일, 이번에는 하이데거가 세상을 뜬다.

한나 아렌트의 책 중에서 가장 먼저 읽어야 할 것은?

한나 아렌트 저, 이진우·박미애 공역, 《전체주의의 기원 1, 2》, 한길사, 2006

한나 아렌트에 대해서 좀 더 깊이 알고 싶다면?

한나 아렌트 저, 이진우 역, 《인간의 조건》, 한길사, 2002
한나 아렌트 저, 김선욱 역, 정화열 해제, 《예루살렘의 아이히만》, 한길사, 2006
엘리자베스 영 브륄 저, 홍원표 역, 《한나 아렌트 전기 : 세계 사랑을 위하여》, 인간사랑, 2007
홍원표 저, 《한나 아렌트 정치철학 : 행위, 전통, 인물 》, 인간사랑, 2013

p r e v i o u s

한나 아렌트와 더불어, 격동의 20세기와 정치적 폐허가 철학적 사유를 장악하게 된다.

반면 윌러드 밴 오먼 콰인은 세상의 혼돈이 명확한 개념 해명 작업을 완성한 것으로 보지 않는다. 하지만 이 명백한 냉담함과 무관심은 예기치 못한 엄청난 결과를 가져온다.

n e x t

1908	1931-1932	1936-1978
오하이오 주 애크론에서 출생.	하버드에서 화이트헤드의 지도 아래 수학 박사학위를 받은 후, 빈으로 가서 분석철학자 카르나프를 만남.	하버드에서 강의.

Willard Van Orman Quine

윌러드 밴 오먼 콰인

철학을 과학적 사고 방식의 한 요소로 발전시키다

어디서 활동했나? 20세기 미국의 대학, 특히 하버드에서 과학 이론과 철학분석 분야를 연구했다.

진리란? 콰인에게 있어 진리란, 과학적 인식 영역에만 속하는 것이고, 진리가 형성되는 곳인 언어체계와 관계되는 것이며, 의미에 대한 질문과는 무관한 것이다.

명언 한 말씀! "과학 철학으로 충분하다."

철학 역사에서 그는… 아주 특별한 질문을 대상으로 삼는 콰인의 철학 세계는, 전문 철학 학파를 넘어서서, 20세기의 가장 결정적인 사유 방식으로 인정받기 시작한다.

아마 대부분의 독자는 윌러드 밴 오먼 콰인이라는 이름을 처음 들어볼 것이다. 반면 베르그송이나 사르트르, 카뮈나 간디는 한 번쯤 들어봤을 것이다. 이들이 쓴 글이나 책의 자세한 내용이나 이론의 굵직한 원칙을 자세히 알지는 못해도, 그 이름만은 익히 들어왔을 것이 틀림없다. 그런데 콰인이라는 철학자는 그렇지 않다. 교양과 학식 있는 독자들 중에도 콰인에 대해서는 한 번도 들어보지 못한 이들이 많을 것이고, 그의 철학에 대해서는 더더욱 아는 바가 없을 것이다.

하지만 콰인은 다수의 전문가들로부터 20세기의 가장 중요한 미국 철학자 중 하나로 평가받고 있다. 그것은 20세기 철학에 기여한 그의 개인적 역량은 말할 것도 없거니와, 20세기라는 사상적 전환점에서 그가 차지하는 결정적인 위치 때문이기도 하다. 실제로 콰인은 두 가지 다른 세계의 접점에 위치한다. 다시 말해, 그는 20세기 초 수학자와 논리학자들(고틀로프 프레게, 버트런드 러셀, 루돌프 카르나프Rudolf Carnap)의 세계와, 도널드 데이비슨Donald Davidson (1971~2003) 같은 다소 최근의 미국 철학자들(이들 중 다수가 콰인의 철학을 계승하고 있다) 사이에 자리하고 있는 것이다.

거의 평생을 하버드 대학 강단에 섰던 이 철학교수는, 화이트헤드의 지도 아래 수학 박사학위 논문을 마쳤다. 화이트헤드는 러셀과 함께 《수학원리》를 집필했던 바로 그 사람이다. 장년에 이른 화이트헤드가 오늘날 내로라하는 미국 철학자들의 박사학위 논문을 지도한 것은 특별해 보인다.

콰인은 빈 학파와 미국 철학을 이어주는 핵심 역할을 담당하기도 했다. 빈 학파는 루돌프 카르나프, 오토 노이라트Otto Neurath, 모리츠 슐리크Moritz Schlick 등으로 이루어진 사상가 그룹으로, 1924년부터 매주 목요일 저녁 빈 대학의 수학연구소에서 정기 모임을 가졌다. 이 학파의 회원들은 모든 형이상학의 공허함과 무용성을 소리 높여 주장하며, 세계에 대한 과학적 인식을 촉구했다. 1921년 당시 출간된 비트겐슈타인의 《논리 철학 논고》에 심취했던 이 사상가들은 훗날 분석철학이라 불리는 사상체계의 기원이 된다.

철학은 과학의 동반자

:

콰인은 빈에서 이 철학자들과 함께 작업했다. 특히 카르나프와 노이라트에게서 많은 영향을 받았는데, 미국으로 돌아온 후에도 그는 이들의 분석 방식을 계속 이어갔다. 이들 분석철학자들의 관점에서 보면, 철학은 과학과 함께하는 것에 만족해야 하고, 철학만의 순수 영역을 소유하거나 과학의 토대를 제공하려는 의도를 포기해야 한다. 노이라트는 과학을 먼 바다 한가운데에 떠 있는 한 척의 배에 비유한다. 즉 우리는 바다를 항해하고 있을 때에만 과학을 발견할 수 있고, 그렇기 때문에 과학을 육지에 다시 구축하려는 생각은 포기해야 한다.

콰인은 과학적 인식의 동반자 역할을 하는 철학의 이러한 기능을 더욱 발전시키는 과정에서 윌리엄 제임스와 존 듀이의 경험론과도 교류한다. 다소 엉뚱한 사례들을 가장 까다로운 증명과 뒤섞어놓고, 전문성과 신랄한 풍자를 결합하며, 전문가용 학술 논문에서 반교권적, 일명 볼테르적 어조의 철학사전(《본질Quiddités》)까지 전 장르를 넘나드는 이 철학자는 새롭게 조명될 가치가 충분하다. 그의 철학 작업은 그 방법론에 있어서는 겸손하지만, 결과나 파급 효과에 있어서는 야심만만하기 그지없었기 때문이다.

콰인 또한 자신의 목표에 대해 이렇게 설명하고 있다. "묵계의 사항이었던 것들을 명시적인 것으로 만들고, 모호하게 남아 있던 것들을 분명한 것으로 만드는 것이다. 패러독스를 드러내고 또 해결하는 것이며, 우둘투둘하고 거친 문제들을 대패질로 매끈하게 만드는 것이고, 신념의 과도기적 흔적들을 일소하는 것이며, 구질구질한 존재론들이 즐비한 빈민가를 깨끗이 정화하는 것이다." 그는 철학을 과학적 사고방식을 구성하는 한 가지 요소로 여긴다. 따라서 철학은 별도의 지위를 갖지 않으며, 철학의 전용 영역이나 철학만의 특별한 대상이 따로 존재하지 않는다.

따라서 콰인은 철학과 과학의 합병을 원하는 사람들, 즉 철학은 정확한 인식을 가져다주는 한 가지 도구에 불과하다고 생각하는 사람들 중 하나다. 그의 철학적 사유는 본질적으로 혼돈을 파기하고 불안정한 관념을 일소하며, 잘못된 개념을 탈피하는 데 있다. 어떻게 보면, 그의 철학이 지닌 겸손함이란 바로 이런 점이다. 즉 형이상학, 윤리학, 정치학이라는 '중요한 질문들'의 해답을 찾는 것은 이제 더 이상 의미가 없다. 그 해답은 콰인이 생각하는 철학의 목표에 해당하지 않는다.

그렇지만 철학의 거대한 한 부분을 차지하며, 철학의 역사를 통해 축적된 그 '존재론의 빈민촌'을 말끔히 제거해버릴 정도의 근원적 일소 작업, 원천적 제거 작업이라는 그의 철학적 목표는 정말 원대하지 않을 수 없다! 이러한 목표에 다가가기 위해, 콰인은 지극히 무미건조하고 기술적인 분석 방식을 사용한다. 하지만 이러한 분석은 모두 형이상학적 문제들의 상당한 침식과 마모로 이어지고, 결국은 데이비드 흄David Hume을 연상시키는 일종의 회의주의로 귀착된다.

콰인은 1953년, 대표 저서 《말과 대상》을 출간한다. 혹자는 이 책 이후, 현대의 모든 분석철학은 콰인에 찬성하는 사람과 콰인에 반대하는 사람들 간의 논쟁으로 요약된다고 말하기도 한다. 물론 이런 평가는 지나친 면이 없지 않지만, 진리의 의미에 대한 콰인의 주요한 두 가지 발견을 둘러싸고 다양한 논쟁이 형성된 것은 엄연한 사실이다.

단 하나의 의미란 존재하는가

:

콰인에게 있어, 의미의 개념에 대한 문제제기는 번역의 개념에 대한 길고도 복잡한 분석을 통해 이루어진다. 이 분석의 미궁 속으로 완전히 들어가볼 수는 없다고 해도, 그 시작 부분은 간단하게 설명할 수 있다. 콰인은 한 탐험가를 가정한다. 이 탐험가는 원주민의 언어를 배워야 한다. 그는 원주민어를 전혀 모르는 상태고, 도움을 받을 수 있는 사전이나 문법도 전무한 실정이다. 즉 현장에서 독학으로 그 말의 뜻을 익혀야 한다.

따라서 이 탐험가는 주변에서 들리는 말소리를 통해 말을 배우는 어린아이와 똑같은 입장에 놓여 있다. 우리는 흔히 이런 식의 언어 습득 방식을 다음과 같이 상상한다. 즉 의미의 핵이라는 것들이 이미 존재하고 있고, 그 의미와 거기에 해당하는 말을 이어주기만 하면 된다고 말이다. 가령 토끼가 한 마리 보이고 이와 동시에 '토끼'라는 소리가 들린다면, 우리는 눈앞에 보이는 그 동물의 이름이 무엇인지 배우게 될 것이다. 그런데 이런 생각 자체가 바로 오류다.

콰인은 이런 식의 언어 학습(하나의 사물 vs. 하나의 말) 속에는 박물관 이론을 연상시키는 일종의 환상이 존재하고 있음을 고발한다. 박물관 이론이란, '의미'는 박물관의 유리상자 안에 놓인 문학 작품이나 조각품, 보석들과 같고, '말'은 이 유리상자에 붙은 이름표와 같다는 것이다. 토끼 조각상 밑에는 '토끼' 또는 'lapin(불어)', 'rabbit(영어)' 따위의 이름표가 붙어 있다는 식이다.

콰인의 가정은 계속 이어진다. 이번에는 이 탐험가가 원주민들을 따라 숲 속으로 사냥을 떠난다고 상상해보자. 그는 토끼가 지나갈 때마다 원주민들이 "가바가이!"라고 소리치는 것을 들었다. 이때 탐험가는 단순하게, 원주민어로 '가바가이'는 '토끼'를 뜻한다고 추론해도 될까? 절대 그렇지 않다! 이때 '가바가이'는 "조심해!", "저쪽이야!", "놓치지 마!" 등의 뜻일 수도 있기 때문이다. 분명 이러한 추측들은 어떤 분류나 정리의 대상이 될 수 있다. 이 추측들이 유효한지 아닌지는 원주민들이 판단할 문제다.

하지만 여기서 끝난 것이 아니다. 콰인이 이 '가바가이'가 가질 수 있는 가능한 의미들을 생각해내기 때문이다. 이 의미들은 모두 다 다른 의미들임에도 불구하고, 원주민들에 의해 모두 유효한 것으로 인정될 수 있다. 예를 들어, '가바가이'는 '토끼 몸의 일부분' 또는 '토끼의 속성을 가진 어떤 것', 심지어 '토끼가 있는 오른쪽 지점의 왼쪽에 위치한 한 지점이 여기다'라는 뜻일 수도 있다. 이러한 표현들 모두 '가바가이'의 의미로 인정될 수 있다. 하지만 이들의 의미는 모두 다르다.

그렇다면 이 이야기는 결국 무엇을 말하려는 걸까? 그것은 바로, "한 문장의 뜻을 이해한다는 것은 하나의 언어를 이해한다는 것"이다. 다시 말해, 한 용어를 타 언어의 단 한 가지 말로 번역하는 것은 있을 수 없는 일이라는 것이다. 언어란 다른 언어로 번역이 가능하지만, 늘 여러 가지 번역이 가능하다. 따라서 우리가 절대적으로 확신할 수 있는 단 하나의 궁극적 의미라는 것이 존재한다는 생각은 근거가 없다.

그 자체로 통일성을 이루고 있는 일종의 거대한 집합체 혹은 세트와도 같은 언어는, 다른 언어들끼리 서로 대응할 수도 있고, 서로를 슬쩍 스쳐 갈 수도 있으며, 서로를 참조할 수도 있다. 하지만 서로의 용어들 간에 항구적이고 고정적인 연결관계는 존재하지 않는다. 단 하나의 의미라는 것이 존재하지 않기 때문이다. 이것이 바로 콰인이 집행한 대대적인 정화 작업의 첫 번째 과정이다. 그의 사유를 끝까지 좇아가다 보면, 의미라는 개념 자체에 의문을 갖게 된다. 이것이 우리를 당혹스럽게 하는 이유는, 우리는 사고를 통해 손에 잡을 수 있고 언어(그리고 다른 언어로)로 표현할 수 있는 '어떤 것'이 실재한다고 본능적으로 믿고 있기 때문이다.

사실만큼 많은 이론

:

또 다른 '정화 작업' 과정도 이와 유사하다. 우리가 알고 있는 모든 지식과 과학의 역량, 우리와 진리 사이의 근본적 관계에 대해 훨씬 놀라운 결론들을 이끌어내기 때문이다. 콰인은 '경험을 통한 이론의 하위-결정'의 존재를 확고히 다졌다. 첫눈에 보아도 모호한 이 '경험을 통한 이론의 하위-결정'이란 무엇을 가리키는가?

하나의 과학 이론이 만들어지면, 이 이론은 일정 영역의 경험을 지배하게 된다. 즉 관찰되고, 연구되고, 분류된 일정수의 사실들에 부합하게 되는 것이다. 만약 이 사실들이 수정된다면 이론도 수정되어야 한다는 것이 우리의 보편적인 확신이다. 우리는 정확한 관찰과 정확한 이론의 형성 간에는 불변의 대응관계가 존재한다고 생각한다. 의미와 이 의미를 가리키는 말 사이의 대응관계를 생각하는 것과 마찬가지다.

콰인은 이와 정반대로, 주어진 사실들(제대로 관찰하고 제대로 증명된 경험들)에 관해 복수複數의 이론을 형성할 수 있다는 사실, 그리고 그것이 어떻게 가능한지를 밝혀낸다. 가령, 관찰을 여러 번 되풀이하거나 사실과 경험들을 계속 추가하면 이 새로운 사실들을 다양한 이론으로 설명할 수 있는 수단들이 새롭게 생겨날 수 있다.

달리 말하면, 이론의 여지가 없는 사실들이란 언제든 새롭게 생겨날 수 있기 때문에, 정반대의 이론들도 언제든 확정 판결로 인정될 수 있는 것이다. 이론들 간의 이러한 임의적 관계는 단 한 번으로 고착되는 것이 절대 아니다. 이러한 결론이 갖는 파급력은 결코 만만치 않다. 콰인의 말이 옳다면, 우리는 이제 더 이상 과학적 관점만으로는 어떤 이론이 옳은지 알 수 없을 뿐만 아니라, '확실한' 진리가 어디에 존재하는지도 알 수 없다. 최악의 상황은 바로, 궁극적 진리라는 개념 자체를 파기해야 할지도 모른다는 것이다.

콰인의 엄격하고 철두철미한 사유 방식은 이처럼 고대의 회의주의와 유사하기도 한 지극히 당혹스러운 결론으로 귀착된다. 그는 말의 의미 따위와 같이 소위 자명한 이치들을 해체시킨다. 그 결과 우리는 그의 철학으로부터 "진리란 절대 접근 불가능한 것"이라는 결론만을 이끌어낼 수 있을지도 모른다. 부분적인 진리, 국지적인 진리, 문맥상의 진리는 논외로 하더라도, 진리 그 자체는 하나의 환상에 불과할 가능성이 매우 크다. 그럼에도 불구하고 늘 염두에 두어야 할 점은, 우리가 문제를 제기하고 의문시해야 할 것은 진리라는 하나의 최종적 지평이지, 한 가지 의문에 대해 옳을 수도 있고 틀릴 수도 있는 사유의 과정들이 결코 아니라는 점이다.

분명하고 명확하게

:

도널드 데이비슨은 "오류는 철학 속에 존재한다"고 썼다. 그리고 "중요한 것은 우리가 옳은지 그른지를 아는 것이다"라고 덧붙였다. 따라서 콰인의 연장선에서 독창적인 저서를 남긴 이 철학자가 타인뿐만 아니라 자기 자신이 표명한 비판을 받아들여 스스로의 주장을 수정하는 것은 그리 놀라운 일도 아니다. 새로운 논리가 그의 논리 속에 어떤 균열이나 허점이 있음을 입증할 수 있다면, 데이비슨은 추호의 망설임 없이 자기 논리를 수정한다.

물론 이것이 철학 역사상 처음 있는 일은 아니다. 소크라테스도 자신을 오류로부터 해방시켜주었던 이에게 감사의 뜻을 표했었다. 하지만 소크라테스의 그런 미덕은 그 후로 오랫동안 통용되지 못했다. 그러나 다행히도, 20세기에 와서 논리에 대한 분석철학의 열정과 고정관념 덕분에 논증의 스타일과, 증명 및 수정에 대한 철저한 실천이 새롭게 부활하게 된다. "이 가정이 다소 성급했다는 것을 이제는 안다." 데이비슨은 자신의 분석 중 하나를 수정하면서 이렇게 간단히만 언급한다.

콰인이나 데이비슨에게 있어, 철학의 의무는 다른 무엇보다 우리가 말하는 바를 분명하고, 가능한 명확하게 제시하는 것이다. 잘못된 문제들과 오해는 대부분 우리의 언어 사용이 낳은 환상에서 비롯하기 때문이다. 따라서 중요한 것은 추론, 오직 추론뿐이다. 자기들 테제의 진리를 구축할 때나, 상대방의 허위논리를 반박할 때나 분석적 전통의 규범에 충실한 이들은 수학자들에 견줄 만한 엄밀함을 차용한다.

하지만 데이비슨은 수학을 통해 철학자가 된 것이 아니다. 1940년대, 플라톤의 《필레보스》에 대한 박사학위 논문을 받은 것이 데이비슨 철학의 출발점이었다. 이후로 그는 경험심리학, 특히 결단에 대한 연구로 전환한다. 그의 철학적 방향이 완전히 정해진 것은 콰인과 만났던 1960년대부터다. 그는 콰인 철학의 연장선에 있지만 그 방향성에 변화를 추구한다.

언어철학 분야에 있어 데이비슨이 갖는 독창성은 진리의 이론 위에 의미의 이론을 구축했다는 점이다. 그는 이 단 하나의 개념에서 출발하여, 의미의 개념과 발화문의 해석 과정을 규명하고자 노력했다. 물론 그 분석 과정은 어렵고 까다롭지만, 그 목표만큼은 아주 명확하다. "우리가 원하는 것은 단순하고 명확한 이론, 누구나 이해할 수 있고 입증할 수 있는 논리 장치를 갖춘 이론, 우리 언어의 작동 실태를 해명해줄 수 있는 이론이다. 이러한 문제들은 새로움으로 포장되어 있지만, 사실은 아주 오래된 형이상학적 문제임을 믿어 의심치 않는다."

이러한 이유 때문에, 그가 밝히고자 하는 개념들(의도, 의지, 임의적 자유, 사건, 레퍼런스, 메타포)이 어떠한 것이든, 데이비슨은 합리성을 수호하고 설명하고자 한다. 이러한 합리성 추구는 당대의 지배적 흐름에 대한 거리두기라는 점에서 충분히 충격적이다. 그는 당시 인과관계에 대한 사고를 부활시키고, 진리의 근본적 지위를 회복시켜주었으며, 정신과 물질의 분리를 거부하면서도 정신을 물질로 축소시키는 것은 반대했다. 그는 언어를 탐구하면서도, 자신의 능력을 벗어나는 것이 무엇인지 늘 염두에 두었다. 어쩌면 그것은 고전의 영향력이 아니었을까?

콰인의 책 중에서
가장 먼저 읽어야 할 것은?

《본질》

콰인에 대해서
좀 더 깊이 알고 싶다면?

로마노스 저, 곽강제 역, 《콰인과 분석철학》, 한국문화사, 2002

Part 4

자유와 부조리

장 폴 사르트르

모리스 메를로퐁티

알베르 카뮈

철학자, 세상의 짐을 지다

20세기에 들어서면서, 의미의 해체는 해가 갈수록 도처로 확산된다. 일종의 산업이 되다시피 한 전쟁, 수백만에 달하는 사망자들, 무차별적으로 인명 살상을 자행한 절대 권력들, 전 지구적 파괴 등을 통해 확인할 수 있었던 것은, 세상은 분별력을 잃었고 문명의 미래는 없다는 것이었다. 가장 인간적이고 고매한 희망이 인류 최악의 참사를 초래했다는 것 역시 20세기가 뼈저리게 인정할 수밖에 없는 사실이었다.

수백 년, 아니 거의 2,000년에 걸친 인간의 질서가 순식간에 붕괴되었다. 아는 것이 많아질수록 더 현명해질 것이고, 강해질수록 더 행복해질 것이며, 정의로워질수록 더 자유로워질 것이라고 믿어 의심치 않았던 과거의 질서, 그리고 그에 대한 모든 믿음이 피와 진흙탕, 야만과 카오스 속으로 사라져버렸다. 하늘은 아무런 의미가 없고, 인간은 사악하기 그지없고, 현실은 참담했다.

그런데 한 가지 특이한 점은, 철학자들은 하나같이 이 비극에 대해 어떠한 우려도 하지 않는 것처럼 보였다는 것이다. 마치 그런 세상이 아예 존재하지 않았던 것처럼 행동하는 것 같았다. 지구는 화염과 피로 넘쳐났지만, 철학자들의 아리스토텔레스 연구는 계속되었다. 세상은 강제수용소로 내쫓기는 사람들, 죽고 죽이는 사람들로 넘쳐났지만, 철학자들은 어떻게 하면 수학이 현실과 정확하게 일치할 수 있을지를 고민하고 있었다.

물론 모든 철학자들이 이 학문이라는 유리상자 속에 칩거하고 있는 것은 아니었다. 시대의 고통을 진지하게 고민하는 이들도 많았다. 이들은 앞으로의 세상이 어떻게 변모할 것인지 이해하려고 노력했다. 자유에 대한 고민은 이처럼 자유가 사라져버린 바로 그 시점에 가장 중요한 위치를 점하게 된다. 완전히 파괴된 채 침묵하고 있는 이 모순 덩어리 세계 속에서, 개인은 또다시 모든 것의 출발점으로 자리 잡는다.

이제부터 만나게 될 세 명의 사상가들이 공통적으로 의미와 무의미, 우연성과 자유, 행동과 부조리에 대해 집중적으로 성찰하고 있다는 사실은 결코 우연이 아니다. 이들은 똑같은 혼란과 무질서 위에서 출발했지만 공통투쟁을 통해 뭉치기도 하고, 어떤 경우에는 각자의 길을 가기도 한다.

장 폴 사르트르는 완전한 자유라는 사상을 지키기 위해 모든 수단을 강구했다. 그에게 있어 의미와 가치의 유일한 원천은 개인의 절대적인 결정권이었다. 격동의 시대에, 이러한 결정권은 무척 불분명한 도전이었다. 사르트르의 경우, 제2차 세계대전 이후에는 공산주의 진영에 가담하고, 그 이후에는 68혁명의 마오주의자들 진영에 참여하는 등 집단 행위를 통해 자유와 도덕, 역사 재건을 동시에 사유해야 했기 때문에 더더욱 어려운 도전이었다.

사르트르와 파리고등사범학교 동기였고, 이후 그와 함께 〈현대〉지를 공동 창간한 모리스 메를로퐁티는 강제수용소의 존재를 처음 고발했고, 자유의 이름으로 전체주의를 지지하는 행태를 거부하기도 했다. 그가 사르트르와 결별하게 된 것은 이러한 정치적 문제들 때문이었지만, 이는 간단한 문제가 아니다. 왜냐하면 메를로퐁티의 철학은 의식과 육체의 결합, 우리의 살갗과 세계의 결합, 눈에 보이는 것과 보이지 않는 것 간의 결합 속에서 전개되기 때문이다. 더군다나 의도적으로 모호한 기호를 사용하며 전개되는 메를로퐁티의 철학은 사르트르가 전제하는 투명성과는 거리가 멀었다.

알베르 카뮈는 자기를 철학자로 부르는 것을 대놓고 거부했다. 하지만 소설가와 기자로서 그는 에세이, 특히 《반항적 인간》을 통해 20세기와 그 이후를 파악하는 데 있어 가장 근본적인 질문들에 접근하고 있다. 카뮈에게 있어 가장 중요한 본질은 부조리할 수밖에 없는 이 세계 한복판에서도 의미의 재구성 속에, 그리고 살아가기 위한 끈질긴 노력 속에 존재하기 때문이다. 그가 21세기에도 여전히 유효할 수 있는 것은 바로 이러한 이유 때문이다.

1905 파리에서 출생.

1924-1927 파리고등사범학교 재학.

1938 철학 소설 《구토》 출간.

1943 《존재와 무》 출간.

Jean Paul Sartre

장 폴 사르트르

개인이 모든 것을 결정한다는 불가능한 목표에 도전하다

어디서 활동했나? 파리고등사범학교와 카페 되마고에서 주로 시간을 보냈다. 사르트르의 활동 영역은 파리의 라틴 지구와 생제르맹데프레 거리 사이로 비교적 좁지만, 이 좁은 지역에서 전 세계에 호소하는 자유의 바람을 불러일으켰다.

진리란? 사르트르에게 있어 진리란, 주관성의 창조이고, 결국 각자의 자유에 달려 있는 것이며, 이는 정치적이고 사회적인 집단행동 속에서 변화를 겪는다.

명언 한 말씀! "우리는 혼자서 결정한다. 그 결정에 변명의 여지는 없다."

철학 역사에서 그는… 1950년대에 지대한 영향력을 미친 사르트르의 철학은 구조주의를 통해 다소 약화되었다가, 20세기 말부터 새로운 형태의 관심을 불러일으키고 있다.

'사르트르, 그가 사유의 스승일까?' 이런 질문을 하는 사람도 있을 것이다. 사르트르는 분명 다른 어떤 철학자들보다도 많은 사람들이 관심을 가지는 사상가이며, 또 모방의 대상이다. 유럽뿐만 아니라 전 세계에 미친 그의 명성과 영향력은 이전의 모든 철학을 한순간에 과거형으로 만들어버렸다. 그가 순수 자유, 반항의 의미, 현실 참여를 구현했기 때문이다. 하지만 이 때문만은 아니었다. 방대한 분량의 철학적 분석과, 소설, 신문기사, 연극 작품, 공식적 입장표명 등 장르를 넘나들며 광범위한 활동을 전개했기 때문이기도 하다. 작가로서 그의 명성은 그를 당대의 아이콘으로 만들어놓았다. 이런 관점에서 보면, 사르트르는 현대적 '사유의 스승'의 진정한 전형이라 해도 과언이 아닐 것이다.

하지만 사르트르에게 이와 같은 시대의 주인공 역할을 떠맡기는 것은 엄청난 역설이 아닐 수 없다. 왜냐하면 이 철학자는 사람들에게 어떠한 과제도, 어떠한 충고의 말도 전한 적이 없기 때문이다. 그는 '무엇을 생각할 것인가' 또는 '어떻게 행동할 것인가'를 의미하는 그 어떤 행위도 하지 않았다. 무력감 때문도 아니고, 원칙에 대한 거부감 때문도 아니다. 그것은 개인에게 각자 자기만의 자유를 회복시켜준다는 그의 가장 근본적인 철학적 입장 때문이었다. 사르트르는 무엇보다 각자의 의식에 그 근원적 책임감을 되돌려주고자 염원했다. "어떻게 해야 할까요?" 혹은 "어떤 식으로 사고해야 할까요?"라고 묻는 사람에게 이 역설의 사상가는 한마디로 이렇게 말한다. "결정은 당신이 하는 것입니다. 그리고 그 결정에 대한 대처도 당신이 해야 합니다."

요컨대 그의 철학은 진리에 대한 문제를 정당성의 문제로 대체한다. 사실 이 두 가지 문제 모두 진리가 본질이라는 점에는 변함이 없다. 논리나 사실, 형이상학이나 윤리, 과학이나 정치 등 우리가 '진리'라고 부르는 것은 항상 '나'의 외부에 존재한다. 진리는 늘 내 손에서 만들어지지 않은 어떤 것이었다. 따라서 그 진리를 마주하는 내가 취할 수 있는 행동은 그것을 받아들이거나 거부하는 것이었다.

하지만 사르트르에 의하면, 누가 뭐라고 해도 선택은 내가 하는 것이다. 받아들이거나 거부하거나, 인정하거나 투쟁하는 것은 나의 자유로운 결정에 달려 있다. 내가 마주치는 현실에 대해 내가 부여하는 의미는 궁극적으로 나 자신에게만 달려 있다. 예를 들어, 내가 병에 걸리거나 전쟁이 터지는 것은 우연의 결과일 수 있다. 세계 정세의 흐름은 내가 어쩔 수 없는 부분이다. 하지만 내가 이 세계와 내 삶과 내 삶의 에피소드와 그 제스처 하나하나에 부여하는 의미는 "나 혼자, 변명의 여지없이" 내가 결정한다. 따라서 내가 걸린 병이나 전쟁을 어떻게 겪어내고 어떻게 살 것인가 하는 것은 오직 나 혼자만이 결정한다.

주체의 자유는 언제나 절대적 권위를 가진다. 사르트르는 이러한 극단적 자유의 어려움과 한계를 결코 모르지 않았다. 어떻게 보면, 그의 모든 사유는 이러한 어려움과 한계를 끊임없이 고민하고 있다. 하지만 이 기본적 목표, 즉 사르트르 사상의 최초 동력은 모든 인간의 자유로운 선택이 가장 절대적인 차원에서 지상권至上權을 회복하는 데 있다. 그러한 선택의 힘을 부정하고, 결정 능력이라는 개념 자체를 무화시키는 데 혈안이 된 20세기의 한복판에서, 사르트르의 이 자유의 철학은 충분히 정당하고 그럴듯해 보였다.

하지만 문제가 없는 것은 아니다. 홀로 살아가는 인간은 이 세상에 없기 때문이다. 그리고 그 누구도 절대 지상권을 갖지는 못한다. 도덕이 존재한다는 것은, 여러 가치들이 개인 각자의 결정과는 무관하게 독자적으로 존재한다는 것이다. 정치라는 것이 존재할 수 있는 것은, 개인의 선택에 집단의 차원이 존재하기 때문이다. 물론 사르트르가 이것을 몰랐을 리 없다. 하지만 이러한 집단의 차원으로 나아가기 위해 사르트르에게는 모색의 시간이 필요했다. 의식과 자유에서 출발한 그는 후반기에 가서야 도덕과 정치, 그리고 역사의 영역에 접근한다.

의식의 무화 능력

:

사르트르의 사유 방식은 의식의 철학에 속한다. 즉 데카르트적 철학 계보에 속하는 것으로, 생각하는 주체에 최우선권을 부여한다. 사르트르는 몇 년간 교편을 잡은 후, 베를린으로 유학을 떠나 그곳에서 후설의 현상학을 접하게 된다. 그가 가장 관심을 가진 것은 바로 후설의 지향성 개념이다. 여기서 영감을 얻은 그는, 의식의 완전한 개방이라는 것에 역점을 둠으로써 후설의 철학과는 차별되는 또 하나의 의식철학을 만들어낸다.

여기서 의식은 어항과 같은 닫힌 공간이 아니다. 즉 우리가 그 안에서 바깥세계를 바라보는 상자 같은 것이 아니다. 사르트르는 후설로부터 '의식은 무엇에 대한 의식'이라는 점을 받아들인다. 지각한다는 것은, 예를 들면 저 나무 혹은 이 물컵에 "대한 열림이고 표출"이다. 이 의식은 거대한 회오리바람과도 같다. 그것은 늘 무언가에 대해, 세계에 대해, 사건에 대해, 만남에 대해 열려 있고 그들을 받아들이는 문이다. 사르트르는 첫 저서에서부터 이러한 개방성을 강조하고 있지만, 후설보다 더 멀리 나아가고자 한다.

사르트르가 생각하는 의식은 하나의 '나' 속에 갇혀 있어서는 안 된다. 사르트르는 후설이 '나' 자체를 '괄호 속에' 넣지 않았다는 점, 즉 차치且置하지 않았다는 점에서 그를 비난한다. 사르트르는 이런 식의 분석을 그의 첫 공식 저서 《자아의 극복》에서 전개하고 있다. 이후 이미지, 상상력, 상상적인 것들에 대한 저서들 속에서도 이와 동일한 분석 방식을 추구한다. 사르트르에게 있어 이미지가 갖는 특수성은, 이 이미지가 의식 그 자체와는 별개라는 데 있다. 즉 내가 상상을 한다는 것은, 내가 대상에 대한 어떤 인식을 받아들이는 것이 아니라, 반대로 나의 의식 속에서 그리고 이 의식을 통해 이 이미지를 새롭게 만들어내는 것이다. 이러한 관점에서 보면, 이 이미지는 그 대상이 무無라는 것을 나타내는 기호다. 다시 말해 하나의 이미지가 나의 의식을 통해 형성되기 위해, 실제 대상은 '무화無花되어야' 하는 것이다.

이러한 의미의 무는 사르트르 철학의 본질적인 한 가지 속성이다. 그에게 의식이란, 무의 문제, 부재의 문제, 결핍의 문제와 깊은 연관을 맺고 있다. 의식이란 "의식이 아닌 것이고, 의식인 것은 의식이 아니다"라고 사르트르는 말한다. 인간은 결핍 및 부재와 특별한 관계를 맺고 있기 때문이다. 가령 내가 카페에 들어가서 "폴 여기 있어요?"라고 묻는다고 하자. 이 질문은 내가 그 카페를, 내가 찾는 친구 폴이 없는 장소로 인식하고 있음을 전제한다. 만약 그 카페를 바라보던 내가 폴이 거기 없다는 것을 확인한다면, 그것은 내가 부재를 표현할 수 있고, 내가 찾는 사람이 부재한다는 사실을 인식할 수 있다는 것이다.

여기서 사르트르가 주목한 것은, 그가 말하는 의식의 무화 능력이다. 이것은 부재를 인식하는 능력, 결핍을 알아보는 능력, 부재하는 것에 대해 말하고, 더 이상 존재하지 않는 과거를 환기하거나 아직 오지 않은 미래를 내다볼 줄 아는 능력이다. 이러한 의식의 특징은 바로 텅 비어 있다는 점이다. 반면 사물들은 스스로의 충만함 속에, 그 꽉 찬 밀도 속에 자리한다. 사르트르가 《존재와 무》에서 말했듯이 사물은 의식과는 별개인 '즉자적卽自的' 존재다. 반면 의식은 무엇에 대한 "대자적對自的" 존재로서 그 자체로 느껴지는 것이긴 하지만, 본질, 속성, 적극성이 영구히 부재하는 것으로 느껴진다.

반면 사물은 고정된 속성들, 타고난 자질들을 보유하고 있다. 인간의 속성은 본질을 갖고 있지 않다는 데, 끊임없이 재창조된다는 데에 있다. 이 무는 언제나 하나의 의미, 하나의 결정, 하나의 행위를 통해 일시적으로 변화를 겪어야 한다. 이것이 바로 사르트르에게 있어서 자유를 구성하는 요소다.

즉 자유란 우리가 우리 자신을 끊임없이 새롭게 창조해내야 하며, 우리가 살아가는 상황들에 대해 지속적으로 의미를 부여해야 하며, 우리 행위의 방향성을 계속해서 결정해야 한다. 우리가 내세울 수 있는, 미리 준비된 진리란 결코 존재하지 않는다. 즉 우리의 자유를 강제할 수 있는 것은 아무것도 없다. 법칙이란 우리가 그것을 받아들이고자 결정할 때에만 강제력을 가질 수 있다. 우리가 하나의 신성한 법칙, 계시된 어떤 말씀에 굴복한다는 것은 우리가 그것을 신성한 계시의 말씀으로 생각하기 때문이다. 모든 의미와 해석의 근원에 자리하고 있는 것은 바로 나의 자유, 오직 그것뿐이다.

이 완전한 자유는 완전한 책임을 요구하는 것이기도 하다. 내가 이 세계와 나의 존재와 나의 행위에 부여한 의미 속에서, 나는 아무 데도 숨을 수가 없고 나의 책임을 회피할 수도 없다. 하지만 이러한 완전한 책임은 너무나 위압적이고, 견디기 힘든 것이다. 우리의 힘과 능력에 비해 너무 큰 부담이기 때문에, 우리는 어떤 수를 써서라도 그 책임을 부정하고 회피하려고 한다.

《존재와 무》 그리고 그의 희곡 일부를 통해 사르트르는, 우리는 우리의 자유로부터 도망치기 위해 무엇이든 감행한다는 생각을 강조하고 있다. 도망가는 우리는 우리 자신이 아닌 다른 것으로 변한다. 그러면서 "이것이 바로 내 스스로 결정한 나의 모습이야"라고 하지 않고, "이건 내 잘못이 아니야", "이게 바로 나야"라고 말한다. 이러한 '자기기만'은 자신의 자유가 부과하는 책임으로부터 놓여나기 위해 각자가 채택하는 전략 중 하나다.

우리는 스스로를 다른 누군가로 생각하기 위해, 그리고 우리의 본질과 운명, "우리는 다른 식으로 행동할 수는 없다"는 사실을 서로에게 이야기하기 위해 연기를 한다. "그게 나보다 더 강해" 또는 "난 원래 그래, 어쩔 수가 없어"라는 말을 하는 사람은 자신의 책임을 부정하고, 자기 자신을 빠져나올 수 없는 어떤 본질이나 운명에 발목 잡힌 존재로 간주하는 사람이다. 가장 심각한 난관은 자신의 자유를 거부하는 의식인 '자기기만'이 아니라, 타인의 시선 속에 있다. 타인은 나의 행위와 결정을 완전히 잘못 해석할 수도 있다. 인간의 삶이라는 드라마에서는, 타인의 시선이 우리를 우리 자신에게 드러내고 우리를 왜곡시킨다. 그리고 그 시선은 우리의 자유를 배반하고, 변형시키고, 유형流刑에 처한다.

이런 드라마를 피할 수 없음은 분명하다. 인간은 집단 속에서 살아갈 수밖에 없기 때문이다. 즉 산다는 것은 언제나 함께 사는 것이다. 수많은 개인의 자유들이 이렇게 공존하는 가운데, 하나의 윤리를 사유하는 방법은 무엇일까? 역사와 집단행동, 일련의 사건들은 어떻게 이해할 것인가? 이것이 바로 사르트르의 철학을 관통하는 두 가지 주요 질문이다.

어떤 도덕?

:

천상의 절대자는 이미 사라졌고, 계시된 원칙이란 것도 전혀 존재하지 않는다면, 범죄의 임의성을 어떻게 피해갈 것인가? 도스토옙스키가 강조한 것도 바로 그것이다. "신이 존재하지 않는다면, 모든 것이 허용된다." 사르트르는 이 경구를 여러 차례 인용했지만, 관점은 도스토옙스키와 다르다. 다시 말해, 사르트르에게도 신은 존재하지 않는다. 하지만 모든 것이 허용되는 것은 아니다. 즉 말 없는 하늘이 나의 자유가 방종으로 치닫음을 의미하는 것은 아니다. 왜? 어떻게? 무엇의 이름으로, 어떠한 형태로, 하나의 윤리가 가능할 수 있을까?

이런 의문들은 철학가, 소설가, 투사, 극작가로서의 모든 활동 영역에 걸쳐 사르트르를 사로잡았다. 《구토》에서부터 《변증법적 이성비판》까지, 《성聖 주네》에서 《집안의 백치: 1821년부터 1857년까지의 플로베르》에 이르기까지, 그 상이한 맥락들 속에는 다음과 같은 일련의 동일한 관심사가 자리하고 있다. 자유는 이 세계에 어떤 영향을 미칠 수 있고, 역사 속에 어떻게 나타날 수 있으며, 다른 자유와는 어떻게 결합할 수 있는가? 또 오해 속에서 어떻게 소멸될 수 있고, 어떻게 스스로를 다시 포착할 수 있으며, 어떻게 행동하면서 계속해서 자신을 재창조해갈 수 있는가?

사르트르는 이러한 연쇄적 문제들을 고민했지만, 만족할 만한 답변을 얻지는 못했다. 1943년에 《존재와 무》는 다음 작품, 즉 윤리 편을 암시하며 마무리된다. 하지만 이 후속 작품은 세상의 빛을 보지 못했다.

사르트르는 1947년과 1948년에, 600쪽에 달하는 초고를 집필했지만, 이를 포기하고 말았다. 1984년 유고작으로 출간된 《도덕을 위한 노트》는 그의 시도와 실패가 얼마나 방대한 규모였는지 짐작케 한다.

이러한 실패는 그의 시도에 동반된 여러 가지 난관과 딜레마 때문에 발생했다. 신성한 절대법칙을 파기해버린 사르트르는 동시에 플라톤에서 스토아 학파에 이르는, 혹은 데카르트에서 스피노자에 이르는 세상의 '절대 질서'에 기초한 철학적 윤리들까지 함께 벗어던진 것이었다. '인간의 본질'에 대한 모든 관념을 거부하는 그는, 홉바흐에서 루소나 스튜어트 밀에 이르는 '신 없는 윤리'에도 기댈 수 없었다. 이것 역시 인간의 어떤 본질을 전제하고 있기 때문이다. 결국 구체적이고 변화무쌍한 역사를 중요시함으로써, 자유를 하나의 추상물로 축소시키지 않고 "자유란 상황 속에 존재할 뿐"이라고 주장한 사르트르는 칸트의 형식주의에 동참할 수 없었고, 모든 행위는 하나의 보편법칙에 따른다는 사고 또한 받아들일 수 없었다.

《도덕을 위한 노트》에 나타난 사르트르의 사유는 나의 자유와 타인의 자유 간의 관계와, 이 관계를 역사적 행위 속에 어떻게 자리매김할 것인가 하는 문제에 집중되어 있다. 사르트르는 나의 자유는 무한한 반면 타인의 자유는 전무할 경우(순수 폭력)와, 나의 자유는 전무하고 타인(신, 절대자, 혹은 주인)의 자유는 무한한 경우는 예외로 둔다. 사르트르가 '호출'이라고 말한 것만이 모두가 함께 구축해야 할 하나의 현실이다. 내가 타인에게 나와 같이 어떤 구체적인 행위(예를 들어 위협적인 전쟁 발발을 막아보자는 행위)를 도모하자고 제안한다 하더라도, 나는 우리 둘의 공통점인 나약함과 유한성을 인지하고 있다. 상대방의 거절이라는 위험도 무릅쓴다. 하지만 행위 자체로만 보자면 구체적인 상호성 안에 위치한 이것은 우리 두 사람의 행위이지, 나의 행위가 아니다.

사르트르가《도덕을 위한 노트》의 말미에 할애한 것은 바로 급진적 '전향conversion'이라는 아주 중요한 개념이다. 이 개념은 세계 자체를 인정하고 받아들이는 것이지, 더 이상 어떤 가치를 수용하는 것이 아니다. 만약 내가 나의 행위를 어떤 외부적 목적(선행을 하기 위해서, 거짓말을 하지 않기 위해서, 용기 있는 자가 되기 위해서…)에 종속시킨다면, 나는 이미 소외된 것이다. 왜냐하면 나는 이러한 보편적 가치의 실현을 위해, 나 스스로를 수단화시키기 때문이다. 하지만 자유란 스스로를 만들어감으로써 존재할 수 있는 것이다. 자유는 자기 스스로의 활동을 통해서 스스로를 발견하고, (특히) 세계가 자신을 비껴갈 때조차도 세계를 수용하고 받아들인다. 나는 전쟁을 피하기 위해 모든 수단을 강구했지만, "그래도 전쟁이 터지면 나는 마치 내가 그 전쟁을 결정한 사람인 것처럼 그것을 겪어내야 한다." 더 나아가, 나는 이 전쟁을 (죽음을 무릅쓰고, 이 전쟁에 맞서 계속 투쟁하고 있지만) "세계를 드러내는 하나의 기회"로 간주하는 것이다. 당시 사르트르가 꿈꾼 '전향'이란 바로 이런 것이다. 폭넓은 대규모의 사상체계들이 모두 그러하듯, 이 개념을 관통하고 있는 것 역시 쾌락에 대한 관심이다.

이러한 전폭적 수용은 체념과는 정반대다. 즉 세계는 나를 통해서만 존재 속으로 들어온다. 따라서 "유한성이라는 열악함 속에서"도 나는 "절대적 창조의 환희"를 되찾는다. "신의 부재는 신보다 더 절대적이다"

라는, 다소 의외로 여겨질 수 있는 사르트르의 언급은 이러한 맥락에서 이해되어야 한다. 행동과 타인들 속에서 나 스스로를 기탄없이 소멸시키고, 나의 '증여'를 사랑함으로써 오히려 내가 증여받는 기회를 갖게 된다. 즉 내 과거의 정체성이 아닌 하나의 독특한 시각이 나의 절대성을 발견하게 되는 것이다. 그 이후, 사르트르는 이 개념을 도덕과 역사를 함께 사유할 수 없는 '신비화된' 개념으로 진단 내린다.

그럼에도 불구하고, 우리는 막연하면서도 끝내 파기된 이 도덕의 개념과, 메시아적 유대주의에 대한 사르트르의 최후 관심사 간에 놀라운 연속성이 존재한다는 것을 발견할 수 있다. 이것은 그의 마지막 비서 베니 레비Benny Lévy와의 대담을 통해 증명되고 있다. 대담 당시 사르트르의 정치윤리는 또 다른 시각을 보여준다. 그는 《변증법적 이성비판》에서 전개한 분석을 통해 종래의 비판적 시각을 되찾는다. 이 마지막 입장 변화를 언급하기 전에, 이 책의 몇 가지 내용을 지적할 필요가 있다.

어떤 역사?

:

1960년에 출간된 이 책에서, 사르트르는 집단행동의 양상들과 역사적 사건들의 위상에 집착한다. 개인들은 자신의 자유라는 이유 때문에 오로지 혼자서 결정하고, 어떤 행동을 할 것인지 최종적으로 결정을 내린다. 하지만 수많은 개인들의 다양한 의지가 충돌하고, 이들의 목표 사이에 갈등이 생기면 개인이 원하지 않았던 사태가 발생하게 된다. 역사의 이러한 비유동성을 사르트르는 제일 먼저 마르크시즘의 시각에서 생각하고자 한다. 기억해야 할 점은, 1950년대부터 사르트르는 공산당의 '동지'가 된다는 사실이다. 그는 "마르크시즘은 우리 시대의 넘을 수 없는 지평"이라고 생각한다.

동시에 사르트르는 역사의 법칙들이 개인의 결정에 영향을 미칠 수밖에 없다는 사고방식을 비판한다. 그는 물리적 인과관계가 사물에 영향을 미치는 것처럼, 경제적 인과관계가 인간의 행위를 결정한다는 사고도 거부한다. 물론 그가 이런 식의 이해 방식을 배제한 것은 사실이지만, 그는 역사의 무게와 역사적 사건의 밀도로 인해 개인들이 자유롭게 결정한 행위들이 이 결정의 주체들을 배신하는 경우가 생긴다는 것을 분명히 이해하고 있었다.

그는《변증법적 이성비판》속의 '실제적 무기력'이라는 개념을 통해 인간 행위의 이러한 퇴적 작용을 설명하고자 한다. 예를 들어, 나뭇재를 땅속에 섞으면 농토가 좀 더 비옥해지기 때문에, 동양의 농부들은 밭의 위쪽에 자라는 나무들을 베어낸다. 하지만 이 벌목 때문에 빗물을 땅속에 저장해주던 것마저 함께 사라진다. 그 결과 발생하는 홍수는 애초에 기대했던 바와는 정반대의 결과를 가져다준다. 이 사례는 행위와 결과 간 일종의 왕복운동을 잘 보여준다.

개인의 행위들이 어떻게 일련의 연속성 속에 자리하게 되는지 그 방식에 천착한 사르트르는 역사적 현실의 두께를 밝혀내고자 한다. 거대한 역사적 사건(혁명, 역사적 단절)의 순간에는 '용해 집단'들이 등장한다. 1789년 7월 14일 프랑스대혁명 당시 바스티유 감옥을 습격한 파리

시민들이 여기에 해당한다. 이러한 봉기의 순간들은 집단적 자유가 출현하는 순간이며, 이렇게 등장한 집단적 자유는 실제적 무기력 속으로 다시 빠져든다.

사르트르는 평생에 걸쳐, 개인과 집단에 대해, 의식과 정치에 대해, 문학과 투쟁에 대해 실로 다양한 성찰을 계속했다. 지나친 좌편향성과 과도한 혁명적 발상으로 인해 잘못 생각하거나, 종종 비이성적인 입장을 채택하는 경우가 있었다고 치더라도, 그가 천재적인 기발함과 결점을 동시에 갖춘 20세기의 위대한 사상가라는 사실에는 변함이 없다. 세상을 떠나는 날까지 단 하루도 사유의 여정을 멈추지 않았다는 점에서 그는 더욱 흥미로운 사상가다. 사르트르의 사유의 흐름 속에는 경직된 도그마가 전혀 없다. 그는 죽는 날까지 그 어떤 시각에도 개방되어 있는 자신만의 고유한 사유체계를 재발견했다. 그는 자신의 활동과 업적의 일부를 파기하는 위험도 감수했다. 그리고 그 와중에도 위인다움을 잃지 않았다.

최후의 대담

:

황혼기에 접어든 이 위대한 철학자는 치열했던 인생 역정으로 인해 고단하고 쇠약해진 환자의 모습이 되었다. 베니 레비와의 대화를 시작했을 당시 사르트르는 일흔 살에 불과했다. 그는 젊은 시절 자신이 꿈꾸었던 그런 모습으로 늙어 있었다. 사르트르가 열망했던 자신의 노년은 자신만의 새장에 절대 갇히지 않는 다방면의 천재, 못하는 것이 없는 '빅토르 위고'의 모습이었다. 그는 늘 모든 것의 최전선에 서 있었고, 모든 장르를 섭렵하고 또 모든 성공을 맛보았다.

그는 자신만의 독특한 역할을 수행하면서, 자신의 신화를 유지시키고, 자신의 기득권을 견지했다고 볼 수도 있을 것이다. 하지만 이것은 그의 스타일이 아니다. 말년의 사르트르는 자신의 과거 활동으로 기꺼이 되돌아가, 자신의 아주 중요한 이론적 결정 사항들을 서슴없이 재고한다. 그는 마치 스스로를 철저하게 문제 삼지 않으면 자신에게 충실하지 못한 것처럼 느끼는 것 같다.

사르트르로 하여금 이러한 도정에 착수하게끔 이끈 사람은 고작 서른 살의 젊은 비서 베니 레비였다. 그에게 사르트르는 "최초의 위대한 철학적 영감"을 계시해준 사람이었다. 두 사람은 1970년, 몽파르나스에 있는 카페 겸 레스토랑 라 쿠폴에서 만났다. 사르트르가 마오쩌둥 성향의 〈라 꼬즈 뒤 피플La Cause du peuple〉지의 주간 자리를 수락했기 때문이었다. 전임 주간들은 이미 체포당한 뒤였다. 하지만 프랑스 권력은 사르트르를 감옥에 보내는 무리수를 두지 않는다. 사르트르는 혁명가와 철학자 사이에 있는 일종의 '건드릴 수 없는' 존재였기 때문이다. 그 결과 특이한 '사랑의 대화'가 이루어질 수 있었고, 그것은 이후 거의 7년이나 이어졌다. 이 7년 동안, 베니 레비는 과거 〈프롤레타리아 좌파〉라는 잡지를 만들었던 혁명가 피에르 빅토르라는 자신의 본명을 되찾고 유대주의로 복귀한다. 베니 레비는 금세기 현대 유대 사상을 부활시킨 주요 인물이 된다.

조금 물러나서 보면, 사르트르의 전체 사상사에서 중요한 국면이 이 두 사람의 대화 속에서 전개되고 있음이 분명하게 드러난다. 아직도 대담의 전체 기록이 다 알려지지 않았기 때문에, 그 핵심은 여전히 수수께끼로 남아 있다. 하지만 공식적으로 출간된 단편적인 내용들에 비추어, 그 방대한 규모를 짐작할 수는 있다. 사르트르는 특히 개인과 집단, 혁명적 사건들 간의 관계를 이해하는 데 가장 결정적인 기록인 《변증법적 이성비판》의 핵심 문제, 즉 집단 형성에 대한 분석을 되돌아보고 있다.

사르트르는 자신의 주요한 철학적 선택들 중 몇 가지를 수정한다. 특히 타인의 문제와 시선 이론에 대한 것이 여기 포함된다. 그는 우연성의 문제, 즉 모든 존재의 속성인 필연성의 부재에 대해 재검토한다. 그의 첫 소설 《구토》의 주인공인 로캉탱은 "존재하는 모든 것은 이유 없이 태어나고, 우연에 따라 살아가다가 우연히 죽음을 맞는다"고 확신한다. 1978년 12월 9일 자 베니 레비의 기록에 따르면, 사르트르는 자기 철학의 출발점에 자리하고 있는 이 문제를 끊임없이 회피해왔다는 판단을 내린다. "내가 우연성이라는 것에 부여하고자 하는 핵심적 지위는 문학의 형태로도 철학의 형태로도 결코 표현할 수 없다." 그렇다면 사르트르는 거의 모든 것을 처음부터 다시 생각해야 한다!

두 사람의 대담에 대해, 프랑스 대혁명과 제1제정 또는 카타리파派* 신봉자들을 다룬 새로운 해석들을 이끌어낸 이들도 있다. 이때 공통적으로 만나게 되는 것이 신비적 직관, 즉 그노시스의 문제와 관련된 해석이다. 크리스

카타리파 중세 가톨릭의 이단 중의 하나. 극단적인 금욕주의를 주장한다. 십자군에 의해 세 차례 토벌을 당했으며 이로 인해 붕괴되기 시작하여, 15세기 초 완전히 사라졌다.

티앙 장베Christian Jambet와 기 라르드로Guy Lardreau의 《천사》(1976) 또는 앙드레 글뤽스만Andre Glucksmann의 《요리사와 식인종》(1975) 같은 책들은 논란의 여지가 많다. 이 책들은 사르트르의 사상을 새로운 방향에서 다시 출발하게 만든다.

자유의 사상가가 자기 자신도, 자신의 글이나 자기의 이미지로도 제어하지 못할 정도의 자유로운 사유를 감행하는 것은 지극히 당연한 일일 것이다. 물론 당연하지만, 그렇다고 자주 볼 수 있는 경우는 절대 아니다. 이 점에 있어서만큼은 사르트르에게 늘 감사해야 할 것이다.

사르트르의 책 중에서 가장 먼저 읽어야 할 것은?

비교적 간단하고 대중적으로 잘 알려진 책은 1945년 사르트르가 주관한 컨퍼런스의 내용을 담은 《실존주의는 휴머니즘이다》이다.

사르트르에 대해서 좀 더 깊이 알고 싶다면?

장 폴 사르트르 저, 정소성 역, 《존재와 무》, 동서문화사, 2009
장 폴 사르트르 저, 정명환 역, 《말》, 민음사, 2008
장 폴 사르트르 저, 방곤 역, 《구토》, 문예출판사, 1999
장 폴 사르트르 저, 정명환 역, 《문학이란 무엇인가?》, 민음사, 2000
베르나르 앙리 레비 저, 변광배 역, 《사르트르 평전》, 을유문화사, 2009

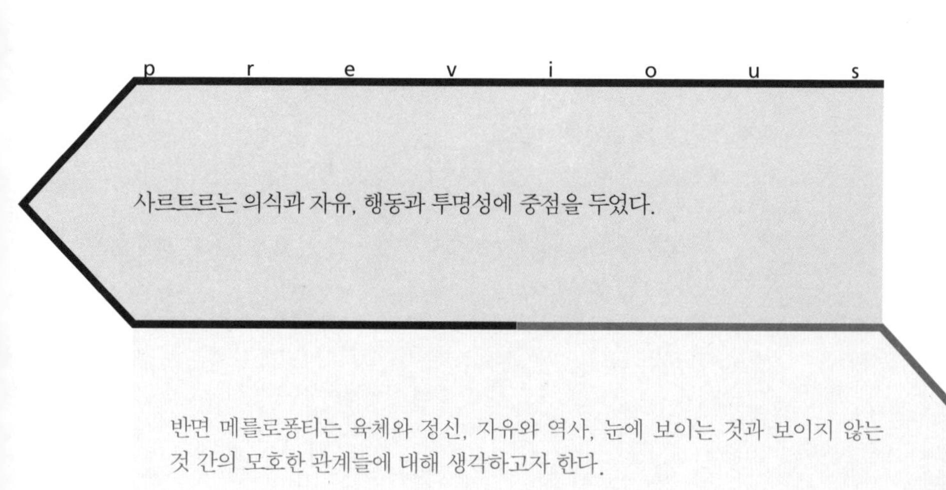

1908	1942-1945	1949	1952
프랑스의 로쉬포르 쉬르 메르에서 출생.	유명 저서 《행동의 구조》와 《지각의 현상학》에 대한 박사학위 논문 발표.	소르본 대학 교수 재직.	콜레주드프랑스 교수로 선출.

Maurice Merleau-Ponty

모리스 메를로퐁티

진리란 완전히 눈에 보이는 것이 아니다

어디서 활동했나?

사르트르와 동일한 영역에서 활동했다. 두 사람은 동창생이며 친구였다. 하지만 메를로퐁티는 사르트르보다 더 학구적이고 독립적인 자신만의 영역을 추구했다. 특히 그는 스탈린식 전체주의에 동참하기를 거부했다.

진리란?

메를로퐁티에게 있어 진리란, 규율들 간의 왕복운동 속에 있고, 사유와 감각들 간의 교차지점, 자아와 세계 간의 교차지점에 위치하며, 정치적 전략에 희생될 수 없는 것이다.

명언 한 말씀!

"내가 세계에 대해 알고 있는 것, 심지어 과학을 통해 알고 있는 것은 모두 나의 시각과 세계에 대한 경험에서 출발한 것이다. 세계에 대한 경험 없이는 과학적 상징들도 아무 의미가 없다."

철학 역사에서 그는…

일찍 사망하기도 했고, 몇몇 난해한 저작들 때문에 특별히 눈에 띄는 철학자는 아니다. 그럼에도 불구하고, 그의 영향력은 꾸준히 이어지고 있고, 그에 대한 관심도 점점 증가하고 있는 추세다.

1953	1955	1961	1961.5.4
사르트르 등과 함께 1945년에 공동 창간한 〈현대〉지와 결별.	《변증법의 모험》 출간.	파리에서 사망.	클로드 르포르에 의해 유고작 《보이는 것과 보이지 않는 것》 출간.

모리스 메를로퐁티는 분명 무명인은 아니다. 그의 이름은 20세기 위대한 철학자들 사이에 당당히 자리하고 있다. 탄생 100주년이 지났고(1908년 탄생), 사망한 지 반세기가 지났지만(1961년 5월, 파리의 자기 서재에서 심장마비로 사망), 아직도 전 세계에는 그의 책을 읽는 사람들이 많고, 그의 저작은 여전히 추종자들의 논평과 재해석의 대상이다. 그런데도 그와 파리고등사범학교 동창이자 정치적 견해차로 결별하기 전까지 오랜 친구였던 사르트르와 비교해보면, 메를로퐁티는 거의 무명인에 가깝다. 또 다른 동시대인이자 그와 마찬가지로 스탈린주의 비판에 동참했고 젊은 나이에 요절했다는 점에서도 공통점을 가진 알베르 카뮈와 비교해도 메를로퐁티는 대중의 관심을 거의 받지 못하는 것 같다.

사르트르나 카뮈처럼 소설가나 극작가로 활동하지 않고 오직 철학자의 길만 걸어서일까? 대중의 관심을 받기에는 그의 태도가 너무 신중하고 조신했던 것일까? 《행동의 구조》와 《지각의 현상학》이라는 딱

딱하기 그지없는 몇몇 내용에 싫증을 느낀 후대 사람들이, 《기호들》(1960)이나 《보이는 것과 보이지 않는 것》의 글과 사유가 얼마나 분명하고 심오한지 제대로 알려고 하지 않아서일까? 인기란 분명 변덕스러운 것이다. 어쨌든 메를로퐁티는 시대의 아이콘 혹은 스타 철학자들과는 다른 범주에 있는 사유의 스승이다. 무엇보다 그는 새로운 사유의 길을 개척한 선구자다.

복잡하고 난해한 분석들이 없지는 않지만 그럼에도 불구하고, 그가 개척한 이 길은 단순하다. 메를로퐁티는 고통스러운 고뇌나 급작스러운 단절을 경험하지 않은 사상가처럼 보인다. 그 자신도 1959년 조르주 샤보니에Georges Charbonnier와의 라디오 대담에서 이 점을 분명히 밝힌 바 있다. "자신이 논란의 중심에 서 있다는 이유로, 그리고 그 논란 속에 상반되는 파벌들이 존재한다는 이유로 철학자가 되는 사람들이 있습니다. 그래서 그 철학자들은 이런 상반된 입장들을 중재하거나 한 가지 입장을 채택해야 합니다. 하지만 저는 그런 철학자가 아닙니다. 제가 생각하는 철학은 드라마가 아니라 (…) 말하자면 예술과 상당히 가까운 것이라고 할 수 있습니다. 다시 말해, 평소에는 말로 표현되지 않는 것들, 가끔은 표현될 수 없는 것으로 간주되기도 하는 것들을 말로 표현하려는 일종의 혹독한 표현 노력이라고 할 수 있습니다. 철학이 내 속에 불러일으킨 관심사는 바로 이런 것입니다."

그렇다고 해서 메를로퐁티가 전쟁의 포화와 전체주의, 인간성 붕괴로 점철된 격동의 20세기와 맞서 싸우지 않은 것은 아니다. 하지만 그 와중에도 그는 같은 철학자들과의 열린 관계를 유지하기 위해 노력했다. 샤보니에와의 대담에서 그는 "철학자의 변치 않는 정체성이란 사람은 타인을 이해할 수 있고, 적도 이해할 수 있다는 사고입니다. 철학자들에게 자신과 다른 것을 이해하려는 의도뿐만 아니라, 자기 스스로 그 다른 것이 되어보고자 하는 의도, 필요할 경우 자신과는 대립되는 것까지 이해하려는 의도가 없다면 철학자는 철학자일 수가 없습니다"라고 말했다.

모호함에 대한 찬사
:

사르트르와 그의 연인 보부아르와 함께 우정을 나누었던 파리고등사범학교를 졸업한 이후 메를로퐁티는 생캥탱 고등학교와 리옹 대학, 소르본 대학에서의 교직생활을 거친다. 그리고 마침내 1952년 콜레주드프랑스에 입성한다. 1953년 1월 15일, 그는 첫 강의에서 두 가지 주요 속성, 즉 '자명함'과 '모호함'의 결합을 통해 철학을 정의한다. 이 두 가지 속성은 분명 메를로퐁티 자신의 모습에 잘 부합한다.

실제로 그는 자신의 사유를 가장 직접적이고 가장 단순해 보이는 경험(의식, 지각, 가시성, 말) 속에 뿌리내리고자 지속적으로 노력했다. 신경학에서부터 언어학에 이르기까지 과학적 지식을 중시하는 그였지만, 단순한 환원주의는 모두 거부했다. 의식, 감각, 기호에 특권적 지위를 부여했지만, 이상주의와 투명할 정도로 명명백백한 것은 의심했다. 그가 말하는 '모호함'이란 한 면만을 가진 것, 일방적인 것과는 반대되는 것이다. 즉 이중적 면모에 대한 관심, 육체와 의식, 물질과 정신, 보이는 것과 보이지 않는 것 간의 지속적인 왕래가 바로 그것이다.

이중성에 대한 관심은 정치와 역사에도 그대로 적용된다. 1959년의 라디오 대담에서 메를로퐁티는 이러한 입장을 명확히 드러내고 있다. "철학자로서 저는 텅 빈 공허한 사유와 순전히 이상적인 주제에 반대합니다. 물질에만 그치는 물질에도 반대합니다. 정치에서도 마찬가지입니다. 저는 인간의 구체적 현실을 도외시한 채 말로만 떠드는 자유주의를 혐오합니다. 인간을 사물로 변질시키는 테러도 반대합니다."

메를로퐁티는 모호함의 개념을 긍정적으로 복원시킨다. 모호함이란, 일상에서는 전혀 관심을 끌지 못하는 개념이었다. 흔히 위선적 속성으로 치부되던 의혹의 대상이 바로 모호함이었던 것이다. 이는 곧 명확하지 못함, 우유부단함, 경계가 흐릿하며 이도저도 아닌 것이기도 했다. 말하자면, 일정한 형태가 없는 회피적 태도가 바로 모호함이었다. 더 나아가, 모호함은 곧 협박이나 부정직함, 비겁함이나 다름없었다. 따라서 좋은 평판을 듣지 못하고 늘 거부당하는 것은 당연하다. 대부분의 사람들은 명확한 태도를 선호한다. 수상쩍은 암시와 해석이 분분한 침묵보다는 단호한 주장을 선호한다. 하지만 과연 이렇게 단순하게 구분해도 되는 것일까?

오히려 모호함에 찬사를 보내고 이를 좀 더 긍정적으로 이해할 수는 없을까? 현실이 지닌 이중성은 반드시 고려되어야 한다는 그 필요성을 부각시킬 수는 없을까? 모호함의 사유는 배제나 대립을 생각하기보다는 합일 속에 자리하고자 하는 노력이다. 가령 육체와 정신, 보이는 것과 보이지 않는 것, 과학과 철학 등의 결합을 사고하는 것이다. 이 결합의 공간, 양면성의 공간이 바로 모리스 메를로퐁티의 철학이 위치하는 곳이다.

모호함에 대한 이러한 관심은 제일 먼저 육체와, 일정한 곳에 위치한 구체적인 의식에 대한 관심으로 나타난다. 메를로퐁티는 사르트르와는 반대로, 의식이 그 자체로 투명하다고는 절대 생각하지 않는다. 그는 의식이 생리적인 것과 심리적인 것의 이중성 속에서, 분명한 것과 모호한 것의 혼합을 통해 형성된다는 점을 제대로 이해하기 위해 매진했다. 《행동의 구조》와 《지각의 현상학》 속에서 우리는 그의 이러한 노력을 확인할 수 있다. 그는 이 책들을 통해 자연에 포함되는 인간, 정신의 현현顯現, 생각의 '살(갗)'에 대해 탐구한다. 메를로퐁티의 한결같은 노력은 인간이 역설적이게도 이 지상, 땅에 속하는 존재임을 연구하는 데 쓰였다. "내가 세계를 지각하는 것은 바로 이 세계 안에서다."

사실, 우리의 모든 경험은 어떤 중간 지점에서 이루어진다. 몸은 물질이면서 동시에 정신이다. 즉 하나는 다른 하나 없이는 결코 존재할 수 없다. 행동은 사물도 아니고, 생각도 아니다. 현재 실현 중인 형태이며, 형성 중인 지각이다. 지각은 하나의 의도와 하나의 소여가 결합한 것이며, 눈에 보이는 것은 우리 시야를 벗어나는 것에 의해 우리 눈에 보이게 되는 것이고, 이 보이지 않는 것을 통해 안으로부터 조직되는 것이다. "보는 주체는 눈도 아니고, 마음도 아니다. 몸이라는 열린 전체가 보는 것이다."

주사위 확인하기

:

현실과 감각의 이 영원한 결합에 대한 관심은 그의 정치 분석에도 그대로 적용된다. 1945년 10월, 사르트르 등과 함께 〈현대〉지를 창간한 메를로퐁티는 이 잡지의 사설과 발행 업무에 자주 참여했다. 하지만 그는 마르크스주의자도 공산주의자도 아니었다. 그는 1950년 1월, 사르트르와 함께 '소련과 강제수용소'라는 기사에 연대 서명했다. 이 기사는 이렇게 시작한다. "따라서 소련 국민들이 수사 도중에 재판과 시간제한 없이 강제이주 당할 수 있다는 것은 확실하다."

메를로퐁티는 1953년 7월 8일, 결국 사르트르와 결별한다. 현실 참여에 대한 두 사람의 인식이 서로 양립할 수 없는 지경에 이르렀기 때문이다. 사르트르는 소련의 입장에 점점 더 동조하는 태도를 보이고 있었다. 반면 메를로퐁티는 자신의 마지막 편지에서도 강조하고 있듯이, "원칙에서는 일치하지만, 자신과 타인과 진실의 실제 사실은 불일치"로 정의되는 철학, "이 모든 것을 어떤 식으로든 함께 나아가게 만드는 인내심"으로 정의되는 철학을 옹호한다. 그는 《변증법의 모험》에서 이런 질문을 던진다. "그렇다면, 그것은 상대방의 주사위까지 다 확인하려드는 속임수인가?"

이 논쟁의 쟁점은, 정치투쟁에 나선 지식인들의 지위를 이해하는 상이한 두 가지 방식이다. 사르트르에게 중요한 것은 침묵하지 않는 것, 행동하는 것, 명확한 입장을 취하는 것이었다. 침묵이나 거리두기를 통해 본의 아니게 부르주아의 이익을 도모하지 않는 것, 이것이 그 무엇보다 중요했다. 현실 문제에 끊임없이 개입하고, 현실 사건에 반응하고, 사건이 발생할 때마다 매번 흥분하는 것이야말로 변절자가 되지 않을 수 있는 필수조건이었다.

사르트르는 메를로퐁티가 콜레주드프랑스에 들어가자마자 그를 비난하고 나섰다. 몇몇 현실 문제에 대해 공식적인 입장을 표명하지 않았다는 것이 이유였다. "자네는 정치에서 발을 빼고, 자네의 철학 연구에 몰두하는 걸 더 좋아하는군." 사르트르가 보기에 메를로퐁티의 이 발뺌은 그 자체로는 비난받을 일이 아니었다. 그럼에도 불구하고 사르트르는 자신에 대해 반론을 제기했다는 이유로 메를로퐁티의 정당성을 모조리 제거해버렸다. "자네가 아무 행동도 하지 않는다면, 자네는 나를 정치적으로 비난할 권리가 없네. 책을 쓸 권리는 있지만, 그게 다일세."

항변의 여지가 없는, 다분히 폭력적인 이런 선언에 직면한 메를로퐁티는 세련된 방식으로 대처했다. 그는 사르트르가 자신을 어떤 시각으로 바라보고 있는지 잘 알고 있었다. "1950년부터 자네가 보여준 그 '느닷없는 변화' 때문에, 나는 철학 공부를 위해 정치에서 물러났네. 산악인이 되겠다는 결심만큼이나 이론의 여지가 없는 결정이었지만, 정치적 의미도 없고 자랑할 만한 결정도 아니었네." 하지만 그 결정이야말로 그의 확실한 이의제기였다. 가장 효과적인 현실 참여 방법이 "사건이 발생할 때마다 그에 대해 글을 쓰는 것"임을 확신할 수 없었기 때문이다.

물론 상아탑이라는 것도 일종의 환상이 분명하지만, 한 발짝 떨어져서 바라보는 객관적 자세가 전무하다는 것 역시 하나의 함정임은 틀림

없다. 철학 강의와 정치 회담 중에서 무엇이 더 효율적인 방식이라고 누가 말할 수 있겠는가? 더군다나, 메를로퐁티는 책만 파는 답답한 샌님이 아니었다. "이 세계 속에 있다"고 메를로퐁티는 말한다. 그리고 그 속에 개입하여 요동치게 만든다. 하지만 직접적이고 정치적인 방법이 아닌 다른 방식을 통해서다. 모호한 상황이 아닐 수 없다. 소크라테스를 한번 생각해보라.

사르트르와 메를로퐁티의 논쟁은 지치지 않고 이어졌으며, 1950년대에만 국한되지도 않는다. 현실 문제에 항상 즉각적으로 개입해야 한다고 생각하는 이들과, 현실에 대해 일정한 거리를 두고 기본적인 분석을 이끌어내야 한다고 생각하는 이들 사이의 대립은 쉽게 사라질 것 같지 않다. 양쪽 모두 지식인의 삶이 가진 불가분의 두 얼굴을 대변하는 것이기 때문이다.

철학자는 왜 한쪽 다리를 절어야 하는가

:

메를로퐁티는 세계의 내적 개방에 대한 새로운 분석을 몇 년째 고심하던 중 급작스럽게 세상을 떠난다. 사망 후 출간된 여러 텍스트들을 통해, 죽음 때문에 마무리되지 못했던 그 작업의 주요 부분들을 찾아볼 수 있었다. 그의 메모를 중심으로 클로드 르포르Claude Lefort가 펴낸 《보이는 것과 보이지 않는 것》을 비롯하여, 《세계의 산문》의 서문용으로 써둔 원고, 1952년부터 1960년까지의 콜레주드프랑스 《강의록 요약본》, 그리고 미출간 강의 노트 등이 바로 그것이다.

이 기록들 중에서도 특히 과학과 철학의 관계에 대한 분석이 눈에 띈다. 과학과 철학은 서로 대립하는 것도, 전혀 별개의 것도 아니다. 이 둘은 비판과 상호보완의 관계다. 비판은 우선, 물리학자나 생물학자들이 신화의 영역에 속하는 부분만을 절대적인 것으로 인정하는 데에 대한 비판이다. "과학자의 자연 개념은 과학적 자료 때문이라기보다는 감정적 원인 때문에 추종하는 우상인 경우가 많다"고 메를로퐁티는 말한다. "성공적인 수단들에 대한 이 미신" 역시 비판의 대상이다. 이 미신에 감염된 과학자들은 지나치게 근시안이 되는 경우가 있다.

그러므로 '물리학자의 등 뒤'를 보려고 시도해야 한다. 하지만 개입한다기보다 그저 들여다보고자 하는 이 시도는 철학자에게 아무런 특권도 보장해주지 않는다. 철학자에게 "모든 자유를 부여"하는 것은 위험한 일이다. "성급하게 언어를 믿어버리는 철학자는 언어 속에 포함된 절대적 지혜라는 무조건적 보배의 환상에 속아 넘어가기 쉽다. 하지만 무조건적인 보배란 그것을 실천할 때에만 얻을 수 있는 것이다. 하이데거의 잘못된 어원학語源學, 그의 신비주의적 직관은 바로 여기서 비롯한다."

이러한 덫에 빠지지 않기 위해, 메를로퐁티는 보기 드문 엄밀함과 예리함을 동원해 과학적 작업에 파고든다. 엄청난 규모의 독서량과 다양함은 실로 놀라울 정도다. 실험심리학에서 세포생물학, 양자물리학에서 인공두뇌학에 이르는 사유의 범위는 다양하고 정확한 레퍼런스를 기반으로 하고 있다.

따라서 그의 분석은 아리스토텔레스에서 데카르트, 칸트, 셸링, 베르그송을 거쳐 후설과 화이트헤드에 이르는 다양한 자연 개념에 대해 멋지고 화려한 주석을 달고, 또 그 이상의 것을 해낸다. 그는 개구리들의 반점뿐만 아니라 인공부화 거북이, 갯지렁이와 난할구, 성게의 눈에도 관심을 가졌다. 이러한 지적 여정은 늘 한결같았다. 단 하나의 가능성에 복종하는 일(그는 이것을 철학자의 '절뚝걸음'이라고 불렀다)은 결코 없었고, 과학적 질문에 철학적 대답을, 혹은 철학적 질문에 과학적 답변을 내놓는 일도 없었다.

그는 과연 어떤 결론에 이르게 될까? 자연은 몸의 또 다른 얼굴이며, 언어에 추월당하면서도 '야생의 상태' 형태로 늘 그 자리에 있는 것, 눈에 보이지 않지만 꾸준히 존재하는 것이지 우리와 오래전부터 분리되어 있는 저 아득한 시원이 아니라는 것이 그의 결론이다. 막연하기는 하지만, 또 다른 결론들도 짐작해볼 수 있다. 인간과 동물성(이것은 수직적이지 않고 수평적인 것이다)의 관계도 그중 하나다. 메를로퐁티의 모든 결론은 똑같은 필요성으로부터 비롯한다. 즉 서로 분리된 별개의 것으로 우리가 잘못 생각하고 있던 요소들을 그 상호성 속에서 함께 사유하자는 것이다.

육체-영혼, 자연-언어, 과학-철학, 사물-사유, 신경세포-생각…. 메를로퐁티에게 있어 이 각각의 요소들은 정반대의 용어들이 아니다. "인간을 수많은 요소들이 얽혀 있는 어떤 작업현장으로 묘사하고자" 한 그는 인간들의 만남, 그들 간의 교류, 나아가 잠시나마의 융합까지 사유하고자 노력했다. 그가 사유의 스승일 수 있는 것은 바로 그러한 노력 덕분이다.

메를로퐁티의 책 중에서 가장 먼저 읽어야 할 것은?

모리스 메를로퐁티 저, 류의근 역, 《지각의 현상학》, 문학과지성사, 2002

메를로퐁티에 대해서 좀 더 깊이 알고 싶다면?

모리스 메를로퐁티 저, 남수인 · 최의영 공역, 《보이는 것과 보이지 않는 것》, 동문선, 2004

모리스 메를로퐁티 저, 박현모 외 공역, 《휴머니즘과 폭력: 공산주의 문제에 대한 에세이》, 문학과지성사, 2004

모리스 메를로퐁티 저, 김화자 역, 《간접적인 언어와 침묵의 목소리》, 책세상, 2005

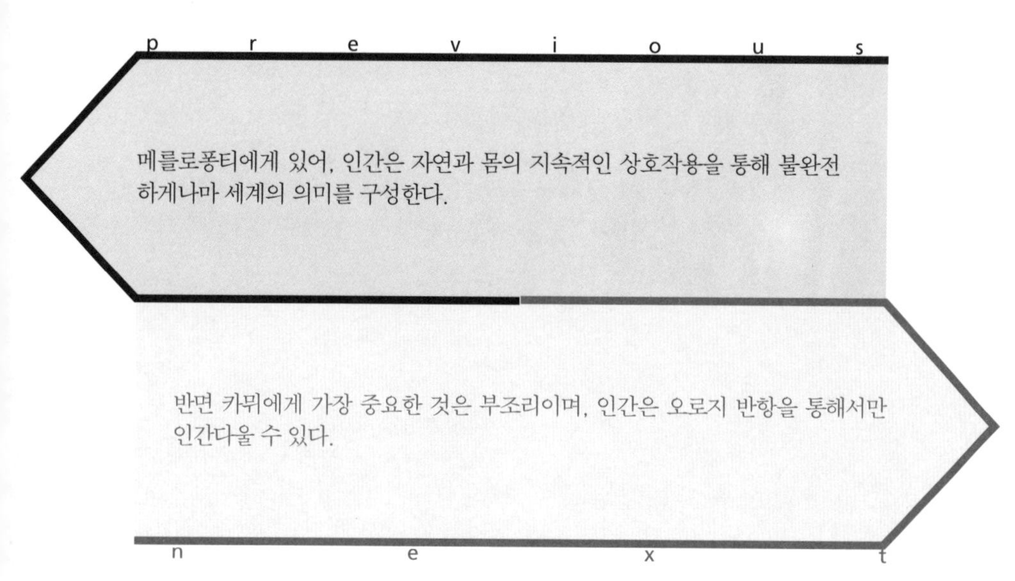

1913	1923-1930	1942	1944
알제리의 몽도비에서 출생.	알제리 수도 알제의 무스타파 고등학교에 장학생으로 재학.	《시지프의 신화》 출간.	잡지 〈콩바〉 초판 발행.

Albert Camus

알베르 카뮈

반항하는 인간에 대한 믿음을 굽히지 않다

어디서 활동했나?

알제리의 태양과 지중해는 카뮈 인생 전반에 걸쳐 생기와 노스탤지어로서 늘 함께한다.

진리란?

카뮈에게 있어 진리란, 세계의 부조리와 똑바로 대면함으로써 드러나는 것이고, 행동을 통해서만 구축되는 것이며, 이론적 작업뿐만 아니라 시적인 작업을 통해 서로 공유할 수 있다.

명언 한 말씀!

"나는 반항한다, 고로 우리는 존재한다."

철학 역사에서 그는…

생전에는 수많은 논쟁의 대상이었지만, 사후에는 마치 방부 처리된 미라처럼 거의 신격화되었다. 또한 오늘날 전 세계에 불어 닥친 변화 때문에 점점 더 현실성을 획득해가고 있는 것으로 보인다.

당대 지식인들로부터 흔히 조롱의 대상이 되었고, 좌파 인사들의 배척을 받는 경우도 잦았으며, 우파에게도 환영받지 못했던 카뮈는, 줄곧 고독한 행보를 걸었다. 하지만 오늘날 그의 위대함에 이의를 제기하는 사람은 거의 없다. 늘 당당하게 현실 참여에 앞장선 천재 작가, 거물급 저널리스트, 극작가, 시인, 소설가…. 사람들은 이 모든 타이틀을 동원해 그를 찬양해 마지않는다. 그의 육신은 남프랑스의 작은 마을 루르마랭 묘지에 누워 있지만, 그의 그림자는 거의 신격화되고 있다고 해도 과언이 아니다.

그렇다면 그는 과연 어떤 자격으로 이러한 극찬의 대상이 되는 걸까? 카뮈는 정말 철학자들의 신전에 당당히 입성할 수 있을까? '그렇다'라고 대답할 수 있는 근거들은 충분하다. 그가 쓴 철학 에세이들의 주요 주제들이 바로 그 근거이며, 《시지프의 신화》에 나타난 인간 조건의 부조리성, 《반항적 인간》에서 고발하고 있는 인간의 종속성 등이 그

대표적 주제들이다. 이뿐만이 아니다. 그의 작품 도처에는 기본적인 균형 의식이 자리하고 있다. 즉 세계는 그 어떤 희망도 허락하지 않기 때문에, 어떤 어려움이 있더라도 행동하기로 마음먹어야 한다. 이것이 바로 카뮈가 우리 시대의 실천적 철학이 될 수 있는 요건일 것이다.

그럼에도 불구하고, 카뮈를 철학자라고 부를 수 없는 이유들도 있다. 그를 사상가라고 부를 수는 있겠지만, 관념의 거장으로 칭할 수는 없다. 더군다나 카뮈 자신도 이러한 논쟁에 확실하게 입장을 표명한 것으로 보인다. "나는 철학자도 아니고, 철학자라고 우긴 적도 없다." 뿐만 아니라, "나는 왜 철학자가 아니고 예술가인가? 그것은 내가 관념이 아닌 말로써 사고하기 때문이다"라고 스스로 이야기하기도 했다.

그렇지만 실제 상황은 그렇지가 않다. 카뮈 스스로 이 같은 주장들의 의미를 뒤집어버렸기 때문이다. 즉 카뮈는 자기에게 있어, 소설적 글쓰기는 이론적 분석만큼이나 철학적이라고 주장한다. "우리는 이미지를 통해서만 사고한다. 철학자가 되고 싶다면, 소설을 쓰십시오." 또 다른 지면에서는, "감정, 이미지는 철학을 열 배로 증폭시킨다"라고 쓰고 있다. 따라서 이론가가 아니라는 것, 논리적 체계나 난해한 전문용어를 사용하지 않는다는 것, 연극에서 저널리즘으로, 소설에서 에세이로 장르를 넘나드는 것은 무기력의 시대, 시련과 고난의 시대에 더욱더 철학적인 모습을 드러내는 독특한 한 가지 방식일 수 있다. 극단적으로 말하면, 문학과 시는 교수들의 칙칙한 문체보다 더 많은 철학적 진리를 내포할 수도 있다는 것이다.

다른 한편, 카뮈는 나침반 없이는 앞으로 나아가지 않는다. 물론 그의 관심은 엄밀한 철학체계를 구축하는 것이 아니었다. 하지만 그의 지적 여정은 그 주옥 같은 기본 입장들(유명하긴 하지만 제대로 이해받지 못하는 경우도 있다) 덕분에 분명하게 규정할 수 있다. 모든 것의 시작은 바로 부조리다. 부조리의 개념은 카뮈 사상의 근간이며 기본 배경과도 같다. 하지만 카뮈가 이 개념의 의미와 범위를 어떻게 쇄신하고 있는지는 제대로 부각되지 못하는 경우가 빈번하다.

세상의 침묵을 견뎌내다

:

카뮈는, 현실은 혼돈이고 비합리적이며 의미 없는 것이라고 말하는 데 그치지 않는다. 《시지프의 신화》에서 그는 "부조리는 세상의 비이성적인 침묵과 인간의 요청이 맞닥뜨릴 때 생겨난다"고 분명히 지적하고 있다. 따라서 세상을 이해하고자 하는 인간의 절대적 욕구, 인간을 지독한 고독으로 밀어넣는 이 욕구와, 끝까지 대답 없는 이 세상을 함께 인정해야 한다. 요컨대, 모든 것은 인간이 이해할 수 없는 상태에 영원히 머물러 있다. 끈질기게 지속되는 악, 있을 수도 없는 진보, 피할 수 없는 죽음…. 그 모든 것은 비합리적이고 비이성적이기 때문이다.

그렇다면 이러한 상황을 종식시키기 위해서는 세계의 침묵을 견뎌내기보다 자살을 해야 할까? 이때 자살은 철학의 가장 중요한 문제가 된다. 이 문제를 가장 먼저 해결해야 한다. 다른 일상의 딜레마는 나중의 문제다. 인생이 살 만한 가치가 있는 것인지를 아는 것이야말로 가장 선결되어야 할 철학적 문제다. 사실 이러한 문제제기가 카뮈만의 가장 탁월한 생각이라고 할 수는 없다. 그렇다면 이러저러한 문제들에 대해 성찰하기에 앞서, 내가 과연 살아야 하는지부터 결정해야 할까? 이런 의문을 던진 이가 실제로 있었던가? 사실 이것은 지나치게 인위적인 질문이다. 겉으로 보기에는 너무도 자명하고 확실하지만, 실제 현실과는 전혀 부합하는 바가 없는 체계 중 하나로서, 그 비밀은 철학자만이 알고 있는 그런 사유체계인 것이다.

사실, 중요한 것은 그 대답에 있다. 즉 문제는 부조리를 소멸시키는 것이 아니라, 오히려 그 부조리에 단단히 뿌리박아야 한다는 것이다. 부조리를 순간의 쾌락과 무관심을 통해 극복되는 운명으로 받아들이고 그것과 함께해야 한다. 이러한 부조리는 반항(카뮈의 두 번째 키워드)을 통해 변신을 꾀한다. 모든 예속과 모든 굴욕과 모든 수치에 맞서는 반항은 인간들의 암묵적 공모, 모든 형제애를 위한 복합적 자양분이다. 《반항적 인간》의 "나는 반항한다, 고로 우리는 존재한다"라는 외침은 일종의 새로운 코기토cogito*로 울려 퍼진다. 이러한 반항 역시 결코 무절제에 굴복하지 않고 자유의 건설을 폭정으로, 희생자를 새로운 압제자로 변화시킴으로써, 반항 그 자체를 배반하지 않는다. 이것이 바로 카뮈의 진정한 위대함이다.

코기토 데카르트의 "나는 생각한다, 고로 존재한다"라는 구절을 가리키는 말이다.

공산주의와 공동전선을 편 사르트르와 카뮈가 결별한 지점도 바로 여기다. 카뮈가 생각하는 반항은 인간의 존엄성과 인간 존중의 이름으로, 순간의 이름으로, 또 자연의 이름으로, 혁명에 대해서도 행사되어야 하는 반항이다. 왜냐하면 카뮈의 휴머니즘 속에는 전지전능한 역사에 대한 반항과, 역사의 의미라는 강박관념에 대한 반항 역시 포함되기 때문이다.

육체는 순간을 요구하고, 삶은 내일보다는 현재를 선택하는 것이 필연이다. 우리의 투쟁이 눈부시게 부서지는 바다나 우리 살갗의 그 형언할 수 없는 부드러움을 망각하게 만든다면, 그 투쟁은 패배하고 말 것이다. 카뮈가 그렇게 독특하면서도 동시에 그렇게 고독한 철학자였던 것은 바로 이 육체적 현실 속에 깊숙이 닻을 내리고 있었기 때문일 것이다.

그는 분명 책 속에만 파묻혀 사는 부류는 아니다. 정교한 논리 도출에만 빠져 있거나, 알아들을 수 없는 용어들만 주절대는 그런 부류도 아니다. 난해한 추상화의 달인 혹은 주석달기의 명수는 더더욱 아니다. 카뮈가 쓴 소설들은 나름대로 그의 철학적 제스처를 잘 보여주고 있다. 《이방인》, 《페스트》, 《전락》은 《적지와 왕국》 속 여러 편의 단편들, 극작품, 사설들과 마찬가지로, 동일한 단 하나의 생명력에 대한 나름의 성찰 방식이자 참여 방식이다.

카뮈에게 있어 철학자라는 것은 확실성을 포기한다는 의미이지, 투쟁을 포기한다는 뜻이 아니다. 또 그것은 동시대를 집요하게 고민하려 애쓰는 것이며, 혼돈을 견디는 것이며, 그 속에서 자신의 길을 찾아가는 것이다. 이것은 숱한 오해를 감내한다는 뜻이기도 하다. 1957년 12월 10일, 노벨상 수상 기자회견에서의 수상자 소감은 이러한 오해의 상황에 대해 분명히 밝히고 있다. "공산주의 계열의 철학자들은 나를 반동적 철학자라고 하고, 반동적 철학자들은 나를 공산주의 철학자라고 합니다. 무신론자들은 나를 기독교도라 생각하고, 기독교인들은 나의 무신론을 통탄해합니다." 정치적 입장을 묻는 한 기자의 질문에 그는 "고독한 입장"이라고 대답한다. 우리는 철학자로서의 그의 입장 역시 그렇게 이야기할 수 있을 것이다.

다른 특수성들을 은연중에 하나로 결집시키는 가장 독특한 성격에 따라, 카뮈는 인간으로부터 출발하여 인간을 목적으로 사유하고자 한다. 이것은 역사상 전례 없이 비인간적인 20세기의 한복판에서 단지 영웅적 면모만을 보여주는 데 그치지 않는다. 그것은 사실상 현대 철학에서 고립적 위치를 점하는 것이기도 하다. 20세기 사상을 지배하는 것은 하이데거에서 구조주의, 논리실증주의에서 자크 데리다가 설파한 해체주의에 이르기까지 수없이 다양한 형태를 띤 반휴머니즘이다. 카뮈, 그는 이러한 인간성 해체에 반항한다. 이런 의미에서 보면, 그는 과거보다 미래에 속하는 것이 분명하다. 1937년, 프랑스 시인 폴 엘뤼아르Paul Eluard는 "시인은 영감을 받는 사람이라기보다는 영감을 주는 사람이다"라고 쓴 바 있다. 오늘날에도 의연하게 철학에 매진할 것을 촉구하는 카뮈의 자세에 대해서도 우리는 이렇게 말할 수 있을 것이다.

반항의 현대적 의미

:

오늘날에 이 고독한 사상가의 그 어떤 저서보다 《반항적 인간》을 읽어야 하는 이유가 바로 그것이다. 1951년에 출간된 이 책은 우리의 미래와 관련된다. 놀라운 사실이지만, 이 책이 나온 후 세상은 너무도 명백하게 변화했다. 카뮈의 주요 공격 대상이었던 마르크시즘적 전체주의는 이 세상에서 실질적으로 자취를 감추었다. 전 세계의 광범위한 지역을 지배했던 공산주의 제국으로부터 살아남은 (북한 같은) 몇 안 되는 국가들은 미국의 아미시Amish*처럼 지극히 기이한 행태를 보여주고 있다. 카뮈가 탁월하게 비판하고 분석한 혁명에 대한 사고는 카뮈 당대의 상황에서 가장 중심적 지위를 점하고 있었다. 하지만 공산주의에 대한 향수를 가진 소수의 사람들과 광신적 몽상가들을 제외하고는 마르크스적 전체주의에 진정으로 관심을 갖는 이는 이제 없다.

아미시 보수적 프로테스탄트교회 교파로, 새로운 문명을 강력히 거부하고 18세기 말의 생활 방식을 따르는 특징을 보인다.

하지만 이 《반항적 인간》은 시대에 뒤쳐진 낡은 책이 결코 아니다. 요컨대, 이 에세이는 빛바랜 낡은 문체와 한물간 논쟁에 머물지 않고 있다. 물론 이제 더 이상 논쟁거리가 되지 못하는 문제들도 다루고 있다. 가령 '지식인이 스탈린을 옹호할 수 있는가?', '희망이 살인무기로 변질될 때 지식인은 침묵해야 하는가, 절규해야 하는가?' 하는 문제들이다. 이 같은 진부함의 위험은 고전적인 소논문 〈윤리와 정치〉에서 드러난다. 하지만 이 글에서는 목적과 수단에 관해 반드시 거쳐야 할 대목과 함께, 그의 사고가 수많은 수사법 속에서도 거의 제 모습을 유지하고 있다. "수준 이하"의 카뮈 철학을 너무도 맹렬히 비난한 악담가들이 있었기에, 과거에는 첨예한 관심사였음에도 불구하고, 오늘날 독자는 진부함만 느끼지 않을까 걱정할 수도 있다. 하지만 그런 걱정은 하지 않아도 좋다.

오히려 이 걸출한 작품은 사뭇 예언자적인 면모를 보여준다. 이 지구상에 불어닥친 변화는 카뮈의 분석이 적절했다는 것을 새롭게 증명해 주고 있고, 그의 철학적 시도는 역사의 변화에 따라 뜻밖의 의미를 획득한다. 그 결과 카뮈의 핵심 개념, 즉 부조리, 반항, 한계는 이제부터 과거보다는 우리의 현재와 미래에 대해 이야기한다. 부조리란 순간적인 것이 아니라 영원하기 때문이다. 물론 1951년에도 인류는 지금처럼 세계가 과연 어떤 의미를 갖고 있는지에 대해 끊임없이 자문했고, 그 대답은 늘 똑같은 침묵이었다. 하지만 카뮈가 부조리라 이름 붙인 이 철저한 비합리성, "세계와 내 정신 사이의 단절"은 우리에게 지금껏 본 적이 없는 양상으로 나타나고 있다.

앞으로는 예측 불가의 모험과도 같은 인간사의 결정적 파국을 완전히 배제할 수 없다는 사실을 우리도 알고 있기 때문이다. 첨단기술이라는 포식자의 환경훼손이 멈출 기미를 보이지 않는 상황에서, 인류의 멸망은 돌이킬 수 없는 확실한 미래가 될 수도 있다. 이성을 갖춘 종족의 자기파괴만큼 부조리한 것이 또 있을까? 이것이 바로 우리 시대의 가장 강력한 반항의 모티브이며, 행동을 위한 에너지의 원동력이다. 카뮈가 "일관되고 유일한 철학적 입장의 하나"라고 강조하듯이, 반항이 올바른 진실이라 하더라도, 이것은 이론적 관점에서 비롯한 것도 아니고, 논리적 추론을 통해 도출된 결론도 아니다.

반항은 무엇보다 부조리에 직면한 자의 일종의 소스라침이다. 반항이란 말 그대로, "이건 이제 불가능해"라고 자각하는 그 순간에 발생하는 돌발 상황이다. 그리고 이러한 불가능에 대한 자각은 "어떤 확실한 한계를 확신"한다. 그 결과, 용납될 수 없는 것은 더 이상 용납의 대상이 아니다. 복종과 굴욕, 수치와 불의는 종식되고, 새로운 세계를 희구하게 되는 것이다. 이제 더욱 인간적인 세계가 가능해진다. 이 세계는 반항이 고개를 드는 순간부터 이미 존재하는 것이나 다름없다. 반항은 새로운 질서와 지평, 일련의 가치들을 동반하기 때문이다.

카뮈를 읽다 보면, 부조리의 새로운 형태에 맞서 새로운 반항들이 형성되는 이유를 좀 더 이해할 수 있게 된다. 오늘날 이러한 반항은 왜 과거보다 더 격렬하게 솟아오르지 않는 걸까? 점점 더 심화되는 불평등, 더욱 공고해지는 통제시스템, 문화라는 미명 아래 자행되는 우민화, 일상화된 무관심이 전 세계 구석구석을 파고들고 있는데도 말이다. 이러한 시각에서 바라볼 때, 카뮈는 여전히 현재진행형이다.

반항에 동반되는 명확한 한계에 대한 카뮈의 분석은 오늘날에도 적용 가능하다. 혹은 적용 가능해지고 있다. 왜냐하면 그를 사로잡고 있는 핵심적 사유는 바로 절도節度(아리스토텔레스의 '중용'과 같은 것)와 무절제라는 양극이기 때문이다. 무절제가 반항을 지배하게 되면, 반항은 결국 변절할 수밖에 없다. 즉 자유를 희구하는 우리는 오히려 공포를 생산하게 된다. 반항을 통해 주어진 추진력은 이때 영원한 혁명으로 이어지고, 무절제하게 치닫는 이 과정은 최악의 비인간화를 낳는다. 이렇게 되면 정의의 심판관은 범죄자로 변질되고 만다. 따라서 혁명에 대해서도 반항해야 하고, 인간에 대한 순수한 의미, 즉 인간 존엄성에 대한 존중을 내세워야 한다.

카뮈의 장점은 철저한 니힐리즘의 계보에 기초하여 이러한 분석을 전개했다는 점이다. 사드 후작에서 낭만주의적 댄디dandy(댄디즘 신봉자),

도스토옙스키에서 막스 슈티르너, 니체에서 로트레아몽, 생쥐스트 에서 헤겔에 이르는 계보, 거기에 러시아 니힐리스트(피사레프, 비에린스키, 네차예프)까지 가세한 계보에 대한 면밀한 조사는 단순히 카뮈의 폭넓은 문화적 소양을 보여주는 데 그치지 않는다. 이러한 통찰은, 필요하다면 이 예술가가 방대한 지평을 보유한 사상가이며, 당대에 대한 저항을 두려워하지 않은 철학자이기도 하다는 사실을 입증해준다. 사실 우리는 이 분명한 사실을 쉽게 망각해왔다. 그것은 좌파이면서 공산주의에 반대했고, 기자 겸 작가이면서 동시에 철학자로서 사고하려 했다는 그의 크나큰 범죄를 단죄하는 방법이기도 했다.

생쥐스트 1768~1794년, 프랑스 정치가. 스물다섯의 나이에 자코뱅당의 중심세력인 로베스피에르파의 지도자 자리에 오른다. 정치에 비상한 수완을 보였으나 쿠데타로 인해 단두대에서 처형당한다.

카뮈는 진정한 철학자일까? 철학자라는 말을 제대로 된 정확한 의미로 사용하지 않는다면, 이 질문은 아무런 의미가 없다. 이 질문의 답변은 분명 우리가 철학이라는 말을 어떤 개념으로 이해하느냐에 달려 있다. 사실 더 중요한 것은 카뮈에게 어떤 타이틀을 부여하느냐보다 그가 왜 행동했는지를 파악하는 것이다. 이것은 카뮈 자신이 거듭 강조한 바이기도 하다. "저는 철학자가 아닙니다. 저는 하나의 체계를 신뢰해야 하는 근거를 별로 믿지 않습니다. 제게 중요한 것은, 제가 어떻게 행동해야 할지를 제대로 아는 것입니다." 바로 이 점에서, 카뮈의 사유는 한 문장으로 요약될 수 있을 것이다. 즉 인간의 면모를 유지하면서 반항해야 하고 세계를 근본적으로 변화시켜야 하지만, 가능하다면 세계의 해체는 면해야 한다는 것이다. 이보다 더 현실적인 사상이 존재할 수 없는 것은 바로 이 때문이다.

카뮈의 책 중에서 가장 먼저 읽어야 할 것은?

알베르 카뮈 저, 김화영 역, 《반항하는 인간》, 책세상, 2003

카뮈에 대해서 좀더 깊이 알고 싶다면?

알베르 카뮈 저, 김화영 역, 《이방인》, 민음사, 2011
알베르 카뮈 저, 김화영 역, 《페스트》, 민음사, 2011
알베르 카뮈 저, 이가림 역, 《시지프의 신화》, 문예출판사, 1999
올리비에 토드 저, 김진식 역, 《카뮈 1, 2》, 책세상, 2000

Part 5

진리는 무엇을 할 수 있는가

마하트마 간디

루이 알튀세르

클로드 레비스트로스

철학자, 진리를 탐험하다

진리는 해방을 가져온다. 정신의 문을 활짝 열어주고, 굴레를 벗어나게 한다. 진리는 새로운 자유를 창출해낸다. 다람쥐 쳇바퀴 돌듯 이루어지는 우리 모두의 답답한 삶을 벗어나, 또 다른 세계의 지평을 탄생시키고, 그 신세계로 다가가기 위한 길을 터줄 수 있는 것이 바로 진리다.

신기하게도 진리의 이러한 능력은 정신적 자유뿐만 아니라, 사회적 해방에도 적용될 수 있다. 진리는 종교뿐만 아니라 과학이나 정치적 투쟁에도 능력을 발휘한다.

20세기의 특징 중 하나는 우리가 대부분 대립관계로만 보아왔던, 진리의 이 두 갈래 여정이 점차 하나로 수렴되는 경향을 보인다는 점일 것이다. 이 문제는 서로 무관한 듯 보이는 20세기 사상가들을 나란히 열거해보면 좀 더 분명하게 이해할 수 있다. 그들은 바로 정신적·정치적 지도자 마하트마 간디, 완고한 순수 마르크스주의 이론가 루이 알튀세르, 구조주의 인류학자 클로드 레비스트로스다.

언뜻 봐서는 이들 간에 아무런 공통점도 짐작할 수 없다. 간디는 변화가 어려운 그 끈끈하고 가난한 인도 땅에 단단히 뿌리박은 지도자면서 동시에 위대한 정치인이기도 했다. 그는 기본적으로 신을 믿었으며, 모든 종교는 근본적으로 동일한 진리를 전파한다는 점을 끊임없이 강조했다.

알튀세르는 기본적으로 도시인이었으며, 대학 교수로서 파리고등사범학교의 울타리 안에서 생애를 보냈다. 모든 종교는 근본적으로 거짓과 허위라고 확신한 그는, 인간이 자기 해방을 위해 믿을 수 있는 것은 자신 자신의 힘뿐임을 확신한 사상가이기도 하다.

레비스트로스는 정치 참여를 거부한 학자로서(젊은 시절에는 사회주의자로 투쟁한 전력이 있지만 점차 보수주의로 기우는 모습을 보인다), 관찰자와 특히 이론가의 입장에서 인간 사회 간의 간극과 차이를 연구하는 데 전념했다.

이러한 분명한 차이점에도 불구하고, 이 세 사람에게는 공통점이 있다. 이들은 각자 나름대로, 서구의 위상, 이성의 역할, 인류의 해방에 초점을 맞춘 각자의 영역에 매진했다.

간디는 인도에 자리 잡고서도, 국가들 간 협력 속에 나름의 지위를 확보했다. 그는 합리적인 것처럼 보이지만 실상은 비이성적인 산업화된 삶의 양식에 문제를 제기했다. 알튀세르는 공식화된 마르크시즘의 도그마를 그 근간에서부터 뒤흔들어 인간 해방의 학문이라는 이름 아래 마르크시즘을 좀 더 강화시키지만, 이와 동시에 광적인 열정으로 자신의 삶을 조금씩 허물어뜨린 사상가이기도 하다. 클로드 레비스트로스는 다른 문명에 비해 상대적으로 우월한 문명이라는 사고 자체를 산산조각내고, 자연에 대한 인간의 지배로부터 획득한 그 자명한 이치라는 것에 의문을 제기한다.

서로 다르지만 결국은 하나로 수렴되는 방식을 통해 이 세 사람이 해체해버린 것은 머릿속 생각으로만 이루어지는 현대 사회의 유희다. 이들이 차이와 공통점을 넘나들며 예고한 것은 바로, 새롭게 등장한 현대라는 세계에 대한 몇 가지 아우트라인outline이다.

1869	1883	1893-1915	1915
인도 구자라트의 포르반다르에서 출생.	초혼 풍습에 따라 13세에 동갑인 어린 신부와 혼인.	남아프리카에서 인종 차별을 경험하고 인권 수호에 나섬. 비폭력 투쟁 원칙 창안.	인도로 돌아와 아슈람ashram 공동체 창설. 다양한 사회 투쟁 전개.

Mahatma Gandhi

마하트마 간디

도덕적 투쟁을 재발견하다

어디서 활동했나?

인도에서 런던과 남아프리카를 거쳐 다시 인도로 돌아오는 간디의 인생 여정은 투쟁과 성찰, 국내 현안과 국제 정치, 철학과 구도求道의 복합체다.

진리란?

간디에게 있어 진리란, 신과 같고, 성찰과 행동을 통해 경험할 수 있으며, 도덕, 그리고 타인에 대한 존중과 불가분의 관계다.

명언 한 말씀!

"내가 나의 죽음을 불사할 수 있는 명분은 많지만, 남을 죽일 명분은 단 하나도 없다."

철학 역사에서 그는…

간디라는 인물과 그로 대변되는 투쟁의 유형은 지금까지도 전 세계의 수많은 변혁 활동의 정신적 원천이 되고 있다.

1930.3.12-4.6	1942-1944	1947	1948.1.30
소금 행진.	영국 정부에 의해 투옥.	인도 독립 시 인도 분할정책에 반대.	간디를 인도 분할의 책임자로 오해한 한 민족주의자에 의해 피살.

일반적으로 마하트마('위대한 영혼'이라는 뜻) 간디는 정신적 지도자의 위상과 지혜로움의 아이콘이 어우러진 특이한 유형의 정치인으로 간주된다. 하지만 간디에게서 철학자의 면모를 발견하기란 쉽지 않다. 물론 그가 사유의 스승, 정신적 지도자라는 사실은 두말할 필요도 없다. 또 간디만큼 지속적인 영향력을 미치고 있는 위인도 드물다. 그가 암살당한 지 반 세기도 더 지났지만, 그는 여전히 전 세계 수많은 사람들에게 큰 귀감으로 남아 있다.

사실 간디를 어떤 특정 유형으로 규정짓기는 쉽지 않다. 새로운 철학 개념을 창시한 것도 아니고, 순수 이론가도 아니며, 엄밀한 의미의 종교 지도자는 더더욱 아니기 때문이다. 물론 그는 힌두교의 계보 속에 위치하며, 다양한 형태의 신앙생활을 차별 없이 누려야 한다고 주장한다. 그는 다양한 종교들의 수렴을 강조했고, 나아가 여러 종교들 간의 통일성을 주장했다. 하지만 이러한 사실에도 불구하고, 그는 좁은 의미의 종교 지도자라기보다 말하고 행동하는 인간, 인생의 스승에 훨씬 가까운 인물이다.

그는 인도인이면서 동시에 세계인이고자 했다. 서양에서 교육을 받았으면서도(그는 유럽어로 번역된 산스크리트어 텍스트를 런던 유학 시절에 처음 알게 되었다) 인도의 정신적 토양 속에 단단히 뿌리내리고자 했다.

그가 인도 사상에 심취하게 된 것은 다소 늦은 시기였고, 그것도 아주 점진적으로 이루어졌다. 그럼에도 불구하고, 그는 인도 사상의 가장 강력한 상징이 되었다.

그가 특히 확신했던 것은, 진리란 적극적이고 능동적인 것이며, 세상은 진리의 그 끈질긴 힘을 통해서만 바뀔 수 있다는 사실이었다. 진리의 현실적 효과를 긍정하든 부정하든, 진리의 현대적 개념을 이해하고자 하는 사람이라면, 간디는 반드시 짚고 넘어가야 할 인물이다. 왜냐하면 그는 인간의 행동과 정치적 투쟁을 바르게 이끌 수 있는 도덕적 진리가 존재한다는 사상을 거의 완벽하게 구현한 인물이기 때문이다.

간디는 자신의 사상적 원칙을 가리켜 사티아그라하satyagraha라고 불렀다. 이것은 '진리를 확고히 혹은 분명히 하다'라는 의미를 갖는다. 사티아satya는 산스크리트어로 '존재하다', '있다'라는 뜻으로, 정신에 대한 현실로서의 진리를 가리키는 말이기도 하다. 간디에게 있어, 이것은 모든 도덕적 가치 중에서 최우선하는 선善이었다. 그는 줄곧 이 원칙을 존중하고 따랐다. 간디에게 이러한 도덕적 진리는 현실적 효율성과 영향력을 보유하고, 역사에까지 힘을 미치는 그런 진리였다. 이것은 막연한 희망이나, 세계를 구성하는 패권 관계와 투쟁에 대한 영향력을 상실한 맥없는 천국 따위가 결코 아니었다. 오히려 이 진리는 가장 강력한 무기였다.

진리에 대한 간디의 이러한 태도는 소크라테스의 입장과 유사하다. 《고르기아스》라는 플라톤의 대화편을 보면, 소크라테스는 사실의 영역과는 전혀 무관한 도덕적 현실의 차원이 존재한다는 점을 역설하고 있다. 그는 사실의 영역에서만 우세하다는 점에서 형성된 독자적인 기준을 거부한다. 이 기준에서 보면, 모든 정의는 사라지고 만다. 가령 독재자가 이 기준을 독점할 경우, 현실에서는 상대방이 패배할 수밖에 없기 때문이다. 악독한 사람이 희생자를 강탈하고, 개인의 인신을 마음대로 유린하며, 자신들의 극악무도한 범죄를 찬양하기 때문이다. 존재하는 것이 사실뿐이라면, 패배와 희생과 고통을 선택할 사람은 아무도 없다. 소크라테스에게 도전한 오만한 현실주의자 칼리클레스는 이러한 힘의 역학관계가 얼마나 자명한 것인지 누차 강조한다. 즉 희생자가 되느니 형리가 되는 것이 백 배 낫다는 것이다. 범법자들은 한몫 단단히 챙길 수 있지만, 정의만 외치는 자들은 결국 눈물만 흘리게 되기 때문이다. 현실이 진정 그러하다면, 망설일 이유는 전혀 없다. 이기는 패에 돈을 걸고, 그래서 최강자가 되면 된다. 나머지는 뭘 모르는 자들의 치기일 뿐이다.

반면, 소크라테스와 간디의 올곧음은 현실의 또 다른 영역을 전제한다. 그것이 곧 정의와 도덕적 규범의 영역이다. 여기서는 독재자가 패배하고, 약자가 승리한다. 요컨대 세상에는 사실과 힘의 논리만이 지배하는 단 하나의 질서만이 존재하거나, 사실과 가치, 힘과 권리라는 두 가지 질서가 공존한다. 이 두 가지 전제의 대립은 사상사 전반에 걸쳐 끊임없이 유지되고 있다.

따라서 선의善意가 좋은 정치를 펼칠 수 없다고 주장하거나 결과만이 중요하다고 강조하는 것은 옳지 못하다. 간디는 이러한 현실주의에는 한계가 있으며, 보다 강력한 진리, 요컨대 좀 더 효율적인 진리가 이 현실을 대체해야 한다는 점을 환기시키고자 했다. 이러한 결론에 이르기 위한, 그리고 이 결론을 실천으로 옮기게 해준 그 대가다운 기량에 이르기까지 간디는 그 누구보다 긴 모색의 과정을 거쳤다.

투쟁의 원칙이 탄생하다

:

진리를 찾아 떠나는 여정은 결코 순탄치 않았다. 평범한 상인 계급의 집안에서 태어난 간디는 당시의 조혼 풍습에 따라 열세 살의 어린 나이에 혼인을 한다. 그 후 상인 계급에는 금지되어 있다시피 한 영국 유학을 떠난다. 떠나기 전 그는 인도를 식민 지배하는 국가에서 유배생활을 하는 동안은 알코올과 육식을 금지하고, 이성과의 만남도 금하기로 스스로 맹세한다. 변호사 시험에 합격한 그는 고국으로 돌아왔지만 소심하고 여린 성격 탓에 직업 전선에 뛰어드는 데 상당한 어려움을 겪는다. 그러다가 다른 기회를 포착하는데, 바로 남아프리카에서 변호사로 일하는 것이었다. 그는 그 후 남아프리카에서 자신의 진정한 모습을 발견한다.

간디가 남아프리카에서 보낸 20년의 세월은 인생의 결정적 전환기가 된다. 그는 자신의 인격과 사고와 행동 양식을 그곳에서 조금씩 완성해 나갔다. 남아프리카에 살고 있는 인도인들의 인권 수호에 앞장서던 그는 고대 인도의 힌두교 경전 중 하나이자 신비로운 시편인 《바가바드기타Bhagavad Gita》*를 현대 사회에 어떻게 접목시킬 것인지를 깨닫는다. 그는 톨스토이의 저작을 통해 종교적 메시지의 위대함과 힘을 이해하게 된다. 또한 헨리 데이비스 소로우의 사상에도 심취했는데, 특히 '시민 불복종'에 관한 책에 빠져들었다.

《바가바드기타》 힌두교의 3대 경전 중 하나로, 기원전 4~2, 3세기에 만들어진 것으로 추측된다. 한 세기 이상의 오랜 기간 동안 여러 명의 저자들이 쓴 시편으로, 인도의 대서사시 《마하바라타》에 포함되어 있다. 《바가바드기타》는 인도인들이 가장 즐겨 읽고 사랑하는 시다.

여기에 바로 간디의 사상-힘의 본질이 자리한다. 그는 《바가바드기타》의 말씀에 따른 '행동의 결과물 포기', 톨스토이를 통해 재발견한 복음서에 의한 이웃 사랑, 소로우를 통해 깨우친 비폭력 시민행동의 원칙을 종합하고자 시도한다. 이 여러 사상들을 하나로 수렴하고, 이들 각각의 영향력을 융화시키고자 하는 이 시도가 바로 그의 비폭력 투쟁 원칙의 탄생 배경이다(힌두교의 불살생不殺生을 의미하는 아힘사ahimsa는 무언가를 배제한다는 뜻의 'a'와 폭력이라는 뜻의 'himsa'가 결합된 말이다).

비폭력 투쟁의 명암

:

그런데 '비폭력'에 대한 해석에는 여러 가지 오해가 있는 것이 사실이다. 이것을 갈등의 부재, 평화, 일관된 애정, 전 세계적 화합과 친목이라고 생각하는 경우가 너무도 많다. 하지만 간디가 생각한 비폭력은 그런 것이 아니다. 물론 이러한 목표들도 간디의 생각과 행동의 지평 속에 포함된다. 하지만 여기서 비폭력이란 무엇보다 정치적·사회적 투쟁의 특수한 한 가지 형태다. 이 비폭력이 갖는 엄격함과 그 결과, 갈등과 분쟁을 유발하는 힘은 흔히 생각하는 것보다 훨씬 강력하다. 결코 복음의 말씀과 평화의 의지만이 전부가 아니다. 이것은 소금세 거부(1930), 혹은 인도 독립을 위한 현실적 투쟁이다.

이러한 갈등의 과정은 길고도 맹렬하다. 비폭력은 투쟁을 하지 않는 것이 아니라, 물리적 힘을 이용한 폭력을 거부하는 것이다. 일종의 도전이라고 할 수 있는 도덕적 폭력이 육체적 폭력을 대신하는 것이다. 이 도전은 스스로 일정한 위험을 감수하면서 타인의 도덕성과 의식에 이의를 제기하는 것이다. 간디가 죽을 때까지 힌두교의 단식일을 지키겠노라고 선언한 것은 무엇보다 자신의 삶에 대한 분명한 의지를 표명한 것이다. 이 행위는 자신의 투쟁 원칙이 상대방의 신체나 물리적 힘에 관련되는 것이 아니라, 그들의 도덕적 의식과 인간성에 대한 것임을 의미한다.

따라서 비폭력은 타인에게 더 이상 이렇게 말하지 않는다. "나는 완력이 가장 센 사람이니, 너는 내게 굴복해야 한다. 내가 군대와 공포의 힘으로 너를 지배할 것이니라." 오히려 이렇게 말한다. "너는 한 사람의 인간이니, 너의 의식은 나를 죽게 내버려둘 수 없을 것이다. 네가 나를 죽게 버려둔다면, 나의 죽음은 바로 너의 책임이기 때문이다." 이렇게 투쟁의 영역과 차원이 변화한 것이다. 여기서 투쟁의 기술은 상대방을 도덕이라는 함정, 그 자신의 인간성이라는 함정에 빠뜨리는 것이다. 이를테면 이중의 도박이라고 할 수 있다.

우선 이 비폭력 원칙은 소크라테스가 확신했듯이, 도덕적 가치의 영역이 존재한다는 것을 분명히 전제하고 있다. 따라서 이 가치들이 그저 환상이나 거짓말, 신기루에 불과하다면 간디의 사상체계는 그 가치를 완전히 상실해버릴 위험이 있다. 또한 비폭력 원칙은 상대방의 인간미나 자비까지도 전제한다. 하지만 상대가 본인 의식에 대한 이런 식의 문제제기를 무시하거나, 스스로 위험을 자초한 사람은 싫든 좋든 자신이 그 상황을 책임져야 한다고 생각해버리거나, 이런 비폭력은 상대방의 유죄성을 이끌어내는 데 아무런 영향도 미치지 못한다고 생각할 경우 모든 행위는 물거품이 되고 만다.

철학적 관점에서 본 간디의 특수성은 도덕적 진리라는 것을 완전히 초토화시키고 완전히 부정하려고 하는 20세기의 한복판에서 이러한 진리를 되살리려고 시도했다는 점에 있다. 그가 보기에, 이러한 도덕의 차원을 힘의 역학관계 속에 편입시키는 것은 세계의 급진적 변화를 예고하는 것이었다. "나는 진리 추구가 상대에 대한 폭력을 동반해야 하는 것이 아니라는 것과, 오류는 인내와 연민을 통해 종식되어야 한다는 것을 최근의 시위 속에서 사티아그라하를 적용함으로써 깨달았다. 그러한 상황은, 한 사람에게는 진리로 비치는 것이 다른 사람에게는 거짓으로 보이는 상황이다. 그리고 여기서 인내심은 개인의 고통을 의미한다. 요컨대, 나의 원칙은 상대방에게 고통을 강요하는 것이 아닌 자기 자신이 고통을 겪음으로써 진리를 요구하는 것이다"라고 간디는 기록하고 있다.

하지만 이 위대함은 간디가 모든 면에서 완전무결하게 옳다는 것을 의미하지는 않는다. 간디 역시 다수의 오류와 과용을 범하고 있다. 특히 현대성과 진보, 산업 발전을 경멸하고 이를 극단적으로 거부하는 점에서 그러하다. 테크놀로지라 말할 수 있는 것은 거의 모두 거부해야 한다는(모든 인도인은 각자의 의복을 자급자족해야 한다는 간디의 캠페인이 이를 잘 보여준다) 그의 판단 방식은 무정부적이고 환상에 가깝다.

완벽한 것은 육체 없는 정신

:

이 영웅적 지도자에게는 그 외에도 특이한 점들이 더 있다. 일명 간디지Gandhiji(-ji는 존경과 애정, 가끔은 숭배로 해석되기도 한다) 또는 바푸Bapu(구자라트어로 '아버지'라는 뜻)로 불리는 간디는 정치적 신화 혹은 정신적 아이콘인 동시에 현실의 인간, 즉 나약함과 결단력, 위대함과 특이함을 함께 갖춘 한 인간이다. 사적인 관계에서 그는 비타협적이고 불안정한 모습을 자주 보여주었다. 애정으로 형성되는 관계를 거부하는 듯한 이 위대한 영혼의 순수성은 너무 가혹하고 몰인정하다는 느낌이 들 정도이다.

간디의 전기들은 한 인간으로서의 모습을 잘 보여준다. 그는 투명할 정도로 정직해야 한다는 강박관념에 사로잡혀 있었고(그는 숨기는 것 없이 다 말하고, 글로 써냈다), 극도의 원칙주의자였으며(그의 아슈람 공동체에서는 하루에 56회나 종을 쳤다), 수많은 단식을 시도했다(단식의 동기도 자주 바뀌었다). 또 잘사는 사람들보다는 불행한 사람들에게 지속적인 관심을 기울였으며, 주변 사람들을 보살피는 데 지극정성이었고, 이들에게 기본적인 의약품들을 계속해서 처방해주었다.

특히 그는 타인의 오류를 철저하게 자신의 오류로 생각하려고 노력했다. 그래서 자기 공동체 회원들의 잘못은 간디 자신의 잘못이었다. 따라서 그는 자신의 함양이 다른 사람들에게도 영향을 미친다는 확신에 따라, 다른 사람들의 잘못을 자신이 책임진다. 이런 식의 도덕적 상호 투과(어떤 사태에 대해 누가 진정한 책임을 져야 하는지 더 이상 알 수가 없다)는 어떤 이들에게는 더없이 존경스럽고 위대한 정신으로 비친다. 하지만 내게는 순수성이라는 또 다른 전체주의로 보인다. 이처럼 간디는 자신뿐만 아니라 타인의 성적 욕망에도 쉼 없이 맞서 싸우는 사람인 것처럼 보인다.

그런 사람을 사랑한다는 것은, 쾌락이나 즐거움 따위와는 전혀 무관하다. 간디가 '미라Mira'라고 불렀던 매들린 슬레이드Madelin Slade가 바로, 오랜 시간에 걸친 그 순결하고도 고통스러운 경험의 주인공이다. 매들린은 해군 제독인 아버지를 둔 영국 상류층 여성이었다. 그녀는 열다섯 살부터 열일곱 살 때까지 인도 봄베이에 살았다. 당시 그녀가 인도에 대해서 아는 거라곤 해군사령부 안에 있는 정갈하고 고급스러운 거실과 공원에 있는 테니스 코트뿐이었다. 영국으로 돌아온 그녀는 베토벤에 심취하여 그와의 이루어질 수 없는 사랑을 꿈꾸었고, 존경하는 프랑스의 소설가 로맹 롤랑Romain Rolland에게 팬레터를 쓰곤 했다. 결국 로맹 롤랑 덕분에 그녀는 '새로운 예수 그리스도' 간디를 알게 된다.

로맹 롤랑이 간디에게 바친 전기를 다 읽은 그녀는 엄청난 결심을 하기에 이른다. 결국 그녀는 인도로 가서 간디를 만났고, 간디를 돕는 일을 시작하면서 아슈람에서의 곤궁한 삶을 함께하게 된다. 그녀는 간디에게 보낸 첫 번째 편지에서 1년 동안 공동체 삶을 준비해왔음을 분명히 하며, 자신의 확고한 결심을 알렸다. 간디는 그 1년의 유예가 진정 합리적인 선택이었다는 뜻의 회신을 하며, 매들린이 인도에서 그녀 자신의 삶을 변화시킬 시간을 가질 수 있을 것이라 생각한다.

그녀는 땅바닥에서 자는 습관을 들이기 위해 자신의 안락한 침실에서 침대를 들어내게 했고, 육식도 중단했다. 1925년 10월 25일, 마침내 매들린은 서른셋의 나이에 봄베이행 여객선에 오른다. 그녀는 이후 간디 옆에서 오랜 동안 지내면서, 인도 현대사의 주요인물로 등장하게 된다. 그 이후에는 독일의 바덴에 정착하여 베토벤을 그리며 또 다른 불가능한 사랑을 꿈꾼다. 이처럼 스탕달적 사랑에 가까운 열정의 끝에 모든 것은 원점으로 되돌아온다. 인도의 정신분석학자이자 작가인 수디르 카카르Sudhir Kakar는 소설을 통해 이들 사랑의 과정과 이루어질 수 없음에 대해 아름답게 회고한다.

"완벽한 것은 육체 없는 정신이오. 그리고 우리에게 필요한 것은 그런 것이오." 이는 마하트마 간디가 미라에게 마지막으로 쓴 편지의 내용이다. 이렇게 순결한 애정을 숭고하고 이상적인 사랑, 존경할 만한 사랑이라 생각할 수도 있다. 반대로, 반半가학적이고 악의적인, 어떻게 보면 굉장히 특이한 유형의 폭력이라고 생각할 수도 있다. 사랑을 설파하는 사람들 중에는 언제나 사랑에 있어 진정으로 중요한 것이 무엇인지 놓치고 있는 이들이 많다.

간디의 책 중에서
가장 먼저 읽어야 할 것은?

간디 저, 박홍규 역, 《간디 자서전》, 문예출판사, 2007

간디에 대해서
좀 더 깊이 알고 싶다면?

간디 저, 고병헌 역, 《간디, 나의 교육철학》, 문예출판사, 2006
카트린 클레망 저, 이현숙 역, 《간디: 위대한 영혼의 소유자》, 1998, 시공사
요게시 차다 저, 정영목 역, 《마하트마 간디》, 한길사, 2001

p r e v i o u s

간디에게 있어, 해방의 길은 정신적이고 도덕적인 것이며, 정치는 가치라는 천상의 길을 거쳐야 한다.

마르크스의 후계자인 알튀세르에게 있어서 투쟁은, 경제적·사회적 투쟁이든 사상 투쟁이든 폭력적인 것이다.

n e x t

1918	1940-1945	1948	1965
알제리의 알제에서 출생.	독일에서 포로수용소 생활.	공산당 가입.	《마르크스를 위하여》, 《자본론 읽기》 출간.

Louis Althusser

루이 알튀세르

마르크스와 구조주의를 연결시키려 하다

어디서 활동했나? 　파리고등사범학교 강의실, 공산주의 지식인층, 정신병원 등에서 그의 궤적을 찾을 수 있다.

진리란? 　알튀세르에게 있어 진리란, '이론적 실천' 한가운데에서 생성되고, 개념의 재조직을 통해 구성되며, 과학의 영역뿐만 아니라 역사의 영역에도 존재할 수 있다.

명언 한 말씀! 　"이데올로기는 과학이 그 엄밀함을 상실하는 바로 그 지점에서 언제나 과학을 노리고 있다."

철학 역사에서 그는… 　1960년대에는 상당히 큰 영향력이 있었으나, 그 이후 수십 년간 거의 주목받지 못했다. 하지만 최근 몇 년 동안 새로운 관심의 대상이 되고 있다.

알튀세르를 기억하는 사람이 있을까? 1980년 대중의 시야에서 사라진 후, 그리고 1990년 세상을 뜬 후, 이 철학자의 작품과 사상은 세상 빛을 보지 못하고 어둠 속에 묻혀 있는 것만 같다. 하지만 1960년과 1970년대에 알튀세르는 전 세계 모든 지식인들의 사상적 지도자였다. 프랑스를 비롯한 유럽은 물론이고, 아프리카나 라틴아메리카도 예외가 아니었다. 이런 사상가가 1980년대 이후 순식간에 세간의 기억에서 사라져 버린 것은 세월 때문이 아니다. 베르그송이나 비트겐슈타인 같은 더 오래된 철학자들도 잘만 기억하고 있으니 말이다. 알튀세르의 사상이 힘을 잃은 것이 사실이라면, 그 이유는 단연 마르크시즘의 붕괴 때문일 것이다.

대부분 잊고 있었지만, 마르크시즘은 20세기 전반에 걸쳐 사상의 주요한 몸통이었고, 지적 도구의 총체였다. 그뿐만이 아니었다. 마르크시즘은 '넘을 수 없는 지평(사르트르)'이기도 했고, 이론적·정치적·지정학적 토대이기도 했다. 마르크시즘은 그 자체로 하나의 세계였던 것이다. 이 세계 안에서, 알튀세르의 지적 여정은 중요한 한 획을 그었다. 오늘날 그는, 철학의 역사를 기술한다는 것 이외의 또 다른 이유로 새롭게 재조명될 가치가 충분한 사상가다.

사실 오랫동안의 공백기 이후 역사가 똑똑히 보여주고 있음에도 불구하고, 철학자들은 마르크시즘의 부활 가능성과 혁명세력의 재부상을 믿고 있다. 따라서 알튀세르의 사상에 관심을 갖는 것은 단순히 역사가의 작업에만 한정될 수는 없다. 그것은 누군가가 부활시키려고 시도하는 한 가지 사상의 유형을 낱낱이 밝혀보는 작업이기도 하다.

과학으로서의 마르크시즘

:

알튀세르의 독창성은 마르크스와 구조주의를 연결시키려고 한 점이었다. 1960년대와 1970년대에 걸쳐 광범위하게 유행했던 구조주의라는 꼬리표는 성격이 판이하게 다른 여러 사상가들, 특히 조르주 뒤메질Georges Dumezil, 클로드 레비스트로스, 자크 라캉, 루이 알튀세르, 롤랑 바르트Roland Barthes, 미셸 푸코 등을 실질적인 공통점을 통해 연결시키는 것이 아니라 지극히 자의적이고 단순한 방식으로 재편성해놓았다. 그럼에도 불구하고 구조주의적 방법론은 한 가지 특수성을 가진다. 안개 속처럼 모호한 행위나 사실들(텍스트 혹은 이야기뿐만 아니라, 개념들이나 예술 작품들) 속에서, 한눈에 봐도 분명히 알 수 있는 체계적인 도식들을 이끌어낸다는 점이 바로 그것이다. 이 구조주의 방법론은 이러한 도식들이 벌이는 변형의 유희를 통해 제반 현상들을 설명하려고 시도한다. 알튀세르는 바로 이러한 접근 방식을 적용함으로써 마르크시즘 분석에 변화를 꾀하게 된다.

알튀세르는 1960년대의 파리고등사범학교에(그는 노르말리엥들 사이에서 '카이만 악어'로 불리는 교사였다) 엄청난 영향력을 발휘했다. 공산당 당원이었던 그는 공산당의 공식노선에 대한 신중한 내부 비판을 상징하는 대표적 인물이었다. 이러한 비판은 공산당을 보다 혁명적인 정책으로 이끌기 위한 것이었다. 알튀세르는 너무 유화적이고 시대에 뒤처졌으며 인도주의적이고 혼란스러운 공식노선 때문에 공산주의가 기회주의적이고 비효율적인 방향으로 진행되고 있다고 비판했다.

알튀세르에 의하면, 이러한 일탈과 표류를 일소하기 위해서는 "마르크스로 되돌아가야" 하며, 마르크스의 저작 속에서 진정한 역사학이 어떻게 구축되고 있는지 보여주어야 한다. 왜냐하면 알튀세르에게는 이 과학이야말로 기준으로 삼아야 할 진정한 표본이었기 때문이다. 알튀세르의 경우 모든 것은 가스통 바슐라르Gaston Bachelard•의 도식에 따라 과학적 구성 절차에 입각한다.

《과학 정신의 형성》(1938)을 통해, 바슐라르는 전前과학 단계에서 과학으로의 이행 과정을 연구했다. 과학으로서의 현대 물리학이 어떻게 구성되는지를 밝히기 위해서였다. 특히 그는 '인식론적 단절(과학 이전의 모색 단계에서 일관성 있고 분명하며 정확한 형태를 가진 과학적 담론으로 이

가스통 바슐라르 1884~1962년, 프랑스의 과학철학자 겸 문학 비평가. 누구도 따라올 수 없는 독창성으로 프랑스 현대 사상사에서 확고한 위치를 차지했다. '시인 가운데 가장 훌륭한 철학자, 철학자 가운데 가장 훌륭한 시인'이라 일컬어진다.

행하도록 만드는 지식의 변화)'이라는 개념을 만들어내기 위해 고심했다.

바슐라르에게 있어, 이 과정을 지배하는 것은 경험이 아니라 이론이다. 과학적 인식의 출현은 원칙적으로 개념의 문제다. 즉 과학적 인식은 타당하고 올바른 개념의 형성, 새로운 담론을 허락하는 새로운 체계 내부에서 이루어지는 개념들의 교류에서 비롯한다. 바슐라르는 견고한 과학에 대해, 자연에 관련된 인식에 대해 이런 식의 분석을 이끌어내고자 고심했다.

알튀세르는 이러한 분석들을 문화 연구와 역사 및 정치 연구에 적용하고자 했다. 그는 마르크스 속에서 역사학과 정치학이 형성되는 순간을 파악하려고 한다. 따라서 알튀세르의 관심사는 도덕적 인간으로서의 마르크스, 아동 노동에 분개한 사상가, 프롤레타리아가 감수해야 하는 고통과 불의에 항거한 용기 따위가 아니다. 그는 경제와 역사 연구를 하나의 혁신적 과학으로 변화시켜줄 과학적 진리, 새로운 인식의 사상가였다.

레닌은 "마르크스 이론은 전능하다. 왜냐하면 진실이기 때문이다"라고 주장했다. 알튀세르에 따르면, 마르크스의 가장 중요한 의의는 역사에 대한 하나의 과학을 구축했다는 것이고, 적어도 거기에 가까이 접근했다는 것이다. 마르크스를 정확하게 제대로 읽으면, 정치에 대한 과학적 접근 도구들을 분명히 발견할 수 있고, 이는 효율성 있는 결정을 취할 수 있도록 해준다.

이러한 견해가 전제하는 바는, 자연법칙이 존재하는 것처럼 역사법칙 또한 실제로 존재한다는 것이다. 역사법칙들을 발견하는 이 과학 덕분에 우리는 현실에 대해 적절하고 타당하게 행동할 수 있다. 사회와 인간들 사이의 갈등에 대한 진정한 인식은(특히 생산 양식의 개념을 통해 가능하다) 정치적으로 타당한 행위를 할 수 있게 해준다. 이것이 알튀세르의 가장 근본적인 신념이다.

레몽 아롱도 사르트르도 부정하다

:

이처럼 알튀세르는 레몽 아롱Raymond Aron•이 《지식인의 아편》(1955)에서 비난했던 바를(아롱은 마르크스주의로 대표되는 이데올로기를 '지식인의 아편'이라고 비판했다) 탁월하고 완벽하게 반박하고 있다. 알튀세르의 모든 것은 역사적 인식이 하나의 과학이 될 수 있다는 확신(아롱이 볼 때에는 순전히 믿음일 뿐이다), 즉 역사적 사건들의 추이는 우리가 도출해낼 수 있는 일정한 법칙을 지니고 있다는 확신에서 비롯한다. 하지만 바로 여기에 그 시대의 중대한 분열 혹은 대립이 하나 자리한다. 즉 한쪽에서는 역사와 역사의 진리를 우연성과 갑작스러움, 예측 불가능성과 불확실성 속에서 규정한 반면, 다른 한쪽에서는 정해진 하나의 과정 혹은 절차로 간주하여, 그 전개 및 발전의 객관적 메커니즘을 도출해낼 수 있을 뿐 아니라, 화학이나 물리학의 법칙 같은 연구 대상이 될 수 있다고 주장했다.

레몽 아롱 1905~1983년, 프랑스 작가. 1945년에 사르트르 등과 함께 〈현대〉지를 창간했고, 그 외 여러 잡지에서 논설기자로 활동했다.

알튀세르의 철학적 도정은 마르크스로 돌아가고자 한다. 이러한 철학적·비판적·개념적 회귀는 마르크스 이론의 서로 다른 성립 시기들을 면밀히 재검토한다. 그 목적은 마르크스 이론이 과학으로 변모하는 바로 그 시점을 밝혀내는 것이다. 알튀세르는 보편적 인간 본성을 수호하는 인간적 마르크시즘에 격렬히 반대한다. 오히려 그는 마르크스 이론과 1960년대의 반인간주의적 구조주의의 접점을 찾는 데 주력했다. 역사가 진행되는 절차는 '주체 없이 진행되는 과정'이다. 이데올로기 혹은 과학의 진보는 개인들의 주관성에 의해 좌우되는 것이 아니라, 말하자면 거의 기계적으로 저절로 이루어진다는 것이다.

이러한 관점에서 볼 때, 알튀세르의 마르크시즘은 사르트르의 마르크시즘과 정반대의 입장을 갖는다. 두 사람은 결코 만날 수 없는 수평선을 달리고 있는 셈이다. 사르트르의 경우, 행동은 개인이라는 주체의 자유로운 결정에 달려 있고, 역사적 사건들이란 이 수많은 주관적 도정들의 수렴과 충돌, 결합에 의해 형성된다. 반면 알튀세르에게 있어 역사를 결정하는 것은 역사의 비개인적 메커니즘이고, 개인의 행위들은 그 반향에 불과하다.

그럼에도 불구하고, 마르크시즘은 알튀세르에게 여전히 완성되지 않은 진행형의 연구 과제였다. 그는 마르크스 이론을 시대에 뒤처진 퇴물로 여기는 사람들의 시각도 거부했지만, 마르크시즘을 완성된 완벽한 교리, 우리가 아무 매개 없이 직접 설명하고 적용할 수 있는 하나의 교리로 간주하는 공인된 공산주의자들의 원칙도 함께 거부했다. 이 양극 사이에서 독자적인 길을 가는 알튀세르는 마르크스 사상의 각 단계들과 수준을 다음과 같이 정의하고 있다.

마르크시즘의 도정은 간략하게 세 시기로 구분할 수 있다. 제일 먼저, 1841년부터 1843년까지의 마르크스는 포이에르바하의 책에 심취한, 휴머니즘적 이론가다. 하지만 1844년부터는 자신의 철학적 의식을 청산하기 시작하고, 아직은 유토피아가 중심이지만 이미 새로운 개념을 예고하는 사유세계를 개척한다. 그 이후의 마지막 단계는 《자본론》을 집필함으로써 마르크시즘의 과학성 구축이 확실시되는 시기다. 알튀세르는, 마르크스 이론을 진정한 역사학으로 이행시키는 인식론적 단절의 시점들이 어디인지 정확히 밝혀내고자 한다.

이러한 분석은 1960~1970년대에 걸쳐 전 세계에서 선풍적인 반향을 일으키며, 수많은 열혈독자들을 양산해냈다. 하지만 오늘날 이러한 영광은 완전히 사그라진 듯하다. 베를린 장벽이 무너지고 소비에트 연방이 붕괴된 후, 그리고 중국이 시장경제를 도입한 후 역사에 대한 이론적 이해 가능성 혹은 급진적 혁명의 필연성 역시 그 생명력을 인정하기가 사실상 어려워졌다. 이는 일시적 현상일까, 아니면 영구적인 것일까? 이것은 21세기가 던지는 질문 중 하나이며, 우리가 알튀세르를 다시 읽어야 하는 한 가지 이유이기도 하다.

이성과 광기의 지식인

:

우리가 이 철학자를 돌아보는 또 다른 이유는, 그때까지 별로 알려지지 않았던 개인사와 그의 삶이 당시의 다양한 현실 사건 속에서 균형을 잃고 붕괴될 수밖에 없었던 그 특이한 상황들 때문이다. 루이 알튀세르는 정신적으로 큰 문제를 가지고 있었다. 철학자, 마르크시즘의 투사, 수많은 지식인들의 주목을 한몸에 받는 공산주의 사상가로서의 모습 뒤에는 발작적 광기, 걷잡을 수 없는 우울증, 환각에 맞서 힘겹게 싸우는 한 남자가 있었다. 1980년 11월 16일 새벽, 알튀세르는 부인 헬렌을 목 졸라 살해한다. 그의 제자들과 친구들은 그의 정신착란을 진정시키고, 부인의 죽음에 대한 책임을 추궁당하지 않게 하려고 백방으로 노력했지만, 그 사건은 끝내 엄청난 파장과 논쟁을 불러왔다. 유명 지식인에 대한 배려 차원에서, 그가 법의 심판을 받지 않기를 바라는 이들도 있었다.

생애 마지막 10년 동안, 루이 알튀세르는 일종의 정신적 유배 생활과 침묵의 은둔 속에서 자유롭게, 하지만 익명으로 살았다. 이 침묵을 벗어나기 위해서 그가 쓴 것이 바로 자서전《미래는 오래 지속된다》이다. 그가 죽고 난 뒤 이 자서전이 출간되었을 때, 세상은 루이 알튀세르의 또 다른 면모를 발견한다. 그는 이성과 광기가 맺을 수 있는 특이한 관계의 문제를 제기하고 있었던 것이다.

사실, 광기에 맞선 투쟁은 인간이 이 땅에 자리 잡기 시작한 시점부터 시작되었다. 우리 모두는 오랫동안 때로는 고통스럽게, 비정상적 폭력의 지배를 벗어나고, 이성적이며 합리적인 말을 시작하기 위해 노력을 경주해왔다. 그 이후, 광기와의 투쟁은 우리의 기억에서 사라져갔다. 하지만 어떻게 보면, 우리 모두는 오래전에 이 광기와의 투쟁에 참여했던 사람들이다. 따라서 우리는 은연중에 그 상처의 흔적을 안고 살아가고 있다. 그런데 이 오래된 상처들이 말 없는 추도사처럼 느닷없이 출몰하는 경우가 있다. 이 상처에서 벗어나지 못하는 사람들을 우리는 미치광이, 광인이라고 부른다.

일반적으로 철학자들은 좋은 평가를 받는 사람들이다. 이성을 위해 싸우는 전사, 또는 계몽의 영웅으로서 철학자들은 어둠과 혼돈과 위험과 파멸을 극복하고, 동물적 무질서를 제압함으로써 정상적인 말과 질서 잡힌 사고라는 평화의 경지에 도달한 사람으로 평가받는다. 우리는 흔히 그렇게 믿고 싶어 한다. 우리는 화가나 음악가, 시인은 광기에 쉽게 노출되거나 굴복하는 사람들이라고 믿는 경향이 있다. 하지만 철학자 역시 쉽사리 정신을 놓고 다시 어린아이로 돌아갈 수도 있는 사람이라고 생각하기란 쉽지 않다.

이것이 바로 루이 알튀세르의 자서전에 대해 세상 사람들이 당혹스러움을 느끼고 그에게 더 큰 관심을 갖는 이유일 것이다. 이 자서전은 알튀세르의 이론적 작업과, 그의 가장 내밀한 정신세계의 변천 과정이 어떤 관계를 맺고 있는지 생각하게 만든다. 알튀세르 자신도 철학적 사유와 개인적 감정의 역사가 뒤엉켜 있는 것에 대해, 어찌 보면 엉뚱하고 해답 없는 질문을 던지고 있다.

정신분석적 자서전인 《미래는 오래 지속된다》에서 그는 자신의 정신세계가 어떤 역사를 가지고 흘러왔는지에 대해 적나라하게 기술하고 있다. 그 이야기의 기본 골조는 부재하거나 멀리 떨어져 있는 아버지와, 정신적인 가치를 '순교자적'으로 수호하던 어머니(그는 어머니가 살아 있는 아들 루이에게 죽은 루이*, 즉 그녀의 남편이 될 뻔한 루이를 투영하

죽은 루이 알튀세르의 어머니는 '루이'라는 이름의 약혼자가 전쟁 중에 죽게 되자, 그의 형인 알튀세르의 아버지와 결혼했다.

여 그를 기리고 사랑했다고 이야기한다)가 죽은 사람의 대체물이었던 어린 자신을 특이한 '주변인'으로 만들어버렸다는 것이다.

하지만 왜 철학자가 된 것일까? 그는, 철학자가 된다는 것은 아들이 순수한 하나의 정신이 되기를 원했던 자기 어머니의 욕망에 대한 부응이었을 것이라고 고백한다. 하지만 마르크시즘 철학자가 된다는 것은 하나의 자율적 육체, '벌거벗은 현실'과 접촉하는 육체이고자 하는 자신의 욕망을 자기 스스로에게 긍정하는 것이었다. 정통 스탈린주의와 단절한 이론가가 된다는 것은, 견고함과 추상화 속에 그대로 머물면서 동시에 세계를 변화시키려는 그의 꿈뿐만 아니라, 아버지의 권위를 향한 자신의 복종과 도발의 욕구를 만족시켜주는 것이기도 했다.

당대의 지성계와 정치계에서 알튀세르의 위치는 대략 다음과 같다. 베일에 싸인 삶을 살았던 데카르트와 노르웨이의 오두막에 칩거했던 비트겐슈타인처럼(그들은 고독했지만 주변에 지대한 영향을 끼쳤다), 그는 파리고등사범학교에 은둔하면서 근시안적인 정세분석학과의 거리두기를 통해(그는 이 거리를 유년기의 시련 때문이라고 인정했다) 공산당의 안과 바깥에 동시에 위치했다. '주체도 끝도 없는 과정'으로서의 역사 개념, 학교나 가족 등의 '이데올로기적 국가 장치들'에 대한 분석, 반인간주의적 이론, 그가 바라본 현실 휴머니즘의 조건 등은 모두 그의 정신구조 형상과 함께 고려되어야 한다. 익명성 속으로 사라지고자 했던 그의 환상은 자신의 철학과, 아내 살해로 그가 감당해야 했던 '침묵과 공개적 죽음'을 서로 연결시키려는 시도였을 것이다.

따라서 알튀세르의 자서전은 한 철학자가 자신의 '합리적 구조'와, 그 반대편에 자리한 채 자신의 의식적 통제를 벗어나는 '비합리적인 문제점들'의 관계에 대해 공개적으로 자문하는 지극히 희귀한 산물에 속한다. 이는 프로이트 이후의 사상사에서 이러한 문제를 날카롭게 제기한 아주 희귀한 사례 중 하나다. 하지만 그 결과는 진정한 설득력을 얻어내기에는 너무 아름다웠다. 이 세상의 모든 아들들을 똑같은 오이디푸스로 설명할 수는 없다는 느낌을 지울 수 없는 것이다. 수수께끼는 여전히 풀리지 않는다.

그렇다면 결국 우리를 사로잡는 것은 바로 이 수수께끼다. 이 철학자는 혼란으로 점철된 인생을 살았다. 자신의 행동과 제도 때문에 어둠 속에 갇혀 있다가 어느 순간 느닷없이 툭 튀어나오는 삶이었다. 이런 그의 인생을 대면하는 우리의 실제 느낌은 주로 이런 것들이다. 여전히 그를 완벽하게 이해하지는 못하고 있다는 느낌, 우리 눈에 보이는 것은 아직 한 가지 단면에 불과하다는 느낌, 이 특이한 사상가를 앞으로도 계속 주시해야 할 것 같은 느낌 등이다. 왜냐하면 젊은 시절 헤겔이 스위스 베른의 알프스 산맥 앞에서 했던 말처럼, 순전히 "바로 그렇기c'est ainsi" 때문이다.

철학은 언제나 거기서 출발한다. 즉 철학은 이러한 놀라움에서 시작되는 것이고, 그 놀라움의 불가해한 속성을 벗어나려고 하는 것이 또 철학이다. 알튀세르를 통해, 우리는 다시 한 번 이를 확인하게 된다. 더 많이 알수록, 눈에 보이는 것은 더 불투명하다. 여기서 철학과 광기 사이의 경계는 흐려질 수밖에 없고, 우리는 또다시 당혹감을 감출 수 없다.

리바이벌, 알튀세르

:

인간 알튀세르의 경우와는 별개로, 마르크스의 영향과 혁명에의 열망을 가득 담은 그의 사상은 한동안의 공백기 이후 강력한 소생의 기운을 보이고 있는 듯하다. 특히 프랑스 사상가들 사이에서 이러한 '알튀세르 리바이벌revival(재유행)'이 이루어지고 있다. 프랑스 사람들은 유럽 역사에서 오랫동안 가장 정치적인 국민들로 통했다. 1789년의 대혁명은 프랑스 사람들을 현대사의 주인공으로 자리매김하게 했다. 19세기에는 영웅적 창조자로서 또한 무모한 역적으로서 여러 차례의 신성모독도 마다하지 않았던 이들이 바로 프랑스인들이다.

1830년의 7월 혁명에서 1848년 2월 혁명을 거쳐 파리 코뮌에 이르기까지, 프랑스 국민들은 수많은 역모를 꾀했다. 마르크스, 엥겔스, 레닌에게 광적인 면이 없지는 않지만, 그래도 이들이 프랑스인을 자본주의가 붕괴될 미래의 그날을 위한 기준좌표로 설정한 것도 다 이런 이유 때문일 것이다.

하지만 20세기가 저물어갈 즈음, 상황은 역전되었다. '새로운 인간형 구축하기', '세계사 두 동강 내기'는 끓어 넘치는 에너지를 하나로 결집시킬 수 있는 행복한 유토피아가 아니라, 죽음의 사상임을 역사는 확인했다. 프롤레타리아혁명이든, 영구혁명Permanent revolution이든, 문화혁명이든 혁명이란 비현실적일 뿐 아니라, 인간에게 유해한 것이 되어버렸다. 이제는 혁명을 완전히 단념하는 것부터 시작해서 대립과 투쟁을 비판해야 한다. 모든 것을 변화시킬 것이라는 마르크시즘의 그 위대한 종말론과 비교했을 때 보잘것없고 우습게까지 보이는 국지적·파편적 싸움들을 공격해야 한다. 그렇다면 끝까지 사라지지 않고 명맥을 유지하고 있는 투쟁들은 어떤 것들인가?

진부한 공화주의와 의회주의의 오랜 역사를 거쳐온 프랑스는 지금 곳곳에서 최후의 새로운 변혁을 꿈꾸기 시작한다. 극좌 정당에 유리한 항의투표(승산이 없는 쪽에 표를 던져 항의를 표한다), 탈세계화 혹은 생태주의의 다양한 뉘앙스들이 마구 뒤섞인 반자본주의 담론들이 다시 등장하고 확대되는 경향을 보이고 있다. 유럽연합 헌법 거부, 도시 외곽의 빈민 폭동, 거듭되는 시위와 동원 등은 서로 이질적인 흐름들을 비슷해 보이게 만든다. 하지만 이 이질적 흐름들 간에는 여권 투쟁, 동성애 권리 투쟁, 공화국 유산을 위한 투쟁 문제에 있어 깊은 분열과 대립이 존재한다. 그중 중요한 분열 지점은 아마 이슬람에 대한 입장일 것이다. 한쪽은 지지하고 다른 한쪽은 대립함으로써, 그들이 두 개의 서로 다른 정치 문화임을 입증하고 있다.

지금의 세계를 보다 효과적으로 타도할 수 있기 위해 지금 현재를 고민한다는 공통 의지를 제외하고는 이론가들 사이에 별다른 통일성은 없다. 다니엘 벤사이드Daniel Bensaid, 안토니오 네그리Antonio Negri, 알랭 바디우Alain Badiou, 에티엔 발리바르Étienne Balibar, 자크 랑시에르Jacques Ranciere 또는 슬라보예 지젝Slavoj Zizek은 현대 역사나 유럽 건설 또는 민주주의의 의미에 대해 모두 다른 해석을 내놓는다. 하지만 이들의 공통 프로그램은 있는 그대로의 이 세계에 대해 결론을 내리는 것이고, 이 세계를 전혀 다른 세계로 대체시키는 것이다.

이러한 급진적 이론가들의 재등장에 대해 우리는 이런 질문을 던질 수 있다. 우리가 또다시 혁명을 꿈꾸는 것은, 혁명 지지자들의 말대로, 명철한 의식을 바탕으로 한 것인가, 아니면 그저 맹목적인 열망 때문인가? 삶의 욕망에 의한 것인가, 아니면 죽음의 충동에 의한 것인가? 해방을 위한 것인가, 아니면 니힐리즘에 의한 것인가? 이 질문들 역시 광고 카피처럼 너무나 분열적이고 파편적이다.

알튀세르의 책 중에서
가장 먼저 읽어야 할 것은?

루이 알튀세르 저, 이종영 역, 《맑스를 위하여》, 백의, 2007

알튀세르에 대해서
좀 더 깊이 알고 싶다면?

루이 알튀세르 저, 권은미 역, 《미래는 오래 지속된다》, 이매진, 2008
루이 알튀세르 저, 김동수 역, 《아미엥에서의 주장》, 솔, 1998
루이 알튀세르 저, 서관모 · 백승욱 공역, 《철학적 맑스주의》, 새길, 2012
루이 알튀세르 저, 서관모 역, 《역사적 맑스주의》, 중원문화, 2010

previous

알튀세르와 더불어, 관심은 마르크스가 역사학이 될 수 있는가 하는 것으로 옮겨졌다.

레비스트로스와 더불어, 하나의 과학적 성찰을 만들어내고자 하는 의지가 더 분명해지지만, 여기서도 역사는 그 성찰 안으로 들어가지 못한다.

next

1908	1938	1941	1948
벨기에의 예술가 집안에서 출생.	아마존에서 연구.	비시 정부의 반유대 법률 때문에 교수직 해임. 뉴욕으로 피신.	《친족의 기본 구조》 출간.

Claude Levi Strauss

클로드 레비스트로스

인간의 유일한 진리라는 사고를 해체시키다

어디서 활동했나?

파리 16구, 브라질의 마토그로소 열대밀림에서 활동했으며, 제2차 세계대전 중에는 뉴욕에 살았다. 20세기의 주요 지적 활동 중 하나가 펼쳐진 장소들이다.

진리란?

레비스트로스에게 있어 진리란, 절대 직접적으로 주어지지 않고, 변천을 설명해주는 구조들 속에 자리하며, 체계적인 비교 작업을 통해 재구성될 수 있다.

명언 한 말씀!

"모든 진보는 저마다 새로운 희망을 준다. 하지만 그것은 새로운 난제 해결에 발목 잡힌 희망이다. 상황은 결코 완전히 끝나지 않는다."

철학 역사에서 그는…

중요하다. 그의 업적은 인류학적 연구를 획기적으로 전환시킨 데에 그치지 않고, 인간 정신의 기능과 인간의 다양성, 인간과 자연의 관계, 인간들 간의 관계에 대한 철학적 성찰에 다양한 시각을 접목시켰기 때문이다.

1959	1962	1993	2008	2009.10.30
콜레주드프랑스 교수에 임명.	《야생의 사고》 출간.	《보다, 듣다, 읽다》 출간.	탄생 100주년 기념 전시회 및 다양한 헌사.	파리에서 사망.

클로드 레비스트로스는 19세기 사람들이 꿈꾸었던 진보를 더 이상 믿지 않는다. 인간 사회를 판단하는 기준은 여러 가지가 있고, 그 사회가 성공한 사회인지 아닌지를 판단하는 기준 역시 다양하기 때문이다. 우리의 오류는 이 세상에는 다양한 유형의 규범이 존재하고, 인간이 이루고자 하는 바(이들은 모두 나름의 정당성을 갖고 있다)도 다양하다는 것을 고려해야 함에도 불구하고, 과학적이고 산업화된 서구의 규범을 전 세계에 획일적으로 적용하려 했다는 데 있다.

레비스트로스의 인류학이 증명해 보인 것은, 다양한 세상을 가능케 하는 바로 이 환원 불가능한 '다름'과 '차이'다. 인간에 관해서는 단 하나의 유일한 진리란 존재하지 않는다. 이것이 바로 레비스트로스가 주장하는 가장 중요한 핵심이다. 어떻게 보면 지극히 평범한 교훈 같지만, 지금껏 우리를 지배해온 모든 규범으로부터 우리의 사유를 해방시키는 엄청난 우위를 점하는 사상이 아닐 수 없다.

클로드 레비스트로스는 평범한 표정으로, 기존 규범들을 종횡무진 누비며 인식의 지형도를 그 기저에서부터 뒤흔들어놓는다. 철학에서 출발하여 인류학으로 방향을 선회했지만, 그 방법론은 언어학적인 것이었다. 유럽인이었지만 브라질에서 첫 번째 연구 성과를 거두었고, 이후의 심화 연구는 미국에서 이루어졌다. 지리적 한계나 학제간學際間 경계 때문에 연구에 지장을 받은 적은 한 번도 없었다.

그는 스스로 문명인을 자처하는 자들과, 타인에 대해 자신들만큼 문명화되지 못했다고 주장하는 자들의 오만함을 혐오했다. 인류학자로서 그의 원칙은 일종의 휴머니즘이다. 즉 정말 보잘것없고 오랫동안 경멸의 대상이었던 집단들의 한가운데서 영감을 추구하던 그의 원칙은, "인간의 고유함은 인간에게 절대 낯설지 않다"는 것이다. 하지만 이 휴머니즘은 더 이상 고대 그리스나 로마의 휴머니즘 혹은 르네상스나 서구의 휴머니즘이 아니다. 그것은 "특권적 문명에서 출발하여 특권 계층을 위해 만들어진 이전의 휴머니즘을 능가하는 민주적 휴머니즘"이다. 이처럼 '다극적多極的'이고 개방적인 시선은 자연에 대해서도 마찬가지다. 학제간에 열려 있으면서 생태학적이고, 전복적이면서도 학문적 조예가 깊은 그의 인류학은 "보편적 휴머니즘 속에서 인간과 자연의 새로운 화해를 요구한다." 이것은 레비스트로스가 인간에 대한 사유 방식을 어떻게 바꾸어놓았는지 말해주고 있다.

그의 방법론은 끈기 있고 체계적이다. 왜냐하면 그는 자신의 지적 반란을 현장의 고된 노동으로 변화시킬 줄 아는 사람이었기 때문이다. 갱내 채굴 작업과도 같은 이 노동은, 상대를 결코 무장해제시키지 않겠다는 의지의 발로다. 역설적이게도, 레비스트로스로 하여금 철학을 포기하게 만든 것은 바로 이러한 지적 욕구였다. 파리고등사범학교 출신으로 철학교수 자격을 획득하고, 프랑스 남부 몽드마르상과 파리 동쪽 라옹의 고등학교에서 철학을 가르쳤던 그는 철학이 자신을 끝까지 만족시키기에는 확실하고 실증적인 면이 너무 부족하다는 것을 깨닫는다. 그것이 바로 그가 지루한 학술 논문들보다 치밀하고 엄정한 방법론을 선호하는 과학적 사고로 선회하게 된 까닭이다.

세상에 미개한 민족은 없다

:

하지만 그의 지적 작업은 인간 세계에 기반을 둔 것이었다. 우리가 살고 있는 이 세상, 즉 정해진 교육과 가족 규범과 언어 규칙과 요리 및 이야기 구조에 순응하여 살고 있는 이 세상이 그 기반이다. 이 규범과 상징의 세계로부터, 레비스트로스는 이전에는 미처 알아채지 못했던 측면들을 찾아낸다. 그가 수많은 철학자들보다 더 예리하게 밝혀낸 것은 바로 인간에 관한 수많은 진리들이다. 이런 의미에서, 그는 인간 정신의 법칙에 대해 새로운 관점의 다양한 성찰을 가능케 했다. 특히 서로 이질적인 문화들이 어떻게 똑같이 이성을 사용하는지에 주목했다.

왜냐하면, 우리가 흔히 '야만적' 사고라고 부르는 것은 더 거칠거나 덜 다듬어진 사고도 아니고, 과학적 사고보다 더 무지한 것도 아니기 때문이다. 그의 방대한 연구 작업의 주요한 결과물 중 하나가 바로 이러한 결론이다. 정복자들의 시선이 만들어낸 '원시인'의 신화는 레비스트로스와 함께 사라진다. 소위 '문명인'들의 교만한 너그러움이 문자 없는 민족들의 속성으로 전가했던, 거칠고 근거 없고 우스꽝스러운 서구적 정신구조는 막을 내린다. 이것은 철학에 있어서도 중요한 메시지였다. 즉 완전한 인간성을 갖춘 성숙한 민족이 존재하지 않는 것처럼, 어린아이 같은 유치하고 미개한 민족도 존재하지 않는다.

레비스트로스의 성과는 이에 그치지 않는다. 구체적인 것과 추상적인 것의 관계에 대해서도 그는 새로운 접근 방식을 선보인다. 그가 봤을 때, 바구니, 가면, 장신구는 더 이상 무시해도 좋은 말 없는 사물들이 아니다. 다른 사물들과 비교하거나 전체 속에 포함될 때, 유사성과 차이의 조작을 통해 조명할 때, 이들에 대해 사람들이 들여주는 이야기와 연관 지어볼 때 이들 사물은 침묵을 깨고 스스로를 드러내기 시작한다. 이들이 의미를 전달하는 것이다. 이들은 담론의 요소들이자 지식의 매개물이지, 생기 없는 무기력한 사물이 아니다. 따라서 감각적인 것/지적인 것 사이의 해묵은 단절은 다시 생각해보아야 할 재고의 대상일 뿐 아니라, 어떤 의미에서는 억지로 비틀어놓은 관념이다. 하지만 이것은 플라톤 이후, 서구 철학의 가장 근본적인 축이었다. 레비스트로스가 불러온 파장은 여기에서도 결정적이고 단호하다.

감각적인 것/지적인 것 사이의 해묵은 경계선은 과학과 예술 사이에도 선 긋기를 시도한다. 즉 한쪽에는 관념과 논리가, 반대쪽에는 감각과 감수성이 자리한다. 이러한 단절에 변화를 불러일으키는 레비스트로스는 창작에 대한 접근 방식 자체를 완전히 바꾸어놓았다. 이런 관점에서 볼 때, 미학 분야에 그가 끼친 영향은 그 가치에 비해 제대로 평가받지 못하고 있는 것 같다. 그의 모든 지적 도정은, 경계선의 이동을 그대로 실천하고 있다.

무엇보다 이 과학자는 예술가이면서 동시에 학문적 조예가 깊은 작가이며, 문장가 겸 사상가다. 분리된, 혹은 양면적인 두 가지 활동을 동시에 수행한 것도 아니고, 다른 시기에 각기 다른 활동을 수행한 것도 아니다. 오히려 하나의 동일한 행위, 유일한 도정 속에서 고전적이고 순수한 언어와 새로운 분석 방식을 혼합하고, 엄격한 논리와 힘이 넘치는 메타포를 한 데 섞어놓았다. 이는 독특한, 그래서 가끔은 의외일 수밖에 없는 그런 조합이다.

철학을 벗어나 인류학으로

:

"나의 인생행로는 1934년 어느 가을, 일요일 오전 9시, 한 통의 전화에서 시작되었다." 레비스트로스는 《슬픈 열대》의 제5장을 이렇게 시작하고 있다. 전화를 건 사람은 당시 파리고등사범학교 교장인 셀레스탱 부글레였다. 그는 레비스트로스에 대해 "막연한 호감 정도만 가지고 있을 뿐" 가까운 사이는 아니라고 생각했다. 하지만 브라질 상파울루 대학의 사회학 교수 자리를 권유할 만큼의 신임은 갖고 있었다. "나의 생각은 외부와 단절된 공간에서 혼자 씨름하며 땀 흘리는 짓과는 맞지 않았다. 그런데 철학적 성찰은 실제로 나를 그런 꽉 막힌 방에 가두어버렸다."

레비스트로스의 모험적 인생은 그렇게 시작되었다. 구체적 세계와 관련된 모험이 제일 먼저였다. 이 젊은 민족학자는 학교를 벗어나 첫 번째 부인 디나 드레퓌스(그녀 역시 철학자이자 민족학자였다)와 함께 아마존에서 프랑스의 여러 사절단의 활동을 이끌었고, 마토그로소 지역에도 중요한 조사단을 파견했다. 노새를 타고, 소가 끄는 짐수레를 끌며 열대의 습한 열기와 벌레들 속에서 이루어지는 쉼 없는 강행군의 시간이었다. 동시에 물리적 세계로 직접 뛰어든 모험이었고, 자신을 포기하고 다른 사람으로 살아가는 시간이기도 했다. 속마음을 털어놓는 일이 거의 없는 레비스트로스가 훗날 민족학자가 아닌 다른 일을 하겠다고 이야기한 것도 결코 우연이 아니었다. 다른 사람, 다른 사회에 대한 경험과 관찰은 자아의 중심에 엄청난 충격을 가져오기 때문이다.

현장에서 오직 연구에만 매진한 몇 년 동안, 레비스트로스는 온갖 종류의 메모와 방대한 분량의 관찰일지를 축적했다. 그럼에도 불구하고, 그는 자신이 보고 기록한 그 모든 것들로부터 어떤 생각의 줄기를 이끌어내야 할지 알 수가 없었다. 물론 "어떤 상황에 대한 진리가 자신이 매일매일 빠짐없이 실천한 그 관찰 속에 존재하지는 않는다"는 사실은 그도 알고 있었다. 그에게는 본질을 추려낼 수 있는 기본적인 자질이 아직 부족했다. 그는 이것을 제2차 세계대전 중 피신해 있던 미국 뉴욕에서 깨닫게 된다.

비시 정부의 반유대인 법 때문에 교수직을 박탈당한 그는 1941년 프랑스를 떠나 뉴욕으로 피신했고, 1942년에는 '자유 프랑스' 운동에 가담했다. 그리고 미국전시정보국인 OWIOffice of War Information에서 홍보 일도 했다. 그 후에는 사회연구를 목적으로 하는 신사회연구원New School for Social Research에서 강의를 하게 된다. 당시 학생들은 그를 클로드 L. 스트로스라고 불렀다. 청바지 브랜드와 같은 이름 때문이었다.

뉴욕에서 보낸 몇 년은 그의 인생에 결정적인 전환점이었다. 그는 그곳에서 시인 앙드레 브르통André Breton과 자주 접촉했다. 그 둘은 마르세유를 떠나 미국으로 향하던 배 안에서 처음 알게 된 사이였다. 뿐만 아니라, 예술가 마르셀 뒤샹Marcel Duchamp과 막스 에른스트Max Ernst와도 자주 만났다. 레비스트로스는 특히 구조주의적 방법론을 접하게 되면서 이 방법론이 인류학 연구에 일대 변혁을 불러올 수 있음을 깨닫기 시작한다. 그를 구조주의 음운론으로 이끌어준 사람은 바로 러시아의 언어학자 로만 야콥슨Roman Jakobson이었고, 레비스트로스 자신도 야콥슨을 스승으로 여겼다. "내게 로만 야콥슨은 하나의 계시였다"라고 레비스트로스는 말한다.

구조를 통해 실체를 확인하다

:

구조주의 방법론이 무엇인지를 알기 위해서는, '구조structure'라는 것의 의미부터 정의해야 한다. 이 용어는 옛날부터 건축 분야에서 건물의 뼈대와 그 조직을 가리키는 말로 사용되었다. 다른 관점에서 보면 서로 흩어질 수도 있고 서로 연결되거나 서열화될 수도 있는 여러 요소들 사이에 상호종속성이 존재한다는 지극히 평범한 개념이 바로 여기서 생겨난다. 구조주의 방법론과 구조주의가 등장하기 훨씬 이전부터 있어온 '사회 구조'라는 말도 바로 이런 의미다. 구조주의의 원칙들을 이해하려면, 구조주의 음운론의 창시자인 러시아 언어학자 니콜라이 트루베츠코이Nikolai S. Trubetskoi의 연구를 먼저 살펴보아야 한다. 그는 언어의 음성(음소)들은 하나하나 개별적으로 연구해야 할 것이 아니라, 하나의 체계로서 함께 연구되어야 한다는 것을 증명해 보였다. 트루베츠코이를 통해, 개별적인 것으로 간주되던 각각의 음소들은 의미를 상실하게 된다('d'나 't'는 그 자체로 아무 의미가 없다).

언어의 음성이라는 요소는 상호 구별의 기능을 갖는다. 즉 'd'는 't'와 혼동될 수 없고, 't' 역시 'd'와 혼동되지 않는다. 이러한 체계 속에서 직접적인 역할을 하는 것, 즉 '관여적pertinent'*인 것은 어떤 차이들뿐이다. 예를 들어, 프랑스어 구사자들은 'dette(데뜨)'와 'dot(돗)'을 전혀 혼동하지 않는다. dette를 dét, dèt 혹은 daîte이라고 발음한다 해도, 그 의미는 변하지 않는다. 반면 프랑스어가 아닌 다른 언어에서는 이러한 발음 차이는 단어들을 전혀 다른 단어로 만들 수 있다.

관여적 음운론에 있어서 한 음소와 대립되는 다른 음소와의 구별에 관여하는 특성을 이르는 말.

요컨대 주어진 언어의 음성, 즉 음소들을 구분하는 하나의 체계를 구축하는 것이 가능하다는 것이다. 이는 언어의 구성 원칙들을 몇 가지 음성 특징들(치자음齒子音, 순자음脣子音)의 조합으로 축소시키는 것이다. 이것이 바로 구조주의 원칙에 대한 가장 간단한 설명이다. 즉 눈에 보이는 현상들의 이면에 숨겨진 구조를 설명하기 위해 만들어진 일종의 맞춤 표본이다. 하지만 사람들은 기저에서 실질적인 작용을 하고 있는 이 구조를 잘 모르고 있다.

사람은 누구나 자기 모국어를 말하고, 미처 의식하지 못하지만 이 모국어 고유의 음성 차이 시스템을 적절히 활용하고 있다. 레비스트로스가 구조주의 음운론으로부터 깨달은 바는, 인문과학에서도 현실에 꼭 들어맞는 이러한 추상적 구조를 추출해내는 것이 가능하다는 것이었다. 하나의 표본으로서의 이러한 구조는 결코 우리의 가시 영역과 개인의 의식 속에 직접적으로 나타나는 경우는 없지만, 현실의 다양성과 연관성들을 밝히는 도구가 될 수는 있다.

엄밀하고 객관적인 자연 과학은 이러한 속성을 가지고 있다. 주기율표를 통해 원소들을 구분함으로써, 원자 구조들 간의 차이를 이해할 수 있지만, 이 원자 구조를 육안으로 볼 수 있는 사람은 아무도 없는 것과 마찬가지다. 이런 원소 주기율표가 만들어지기 전에는 그 어떤 과학자도 원자 구조의 존재를 알지 못했다. 이제는 보이지 않는 구조를 인지 가능한 것으로 만들어주는 하나의 표본 구축은 자연과학에만 한정되지 않는다. 구조주의 방법론 덕분에, 인문학 역시 어떤 표본을 추구하기 시작한다. 클로드 레비스트로스의 확신도 바로 그런 것이었다.

파격과 급진의 문학

:

1945년부터 1955년까지는 그의 오랜 입문 기간 중에서도 가장 복잡하고 까다로운 시기였다. 과학의 영역에, 후천적으로 설정된 최초 도구들이 기준으로 제시되었다. 대중적으로는, 1951년 《인종과 역사》를 통해 서구 패권을 비판함으로써 세간의 주목을 끌었다. 그에게 남은 것은 자신의 이야기를 좀 더 극적으로 만드는 문학적 시도였다. 레비스트로스는 플롱 출판사에서 〈인간의 땅〉 시리즈를 처음으로 기획했던 장 말로리Jean Malaurie에게 제2차 세계대전 이전의 아마존 체류기를 써달라는 요청을 받고, 넉 달에 걸쳐 《슬픈 열대》(1955)라는 역작을 집필한다. 이 책은 전 세계적으로 엄청난 성공을 거둔다.

특정 장르로 구분하기 곤란한 이 작품은 시간이 지나도 사라지지 않는 매력으로 독자를 사로잡고 있다. 이 책은 베스트셀러가 되었고, 이로써 클로드 레비스트로스라는 이름이 대중에 크게 알려지게 되었다. 이 책의 표면적인 내용은 자신이 이러한 연구의 길로 들어선 계기와 세 차례의 여행에 대한 것이다. 첫 번째 여행지는 브라질 내륙의 보로로 족(1935~1936), 두 번째는 남비콰라 족(1938), 마지막은 인도와 파키스탄이었다. 이 여행담은 이렇게 시작된다. "나는 여행이란 것을 싫어하며, 탐험가들도 싫어한다." 이후에도 두고두고 화제가 되었던 파격적인 발언이었다. 여행이 이어지면서 지식과, 지구상의 재난, 인류의 다양성 파괴에 대한 일련의 성찰도 계속된다. 레비스트로스는 오늘날 생태학이라는 말이 생겨나기 훨씬 전부터 이미 생태학에 관심을 갖고 있었던 것이다.

순수 과학책이라고 하기도 곤란하고, 그렇다고 철학적 특성을 분명히 내세우는 것도 아니며, 단순한 문학 에세이도 아니지만 이 모든 특성을 두루 갖춘 이 심술 사나운 책은 무엇보다 현대성, 즉 모더니티의 병폐를 지적하고 있다. 가장 전면에 부각되고 있는 성찰의 내용은 바로 이국적인 것들과 다양성의 소멸, '타인들'이 살고 있던 옛날에 존재했던 이 여행의 종말에 관한 것이다. 하지만 이러한 내용을 기본으로 이 책에서는 수없이 다양한 성찰과 지적, 여담들이 펼쳐지고 있다. 이것이 바로 《슬픈 열대》를 익숙한 특정 장르로 분류하기 어렵게 만드는 지점이다. 이 책은 지식인의 자서전일까? 아니면 인류학자들의 지식, 그 지식의 치밀함과 정교함, 그리고 지식의 덧없는 야심에 대한 성찰일까? 각양각색의 인간 세상과 그들의 평등한 존엄성, 하지만 그들을 파괴하는 불평등한 힘에 대한 심심풀이용 학술서일까? 우리의 오만함을 고발하는 책일까? 문명의 몰락을 확인하는 증명서 같은 것일까?

레비스트로스는 이 모든 차원들을 종합하여 정체성이 불분명하지만 스스로 생각할 줄 아는 하나의 대상을 만들어낸 셈이다. 이것은 무뚝뚝했다가 이내 낭랑하게 울려 퍼지는 문체, 간결하면서도 인간미 넘치는 너그러운 문체, 신경질적이었나 싶으면 이내 인심 좋고 넉넉해지는 문체를 통해 계속 유지되고 있다. 예를 들어, 나뭇가지를 이리저리 묶고 엮은 보로로 족의 집과 사람(몸)들과의 관계가 우리 도시인들과는 사뭇 다르다는 사실을 레비스트로스는 이렇게 서술했다.

"이파리 무성한 칸막이 덧문과 늘어진 야자나무 술이 주민들의 벌거벗은 몸을 보호해주는 것 같다. 주민들은 흡사 타조 가죽으로 된 대형 목욕가운을 벗어버리듯이 집 밖으로 스스르 미끄러져 나간다."

그해, 프랑스의 가장 권위 있는 문학상인 공쿠르상 심사위원단은 공식성명까지 내서 《슬픈 열대》를 수상작으로 뽑지 못한 것에 대해 유감을 표시할 정도였다. 불꽃처럼 번뜩이는 이 에세이는 여전히 빛이 났다. 레비스트로스는 위대함을 꿈꾸는 프랑스와, 우리 사회를 둘러싸고 있는 현실 세계에 대한 우리의 몰이해를 이야기한다. 그는 인간 세계의 쇠락, 급격히 사라지고 있는 차이들, 획일성으로 치닫는 세태를 예측하고, 이성을 잃은 인간 족속의 어리석은 탐욕에 의한 자연 균형의 파괴를 고발한다. 이 모든 진단은 40년이 지난 오늘날, 그 당시보다 더 현실성 있게 다가온다.

어떻게 보면, 이 20세기의 고전 작가는 누가 뭐라고 해도 누구나 아는 '무명인'이라는 역설로 남아 있다. 《슬픈 열대》의 내용은 수없이 많은 철학 및 문학 교과서에 인용되고 있다. '글쓰기 교육' 같은 몇몇 내용들은 걸작선집에 포함되기도 했다. 그런데도 가장 파격적이고 급진적인 지적들은 간과되는 경우가 많다. 특히 마지막 부분의 "세상은 인간 없이 시작되었고, 또 인간 없이 마무리될 것이다"라는 통찰이 그런 경우다. 레비스트로스는 이러한 지적을 통해, 모든 희망을 버린 자의 인간과 역사에 대한 이해의 한 단면을 드러내고 있다. 그렇지만 그는 허무주의적 태도는 전적으로 거부한다.

자신의 과학적 역량을 확실히 자리매김하게 한 《구조주의 인류학》(1958) 출간 이후, 레비스트로스는 콜레주드프랑스의 교수로 선출되었다. 그때부터 그는 일관되게 자신의 길을 추구한다. 작품 집필에 전념하여 네 권에 이르는 《신화학》과 그 뒤를 잇는 세 권의 저서 등 기념비적 작품들을 선보인다. 또한 1960년에 세운 사회인류학연구소에서 매일

같이 연구에 매진했고, 인류학 잡지 〈인간L'Homme〉을 공동 창간했으며, 1973년에는 프랑스 학술원 아카데미프랑세즈 회원으로 선출된다.

인간 탐험가, 레비스트로스
:

레비스트로스가 가르쳐준 가장 첫 번째 원칙은 방법론에 관한 것이다. 그에 따르면 어떤 요소도 따로 떨어져서는 결코 이해될 수 없다. 이 원칙은 친족의 규범에 있어서도 그렇고, 신화와 토템, 가면에 있어서도 똑같이 적용된다. 레비스트로스는 매번 조사를 시작할 때마다, 전체를 한꺼번에 통찰하고자 노력했다. 그러다 보니 처음에는, 혼란스럽고 요소들 간의 격차는 줄어들지 않고 차이는 양립이 불가능해 보인다. 따라서 눈에 보이지 않는 숨겨진 질서는 관찰과 연구가 진행되어가면서 차츰 그 형태를 드러내기 시작한다. 구체적이고 다양한 사실들 속에서, 그러한 질서는 그 차이와 격차와 역전 관계들이 눈에 보이기 시작할 때까지 끈기 있게 면밀한 조사를 거듭해야만 얻을 수 있다.

기존의 그 어떤 도식도 이 구체적이고 다양한 현실에 적용될 수 없다. 구조란 바깥으로부터 강요되는 것이 아니라, 관찰한 사실들로부터 출발하여 조금씩 발견하고 구축해야 할 대상이다. 예를 들어, 아메리카 인디언들의 813개나 되는 신화들은 그 성격에 따라 어떻게 분류할 수 있고, 또 이는 서로 어떤 관계를 맺고 있을까? 우선 이 신화들의 내용에 대해서는 더 이상 괘념치 않고, 여러 이야기들 속에 들어 있는 특별한 세부사항을 추려내어 오직 신화 서술의 책임자와, 이야기를 구성하는 소단위들 간의 관계에만 주목한다. 중요한 것은 신화의 내용이 아니라, 일련의 요소들 간의 관계다.

전체적으로 함께 고려된 신화들이 전달하는 생각은, 각각의 신화가 하나의 특정 이야기로서 들려주는 바와 다르다. 그리고 같은 그룹으로 분류된 신화들이라도 단 하나의 의미를 가진 것은 아니다. 이들은 다른 그룹에 속한 신화들과의 관계 속에서 파악되어야 하고, 다른 신화와 비교해보아야 한다. 따라서 우리는 아주 복잡한 차원들에 직면하게 되고, 이 차원들은 자신들이 맺고 있는 관계와 변화를 통해서만 의미를 획득한다. 지극히 당황스러운 결론이 아닐 수 없다. 치환과 전환의 이 거대한 관계망은 분명 사람에 의해 조직되는 것이 아니고, 신화를 전승하는 자들도 전혀 모르는 것이기 때문이다. 신화는 이것을 들려주거나 변형시키는 개인들과는 별개로, 서로를 생각하는 그런 관계라는 개념이 바로 여기서 생겨나게 된다.

구조주의의 차갑고 무미건조한 분석과, 신화의 풍요로움과 관능성 간의 대조 역시 자문해보아야 할 점이다. 한쪽에는 방대한 신화 변화표, 정교한 분석 도표, 엄청난 지적 능력을 요구하는 분석 장치들이 있고, 다른 한쪽에는 변신하는 육체들, 쓰레기 같은 잡다한 이야기, 환상적인 성적 결합들이 존재한다. 어떤 신화에서는 바싹 마른 정액을 젊은 여인의 저녁식탁에 내놓는다. 다른 신화에서는 여자 형제들에게 끓인 피를 제공한다. 여자 주인공이 비틀거리거나 쓰러지면서 붉은 외음부를 드러내는 신화가 있는가 하면, 여성의 성기를 흰색으로 이야기하는 신화도 있다. 남자 주인공이 오줌을 싸면 그 오줌 방울이 처녀의 입 속으로 떨어져, 여인이 임신을 하는 이야기도 있다. 다른 신화에서는 영웅의 얼굴에 방귀를 끼기도 한다. 성적 결합, 임신, 출산에 관련된 이야기들이 수없이 넘쳐난다. 이처럼 육체가 만들어내는 숱한 몽상들을 바라보는 그 구조라는 것들은 난해하고 추상적인 도표만을 갖고 있는 형상이다. 하지만 이런 시각은 오해일 수 있다.

구체적 신화와 그 분석 사이, 즉 초자연적인 몽상과 그에 대한 합리적이고 미시적인 연구 사이에는 분명 좁혀질 수 없는 거리가 존재한다. 그러나 한 가지 잊지 말아야 할 것은, 상상에 대한 이 수학적 풀이의 목적은 오직 이 집단 환상의 힘과 그 파급력을 최대한 포착하기 위함이라는 점이다. 따라서 잡다한 현실과 이론적 추상화 사이의 단순 대립은 여기서 적절치 않다. 구조를 먼저 염두에 두고 이 생생한 날것의 세상 속으로 진입하고자 한다면, 아무것도 이해할 수 없을 것이다.

왜냐하면 정확히 그 반대로 해야 하기 때문이다. 즉 구조를 추출해내려면, 구체적이고 세부적인 것들(형형색색의 잡다한 현실, 배설 이야기가 일상적으로 펼쳐지는) 속으로 먼저 들어가야 한다. 그렇게 도출된 구조를 통해 구체적 현실을 좀 더 제대로 볼 수 있고, 그 현실의 관여적 특성과 깊이, 그리고 특수성과 좌표를 포착할 수 있다. 이런 관점에서 보면, 일류학자의 도정은 감각적인 것에서 출발하여 관념이라는 우회로를 거쳐 다시 감각적인 것을 향해 가는 것이라고 할 수 있다.

아마도 이러한 여정 속에서 우리는 레비스트로스가 걸어온 길의 열쇠를 발견할 수 있을 것이다. 그것은 'A 아니면 B'라는 식의, 너무 단순하고, 너무 분명하고, 너무 쉽게 수용되어 세상의 다양성을 보지 못하게 하는 일상적 대립을 거부하는 것이다. 대상과 그에 대한 사유는 별개의 세계가 아니다. 상상력과 성찰 역시 마찬가지다. 감정과 논리도 그러하고, 역사와 구조, 나아가 원시적인 것과 서구적인 것도 마찬가지로 별개의 세계가 아니다. 다양성을 사고하는 것은 바로 이 요소들 각각의 자리를 배분해주는 것이다. 즉 저마다의 차이나 거리를 그대로 인정하는 것이고, 부당하게 어느 하나의 특권만을 인정하는 것이 아니다. 이러한 원칙을 기억한다면, 레비스트로스를 둘러싼 불화와 반목은 대부분 오해나 잘못된 판단으로 귀결될 것이다.

역사와 구조의 대립을 예로 들어보자. 사르트르를 포함한 일군에서는, 눈에 보이지 않는 구조의 불변성과 현실에서 발생하는 역사적 사건들 사이에 화해할 수 없는 대결 구도를 설정해놓았다. 이 딜레마를 극복하기 위해 《변증법적 이성비판》에서 사르트르는, 역사의 당사자들은 자신들에게 부과된 구조적인 강제 요인들을(초월하기 위해서인 듯) 자신이 다시 점유한다고 가정했다. 이것은 인간의 의지와 의식을 너무 과대평가하는 것이다. 이후 레비스트로스는 《야생의 사고》에서 이 점을 다소 비꼬는 투로 지적한 바 있다.

사실 레비스트로스는 역사를 부정하거나, 역사적 사건들을 겉으로 보이는 굴곡 정도로 축소시킴으로써 불변의 구조를 우위에 두려고 하는 것이 아니다. 오히려 그는 양면적 다양성을 동시에 견지하고자 한다. 이 다양성은 언제나 변신을 꿈꾸는 사회보다는 변화를 거부하는 사회들이 지니는 특성이다. 사실 철저히 '둔감한' 사회 혹은 전적으로 '격동하는' 사회보다는, 대립되는 집단들이 공존하는 사회가 더 많다. 전자에 속하는 사람들은 내일도 어제와 똑같기를 바라고 기존의 질서가 무한정 지속되기를 바란다. 반면 산업사회 사람들은, 미래는 늘 과거와 다르기를 바라고 혁신과 변화, 나아가 과거와의 단절에 더 높은 가치를 부여한다.

요컨대 클로드 레비스트로스를 지금도 인간 탐험가로 부를 수 있다면, 그것은 그가 브라질의 마토그로소를 누비고 다니며, 찬 땅바닥에서 야영을 하고, 일본을 다녀왔기 때문이 아니다. 그 누구보다 인간의 결혼과 토템과 신화나 가면에 대해 제대로 이야기했기 때문도 아니다. 엄밀한 이론적 성과와 우아한 문체를 결합시킨 보기 드문 학자이기 때문도 아니다. 그것은 그때까지 알려지지 않았던 인간의 기본적인 상징 메커니즘, 인간의 삶과 이야기, 창조와 감정을 만들어내는 그 메커니즘을 만천하에 분명히 드러냈기 때문이다.

레비스트로스의 책 중에서 가장 먼저 읽어야 할 것은?

클로드 레비스트로스 저, 박옥줄 역, 《슬픈 열대》, 한길사, 1998

레비스트로스에 대해서 좀 더 깊이 알고 싶다면?

클로드 레비스트로스 저, 안정남 역, 《야생의 사고》, 한길사, 1996
클로드 레비스트로스 저, 임봉길 역, 《신화학 1, 2》, 한길사, 2005
클로드 에드먼드 리치 저, 이종인 역, 《레비스트로스》, 시공사, 1998

Part 6

인간의 자취가 보이지 않을 때

질 들뢰즈

미셸 푸코

에마뉘엘 레비나스

철학자, 위기를 사유의 출발점으로 삼다

형태는 여러 가지지만 본질은 동일한 어떤 위기가 20세기를 관통했다. 바로 인간 개념의 위기다. 르네상스와 계몽주의 시대의 산물인 인간에 대한 고전적 이해 방식은 폐기되었다. 휴머니즘에 기초한 인간의 희망은 제1, 2차 세계대전에 무릎을 꿇고 말았다. 다다이즘과 뒤이은 초현실주의가 조롱을 일삼으며 언어와 예술 작품의 해체, 무의미를 실천한 것도 우연이 아니었다. 이 세상에 의미를 부여해주던 모든 것들이 해체되어버리고, 비인간적인 것들이 세상을 지배한다는 느낌은 널리 확산되었다.

이러한 세태를 헤쳐나갈 하나의 실마리로서 휴머니즘에 대한 질문은 현대의 주요 사상들의 공통점이었다. 이를 단순화시키면, 두 부류로 나누어볼 수 있다. 한쪽은 이전의 인간 이해 방식을 현대 위기의 주범으로 보고 이와 과감히 단절하는 이들이다. 1947년 장 보프레에게 《휴머니즘에 관한 편지》를 쓴 하이데거가 특히 이 부류에 속한다. 하이데거는 합리성과 주체의 개념을 신랄하게 비판한다. 반휴머니즘은 맹렬한 기세로 구조주의 사상가들까지 선동했다. 이들은 주체의 절대성을 오류와 환상의 산물로 본다.

반대쪽은 휴머니즘을 되살려 새롭게 혁신하거나 그대로 유지하거나 또는 그로부터 새로운 휴머니즘을 만들어내고자 하는 이들이다. 국제연맹의 '국제지식인협력위원회' 일에 헌신하던 당시의 앙리 베르그송과 그의 뒤를 이은 폴 발레리Paul Valery가 바로 이에 속한다. 비탄과 기계화의 시대에 모든 가치의 기반이 될 수 있는 토대는 과연 무엇인가라는 질문은 당시에도 끊임없이 제기되고 있었다.

어떻게 보면, 지금부터 살펴볼 세 명의 사상가는 바로 이러한 인간 개념의 위기 상황 속에 자리하고 있다. 서로 간의 크나큰 차이에도 불구하고, 이들은 이 위기를 사유의 출발점으로 삼는다는 공통점을 가진다. 이들의 사상적 업적은 바로 이러한 충돌과 대립을 기반으로 하고 있다.

니체에 심취했던 질 들뢰즈는 니체의 경구 "인간은 초월되어야 할 어떤 것이다"를 고스란히 이어받았다. 그의 지적 활동의 중심축은 고전주의 시대의 산물인 인간 개념과는 다른 방식으로 더 멀리 생각하고, 이곳이 아닌 다른 곳에서 지속적으로 사유하고자 하는 것이다. '욕망하는 기계', '동물-되기' 또는 '리좀(뿌리줄기)'에 대한 그의 분석은 이러한 관점에서 이해하는 것이 옳다.

니체가 '신의 죽음'을 단정한 이후, 미셸 푸코는《말과 사물》에서 '인간의 죽음'을 만천하에 공포한다. 이 극단적 표현은 수많은 오해와 억측을 낳았다. 하지만 이것은 인류가 이 땅에서 종적을 감출 것이라는 뜻이 아니라, 하나의 기준점, 앎의 대상, 설명의 근원으로서의 인간에 대한 확실한 개념이 인문학에 의해 완전히 사라져버렸다는 뜻이다. 소위 인문학이라는 것은 인간을 걱정하고 인간에 대해 고민하는 것이 아니라, 언어나 노동, 충동 따위에 몰두하는 것이다.

에마뉘엘 레비나스는 이들과는 좀 다른 위상을 가진다. 그는 휴머니즘의 한계와 결함을 철저히 인식하면서도, 휴머니즘을 다시 만들어낼 수 있기를 희망하고, 그것을, 그의 주요 저서 제목을 인용하자면, '다른 인간의 휴머니즘'으로 변화시킬 수 있기를 희망한다. 홀로코스트와 비인간성의 승리 이후의 문제는, 타인에 대한 존중, 외국인에 대한 관심, 타인의 우선권이라는 당면한 이치들을 확실히 인식하는 것이다. 모두 나치가 필사적으로 부정하려고 했던 것들이다.

1925	1944-1948	1969	1969-1987
파리에서 출생.	파리 대학에서 철학 전공.	《차이와 반복》, 《의미의 논리》 출간.	파리 8대학(처음에는 벵센느, 나중에는 생드니에서) 교수로 재직.

Gilles Deleuze

질 들뢰즈

'동물-되기'와 속도의 쾌락을 만들어내다

어디서 활동했나?

프랑스 학계에서는 고립무원이었지만, 말년에는 예술가들로부터 상당한 지지와 찬동을 얻었다.

진리란?

질 들뢰즈에게 있어 진리란, 순수논리의 문제가 아니라 힘과 정서의 문제이고, 투쟁 속에 자리하고 있으며, 교배와 잡종을 통해 전개된다.

명언 한 말씀!

"우리는 사막이다. 하지만 수많은 부족들과 목신牧神들, 식물들로 북적대는 사막이다."

철학 역사에서 그는…

독자적인 위치를 점하고 있다. 그의 사상이 기존의 어떤 유파와도 일치하는 점이 없고, 끊임없이 새로운 개념들을 만들어냈기 때문이다. 가시적으로 분명히 드러나지는 않아도, 그의 영향력은 계속 유지되어오고 있으며, 앞으로는 더욱 커질 것이다.

1972
펠릭스 가타리와 《안티 오이디푸스》 공동 출간.

1983-1985
두 권의 영화 철학서, 《이미지-무브먼트》, 《이미지-시간》 출간.

1995.11.4
파리에서 자살로 생을 마감.

들뢰즈는 늘 쾌락과 속도를 내세우며, 이 둘을 끊임없이 표현하고 함께 사고했다. 이것은 무슨 의미일까? 이것을 제대로 이해하기 위해서는 우선 이 쾌락을 어떤 안락함이나 행복감과 구별해야 한다. 들뢰즈가 말하는 쾌락이란, 어떤 경우에는 무시무시하거나 치명적이거나 끔직한 것으로부터 생겨날 수도 있다. 또 한 가지 염두에 두어야 할 것은, 여기서 '속도'를 물리적 속도와 혼동하지 않는 것이다. 들뢰즈의 속도는 힘이나 그 힘의 세기, 변화 및 진전과 관련되는 것이지, 급하게 서두르는 것이 아니다. 새로운 쾌락의 길을 열고 그 변화와 함께하는 것, 이 쾌락에 걸림돌이 되는 것들을 제거하고, 쾌락의 고유한 속도를 존중하는 것, 이것이 바로 들뢰즈가 말하는 '철학자'라는 사람들이 해야 할 일이다. 따라서 까마득한 옛날부터 있어온 철학자라는 직업은 이제 철학사를 가르치는 교수들을 일컫는 말이 아니다.

들뢰즈의 철학적 작업은 이런 것이다. 적어도 겉으로 보기에는 그러하다. 질 들뢰즈는 CNRS(프랑스 국립과학연구센터)에서의 4년을 제외하고는 늘 대학 강단에 섰다. 고등학교에서부터 시작하여, 소르본 대학, 리옹 대학을 거쳐 마지막으로 벵센느와 생드니의 파리 8대학에서 철학을 가르쳤다. 그의 강의는 갈수록 '비非정형적'인 성격을 띠었다. '비정형적'이라는 말 외에는 딱히 적당한 표현이 없다. 그도 그럴 것이, 그가 기존의 철학자들에게 접근해가는 방식은 절대 전통적 방식이 아니었다. 흄의 경험주의, 스피노자의 윤리학, 칸트의 체계나 니체의 철학을 이야기하면서도 들뢰즈는, 뭐라고 콕 집어 말할 수 없는 자신만의 독자적인 사유의 궤적을 그려나갔다.

그는 이 기라성 같은 철학자들을 모두 "바보로 만들었다"고 아무렇지도 않게 실토한다. 들뢰즈는 실제로 다소 딱딱하고 제한된 규범으로서의 철학사를 송두리째 와해시킨다. 하나의 사상을 설명하기 위해 들뢰즈는, 그 사상에 대한 기존 시각들을 지금까지와는 다른 방식으로 배치하고, 익숙한 이해 방식을 완전히 무너뜨리며, 하나의 새로운 설명을 내놓는다. 우리는 그것이 철학자 아무개의 사상과 체계임을 알아볼 수 있다. 해당 철학자의 기본 윤곽은 그대로다. 그런데 들뢰즈가 새롭게 설명해놓은 그 철학자는 얼굴이 완전히 달라져 있다. 전혀 예상치 못한, 당혹스럽기까지 한 그런 얼굴이다.

이런 상황은 1953년에 발표된 그의 첫 저작 《경험주의와 주관성》에서부터 시작됐다. 내재성에 대한 사유, 감각의 조합에 대한 분석, 주체를 구성하는 각 부분의 배치에 대한 해석은 모두 흄의 것이다. 그럼에도 불구하고, 여기서는 모두 들뢰즈만의 것이 되었다. 스피노자나 니체와 똑같은 술책이다. 들뢰즈는 이들을 자기와 꼭 닮은 형제로 묘사했다. 즉 이들은 부서질듯 허약하고 병들었지만, 완전한 긴장감으로 팽팽하게 당겨진 육체, 위대하고 긍정적인 건강함이 깃든 육체를 가진 자들이다.

이 생명력 넘치는 욕망은 쾌락의 또 다른 이름이다. 즉 이 철학자는 자신을 가로막는 것들, 자신의 힘을 펼칠 수 없게 만드는 것들과 맞서 싸운다. 그렇다면 그를 가로막는 걸림돌은 과연 무엇인가? 그가 생각하는 걸림돌은 초월과 슬픔이다. 속도는 들뢰즈의 쾌락과 분리될 수 없다. 즉 들뢰즈는 체계들을 탈취하여 제자리에서 맴돌게 하다가, 속도를 높였다가, 다시 늦추고, 예측불허의 움직임으로 그 체계들을 충동질한다. 그의 독법과 그가 특히 좋아하는 철학자들은 들뢰즈를 아무 문제없이 철학의 '정상적인' 적자로 인정한다.

그는 어떤 식으로든 1950~1960년대의 지식인들을 억눌렀던 마르크스와 공산주의, 하이데거와 국가의 역사, 헤겔과 '그냥' 역사로부터 벗어나고자 애쓴다. 그는 결코 '철학의 종말'을 개탄하지 않았으며, 진보의 환상도 믿지 않았다.

결별, 그리고 파격

:

이러한 독창성은 1969년 출간된 두 권의 주요 저작을 통해 폭발한다. 《차이와 반복》은 들뢰즈의 국가박사학위 논문이다. 따라서 형식은 지극히 전통적이지만, 내용에 있어서는 형이상학에 대한 정체성 및 역사적 상황에 관한, 그 이전까지의 모든 사유와 결별하고 있다. 《의미의 논리》에서는 좀 더 파격적 방식의 사유가 전개된다. 다시 말해 여기서는 스토아 학파의 주요 원칙이 루이스 캐럴Lewis Carrol의 어린 소녀들과, 피에르 클로소프스키Pierre Klossowski*, 제임스 조이스James Joyce와 결합한다. 엄청나게 난해한 이 두 권의 책은 그 유명세에 비해 제대로 읽고 이해한 독자가 거의 없을 것이다. 이 책들의 뒤를 잇는 진정한 후계자는 아직 나타나지 않았다.

피에르 클로소프스키 1905~현재. 프랑스 소설가 겸 평론가. 니체와 초현실주의에 강력한 영향을 받았다. 치밀한 논리와 냉철한 분석이 돋보이며, 풍부한 상상력을 통해 기존에 없었던 새로운 인간상을 예언한다.

들뢰즈의 대중적 인지도를 높여준 책은 펠릭스 가타리Félix Guattari와 함께 쓴 《안티 오이디푸스》와 《천 개의 고원》(1980)이다. 이 두 권은 정신분석학에 대한 악의적 비판이나 자본주의에 대한 수많은 비판서 중 하나라기보다는, 전반적으로 욕망의 적극성을 주장한 것으로 보아야 한다. 이들은 욕망의 무의식적 창조 작용, 욕망의 비개인적 전개 과정과 그 다양성(유목민, 무리)을 찬양하고, 정치적 파워를 조합·배치시키는 위대한 기계장치들을 역사를 통해 한눈에 파악하고자 시도한다. 이들의 시도는 인간의 영역 바깥에서 진리를 만들어내는 과정과 절차들을 증가시키는 데 있다.

들뢰즈의 정치적 성향은 철저한 좌파로 그다지 흥미로울 것이 없다. '붉은 여단'의 테러에 대한 지지도 이렇다 할 자랑거리는 못 된다. 사람들은 오히려 그의 놀랍도록 왕성한 이론 창조력을 높이 산다. 그는 1991년, 가타리와 함께 《철학이란 무엇인가?》라는 제목의 책을 출간하며 그와 같은 질문을 던진다. 그 해답은 바로 개념의 창조다. 이러한 개념들은 현실을 이제까지와는 다른 방식으로 재단하고 배분한다. '영토화territorialisation', '탈영토화deterritorialisation', '어금니molaire', '분자의moleculaire', '도주선ligne de fuite', '주름pli' 등의 용어가 무엇을 의미하는지 당장 알 수 없다고 해도 그건 별로 중요하지 않다. "정당한 사유란 없다. 사유의 정당함만 있다"고 말하는 들뢰즈는 이렇게 설명한다. "직선은 사물 속에도, 언어 속에도 없다."

우리가 만날 수 있는 것이라고는 사건, 분쟁, 개별성, 사태, 힘뿐이고, 이들을 통해 우리는 전례 없는 조합들을 접하게 된다. 바깥과의 어떤 관계에 근거한 들뢰즈식 쾌락은 바로 이러한 조합들로 이루어진다. 실제로 들뢰즈의 힘은, 서로 다른 무수한 방식을 통해 쾌락을 발산시켜주는 것은 바로 바깥이라는 점을 지속적으로 보여준다는 데 있다. 한마디로, 플라톤 이후 철학은 무엇보다 '안쪽, 내부'와 안쪽 그 자체의 만남을 찬양해왔다. 그리고 그것은 언제나 '같은(동일한) 것', 의식, 정체성, 관념에게만 주어지는 우선권 속에서 이루어졌다.

하지만 들뢰즈에게 있어 모든 것은 바깥을 향하고 있다. 당연히 철학의 바깥도 사유의 대상이다. 실제로 그의 사유는 문학과 회화, 음악과 영화를 넘나든다. 그뿐만이 아니다. 언어의 바깥, 사고되는 것의 바깥, 지각되는 것의 바깥, 의미의 바깥, 의식의 바깥, 이성의 바깥까지도 생각해야 한다. 가장 극단적인, 혹은 가장 최악의 경우는 바로 인간의 바깥, 인간 개인과 무관한 힘, 동물적 삶, 죽음까지도 생각해야 한다는 것이다.

이 모든 바깥들은 일반적으로 두려움을 불러일으키고, 우리를 숨 막

히게 하며 경직시킨다. 지칠 줄 모르는 들뢰즈에게 이 바깥들은 전대미문의 참신한 움직임이나 새로운 조합들의 무수한 원천이다. "바깥이라는 이 위대한 책들로부터 뭐라 형언할 수 없는 하나의 쾌락이 솟아난다. 이 책이 추하고 절망적이고 두려운 것들을 들려줄 때도 마찬가지다." 단 한 가지 기억할 게 있다면, 그것은 이 바깥이라는 것이 쾌락을 생산할 수 있고, 이 가능성은 여기에 딱 들어맞는 속도의 문제라는 것이다. 다시 한 번 이것이 무슨 뜻인지 제대로 이해해야 한다. 가장 간단한 방법은 들뢰즈의 강의실로, 그의 육성, 그의 삶 자체로 되돌아가는 것이다.

철학을 몰라도 철학을 할 수 있다

:

들뢰즈의 강의는 새로운 창조와 관점을 캐내는, 예사롭지 않은 일종의 탄광 같은 것이었다. 책에서는 도저히 볼 수 없는 온갖 종류의 기발한 통찰력이 그곳에 있었다. 본론을 벗어난 여담, 말장난, 속어, 사례들이 난무한다. 들뢰즈가 가르치는 것은 바로, 철학(자)을 공부할 때에는 구체적인 상황들, 매일매일의 일상적 장면들을 염두에 두어야 한다는 것이다. 난해한 전문 철학용어도 아니고, 손에 잡히는 것은 아무것도 없는 복잡한 사변도 아니다.

그보다는 길거리에서 낯선 이들과 마주치기, 모르는 그들을 유쾌하게 혹은 불쾌하게 생각해보기, 깜깜한 방 안에 있어보기, 자기 안경 찾아보기 등 구체적이고 명확한 사례들과 일상의 제스처를 기억해야 한다. 그러다 보면, 개념을 명명하기 위해 철학자들이 사용하는 방식(완곡하게 표현한 일상어, 새로 만들어진 복합어 등 상황에 따라 다르다)에 대한 뛰어난 설명을 얻을 수 있다.

들뢰즈는 '동물-되기', '욕망하는 기계', '도주선', 영화의 이미지와 그 외 자기 책들의 다른 주제들에 대한 변주곡도 즉석에서 만들어낸다. 하지만 그 어조는 매번 다르다. 그의 강의에서는 예기치 못한 전개와 중단, 왁자지껄한 상호접근이 이루어지기 때문이다. 들뢰즈는 소크라테스처럼 연신 웃음을 잃지 않으면서 학생들까지 웃게 만들고 즐기게 만드는 생기 넘치는 사상가로 변신한다. 스피노자나 라이프니츠를 한 번도 읽어본 적이 없고 지금 어떤 철학자 이야기를 하는지도 전혀 모르는 젊은 청중들을 상대로 들뢰즈는, 그런 무지는 전혀 문제되지 않는다고 자신 있게 선언한다. 그가 설명하고, 요약하고, 코멘트하기 때문이다.

그는 로커와 딜러들에게도 이야기하는 학자다. 그가 언젠가 '대중철학pop'philosophie'이라고 이름 붙인 것을 스스로 실천하는 셈이다. 이것은 사유를 움직임으로 이해하고, 내용보다는 전체적 설계도에, 대상 자체보다는 그 제스처에 더 큰 관심을 갖는 방식이다. 그는 스피노자에 대한 강의에서 이렇게 말한다. "결국 철학자란 개념을 창조해내는 사람만은 아니다. 철학자는 인식의 방식도 만들어내는 자일 것이다."

따라서 들뢰즈를 이해하기 위해 철학자가 될 필요는 없다. 들뢰즈 자신도 이 점을 자기 강의 중에 인정하고 있다. "분명 저희 세대 사람들은 평균적으로 철학적 교양이 풍부하고, 학식이 높은 사람들입니다. 그런데 철학 공부를 하는 경우 다른 분야, 가령 음악이나 회화, 영화 등에 대해서는 놀라우리만치 무지합니다. 하지만 여러분 같은 젊은 세대의 경우, 상황이 달라졌습니다. 다시 말해 여러분들은 철학은 전혀 몰라도, 예를 들어 색깔 같은 것들을 구체적으로 다룰 수 있는 기술이 분명 있습니다. 소리가 무엇인지 또는 이미지가 무엇인지도 잘 알고 있죠."

그는 이 모든 것들을 속도로 이야기한다. 속도, 혹은 더 정확히 말해 무한속도는 그의 특수한 존재 양식이기 때문이다. 사실 들뢰즈와는 아무 상관없는 획일적이고 단조로운 민첩함으로서의 속도도 존재한다. 하지만 들뢰즈만의 특징은 다른 무엇보다도, 무한속도의 그 특수한 양상이다. 이것의 의미를 설명하기란 쉽지 않다. 예민하고, (강도가) 다양하며, 끊임없이 움직이는 이 무한속도는 텍스트와 개념과 독자를 단숨에 사로잡아 이들을 중심 없는 예측불허의 움직임 속으로 밀어넣는다. 태풍처럼 휘몰아치는 이러한 가속화는 그 전체가 한꺼번에 흔들리지만, 내부도 따로 없고 경계선도 없다.

젊은 시절 사르트르가 후설에 대해 쓴 글을 떠올려보자. "만에 하나, 당신이 하나의 의식 '속으로' 들어가게 된다면, 당신은 회오리바람에 휩쓸려 그 바깥으로, 먼지 자욱한 나무 언저리에 내동댕이쳐질 것이다. 왜냐하면 의식에는 '내부'라는 것이 없기 때문이다." 들뢰즈의 글을 읽는 독자들이 느끼는 것도 아마 이러한 경험과 비슷할 것이다. 그 속으로 들어가지는 못하고, 마치 회오리바람에 휩쓸렸다가 전혀 새로운 궤도 속에 내던져지는 것과 같기 때문이다.

웃음이 없는 철학은 없다

:

들뢰즈의 유머도 잊어서는 안 된다. 1972년, 스리지Cerisy 국제학술토론에서 누군가의 젠체하는 현학적 질문에 그는 이렇게 답변했다. "제가 제대로 이해했다면, 선생님 말씀은 제게서 하이데거의 냄새가 난다는 말씀이신데, 정말 기분 최곤데요." 이런 유머는 그가 바깥으로 이행하고 있다는 신호이며, 가장 활발하고 민첩한 속도의 증거다. "웃지 않고 니체를 읽는 사람들, 그것도 많이 안 웃고 자주 안 웃고 가끔씩은 포복절도하지 않는 사람들은 니체를 읽지 않은 것이다."

다른 곳에서는 이렇게도 말한다. "그 위대한 책들이 우리에게 보여주는 것은, 우리의 하찮은 나르시시즘이나 우리의 죄의식에 대한 두려움이 아닌 발작적 웃음이나 혁명적 쾌락이다." 위대한 사상들이 낳은 위대한 유머보다 슬픈 열정의 편협함과 드라마의 나쁜 감동을 더 좋아하는 것, 그것은 들뢰즈가 볼 때 무기력과 나약함의 징후이다.

유머의 탈 아래에는 불안이 있다. 그리고 구현 세계에 대한 날카로운 통찰이 자리하고 있다. 가령 "모든 종류의 직업 범주들은 점점 더 정밀한 경찰 기능들을 행사하도록 권유받게 될 것이다. 즉 교수, 정신과 의사, 모든 교육계 종사자들…. 거기에는 여러분들이 오래전부터 예고해 온 것, 하지만 일어날 수 없는 일이라 생각했던 것들이 있다. 그것은 바로 감금과 유폐의 모든 구조들이 더 강화된다는 것이다." 들뢰즈는 미셸 푸코와의 대담에서 이런 식으로 자신을 표현한다. 1972년 3월 4일이었다.

우리는 들뢰즈가 말하는 무한속도란 세계를 다른 눈으로 바라보는 한 가지 방식이라는 것을 이해하게 될 것이다. 따라서 우리는 그가 몇 명의 위인들에게 했던 말을 과감하게 그에게도 똑같이 해줄 수 있을 것이다. 그는 베르그송에 대해서는 이렇게 말했었다. "위대한 철학자란, 새로운 개념을 창조하는 사람이다. 이 개념은 일상적 사고의 이중성을 뛰어넘고 세상에 새로운 진리를 부여하며 세상을 새롭게 배분하고 특별한 방식으로 분할한다." 사르트르에 대해서는, "이 사람이 말할 때, 우리는 상쾌한 공기를 마신다. 이것이 이 사람의 타고난 운명이다"라고 했다.

들뢰즈가 실질적으로 자기 자신에 대해서 이야기한 적은 없다. 다른 사람에 대해 이야기하는 것이 그가 자신에 대해 이야기하는 방식이었다. 자아는 속도를 내는 데에는 별 필요가 없었던 것이다.

들뢰즈의 책 중에서 가장 먼저 읽어야 할 것은?

질 들뢰즈 저, 박기순 역, 《스피노자의 철학》, 민음사, 2012

들뢰즈에 대해서 좀 더 깊이 알고 싶다면?

질 들뢰즈 저, 김종호 역, 《대담》, 솔, 1993
질 들뢰즈·펠릭스 가타리 공저, 이정임·윤정임 공역, 《철학이란 무엇인가》, 현대미학사, 1995
질 들뢰즈 저, 김상환 역, 《차이와 반복》, 민음사, 2004
질 들뢰즈·펠릭스 가타리 공저, 김재인 역, 《천 개의 고원》, 새물결, 2001
질 들뢰즈 저, 이진경·권순모 공역, 《스피노자와 표현의 문제》, 인간사랑, 2003
알랭 바디우 저, 박정태 역, 《들뢰즈 – 존재의 함성》, 이학사, 2001
클레어 콜브룩 저, 한정헌 역, 《들뢰즈 이해하기: 차이생성과 생명의 철학》, 그린비, 2007
아르노 빌라니·로베르 싸소 공저, 신지영 역, 《들뢰즈 개념어 사전》, 갈무리, 2012

p r e v i o u s

들뢰즈와 더불어, 인간과 동물 사이, 질병과 건강 사이, 이성과 착란 사이의 새로운 조합들이 모습을 드러낸다.

푸코에게 중요한 문제는 유럽 역사 속에서의 탄생과 죽음, 그리고 인간, 질병, 이성, 광기의 얼굴들이다.

n e x t

1926
프랑스 푸아티에에서 출생.

1950
공산당에 가입 (1953년에 탈퇴).

1954-1959
스웨덴 웁살라의 문화공보관.

1965
튀니지의 튀니스 대학 교수.

Michel Foucault

미셸 푸코

광기와 이성을 연구하다

어디서 활동했나?

프랑스 지방의 부르주아 집안에서 스웨덴과 튀니지를 거쳐 캘리포니아 대학에 이르는 예사롭지 않은 도정을 펼쳤다. 이후 콜레주드프랑스의 교수로 반체제 활동을 했다.

진리란?

푸코에게 있어 진리란, 사유의 체계에 달려 있고, 힘의 관계들을 표현하며, 몸과 행위에 효력을 미친다.

명언 한 말씀!

"인간은 아주 최근에 생겨났다. 우리 사유의 고고학이 이를 쉽게 증명할 수 있다. 종말도 머지않을 것이다."

철학 역사에서 그는…

철학과 역사의 경계선에 자리한 그의 철학이, 유럽과 미국에서 각기 다른 방식으로, 이론적인 측면뿐만 아니라 정치적으로도 영향력을 갖는다는 점에서 아주 특별한 위치를 점하고 있다.

불연속성. 미셸 푸코의 지적 여정을 처음 접했을 때의 인상이다. 그의 적수들은 그를 일관성 없고 산만한 철학자로 규정한다. 그가 걸어온 개인적 여정 역시 이 같은 인상을 주기에 충분하다. 수없이 다양한 지역들을 돌아다닌 만큼 관심 분야도 너무 다양해서, 하나로 명확히 통일시키기 어렵기 때문이다. 한 우물만 파는 사람들과 비교하면, 푸코는 분명 무질서하고 산만해 보인다. 그의 지적 여정은 보는 사람을 다소 당황하게 하는 면이 있다. 고전주의 시대의 광기에서 고대의 쾌락으로, 인문과학의 탄생에서 감옥의 탄생으로 종횡무진하는가 하면, 그 사이에는 중세의 시각이나 바스티유의 고문서 보관소를 거치고, 문학과 미학에 있어서는 레몽 루셀Raymond Russel(프랑스 소설가)과 클로드 모네Claude Monet의 작품까지 다루는 사상가가 바로 푸코이기 때문이다.

이러한 파편적 인상은, 푸코에게 일관된 하나의 방법론이 존재하지 않는다는 사실을 확인하고 나면 더욱 강해진다. 차례대로 이루어진 그의 연구는 각기 다른 규범을 따르고 있고, 목표도 모두 다르다. 더욱이 개념의 창시자로서 푸코는 이들 개념을 대량으로 만들어냈다가 별다른 거리낌 없이 파기하고, 이로부터 금방 또 새로운 개념들을 만들어낸다. 마지막으로, 이 개념의 발명가는 끊임없이 작업 프로그램을 짰다가 그 일부만 실행하거나 연구 도중 프로그램 자체를 아예 바꾸어버리기도 한다. 한 번도 완벽하게 조립되는 법이 없는 그 수많은 부품들을 마주하고 있노라면, 그의 연구는 늘 새로운 목표를 만들어내고 변화를 거듭하는, 살아 있는 연구라는 생각이 들 수 있다. 하지만 한편으로는 그 연구의 일관된 핵심이 무엇인지 도저히 포착할 수 없다는 실망감을 느낄 수도 있다.

푸코 자신은 자기 사유의 그러한 파편성을 자유에 대한 욕구라고 계속해서 주장했다. 그가 글을 쓰는 것은, 자신이 숨을 수 있고 남의 눈에 띄지 않고 자기 길을 걸어가다가 전혀 예상치 못한 어느 지점에서 느닷없이 자기를 드러낼 어떤 '미궁'을 준비하기 위함이다. "내가 누군지 물어보지도 말고, 늘 똑같은 모습을 유지하라고 요구하지도 마시오." 그가 《지식의 고고학》 서두에 쓴 말이다. 어디쯤 있는지 가늠도 안 되고, 어느 한곳에 고정되어 있지도 않기 때문에 관점이나 전략은 언제든 변화할 수 있다. 이것이 바로 푸코의 투쟁 방식이자 사유 방식, 삶의 방식이다.

미셸 푸코의 사상에 보다 수월하게 접근할 수 있는 가이드북이라는 것도 사실, 단절된 사고의 한 단면에 불과할 수 있다. 미궁을 빠져나오게 하기는커녕 오히려 그 속을 헤매게 만드는 이 역설의 '아리아드네-푸코'의 실이 그래도 유효할 수 있는 것은, 푸코가 일상적 기준이나 진부한 시각뿐만 아니라 자신의 이전 철학이나 자기 목표와도 과감히 단절했기 때문이다.

신성한 광인에서 정신병자까지

:

사상가로서 본격적인 활동을 시작하던 1955년, 푸코는 프랑스를 떠나면서 한동안 교직과도 결별한다. 노르말리엥이며, 철학교수 자격자였던 그가 강단 대신 문화공보관 자격으로 스웨덴의 웁살라로 떠난 것이다. 그는 그곳에서 공산당 및 마르크시즘과 결별을 준비한다. 특히 이 결정적 단절의 시기와 맞물려 《광기의 역사》를 집필하기 시작한다. 처음에 논문으로 제출되었던 이 원고는 1961년이 되어서야 책으로 출간되었다. 그런데 푸코는 1950년대에 이미 대학이 요구하는 엄밀한 기준들과는 결별했었다.

사실 철학자가 광기에 대해 이야기한다고 하면, 보통의 경우는 에라스무스나 데카르트, 그 외 정통 철학자들의 명단에 당당히 자리하고 있는 몇몇 인물들에 대해 언급하리라 생각하기 마련이다. 하지만 푸코가 파헤친 광기 관련 자료들은 뜻밖의 면면을 보여준다. 마술 개론서, 의학 매뉴얼, 경찰 보고서, 정신의학 강좌, 무명 저자의 별 볼 일 없는 작품들…. 이제는 기억하는 이도 없는 그 잡다하고 수수께끼 같은 자료더미 속에서 그가 추구하는 것은, 수 세기를 거치는 동안 늘 똑같은 취급을 받아온 인간의 광기에 사람들이 어떤 태도를 취해왔는지에 대한 역사를 재구성하려는 것이 아니다.

푸코는 기존의 그 단순하고 익숙한 시선과 단절한다. 그의 연구 대상은 이성과 그것의 무시무시한 분신인 광기를 구분 짓는 행위 그 자체다. 이러한 연구를 통해, 그는 사회적 담론과 실천들이 근본적으로 어떤 변화를 겪어왔는지 보여주고자 한다. 중세에는 광인을 성인에 가까운 인간으로 묘사했다. 어느 정도의 예언 능력을 갖춘 광인은 늘 유목민처럼 이리저리 떠돌지만 초자연적인 비밀을 간직한 존재였다. 하지만 중세 이후, 광인은 위험하고 세상을 문란케 하는 일종의 병자로, 인간보다는 동물에 가까운 존재로 묘사된다. 즉 가능하면 가두어놓고 그 증상을 진단하며 관리해야 할 대상으로 표현한 것이다.

이처럼 푸코는 처음부터 사유와 철학의 장 속에 이러한 단절부터 만들어낸다. 그는 늘 똑같이 취급되다가 정신의학의 등장과 더불어 결국 과학적 지식의 대상이 되어버린 광기에 대한 기존 사고와 단절하고 나선다. 그가 보여준 것은, 지금까지 연구된 대상들이 오히려 학문(지식) 및 그 학문의 분류와 같은 시기에 생산된 것이라는 사실이다. 그는 학문과 그 학문의 분석 영역을 구분하는 사고도 거부한다. 광인들의 감금 필요성에 대한 담론과 종합병원은 동시에 생겨났고, 정신병원과 정신의학도 함께 태어났기 때문이다. 지식의 장치들과 권력의 장치들은 같은 프로세스의 두 얼굴이다. 이 두 얼굴은 서로를 참조해가며, 상호 생산작용을 일으킨다. 이 둘의 역사는 똑같은 단면과 똑같은 변화 및 단절을 드러낸다. 푸코의 관심을 끌었던 것은 바로, 그 티핑포인트tipping point, 그 시작 시점, 이쪽과 저쪽을 구분 짓는 선 등이다. 그는 그러한 급격한 변화 혹은 편 가르기와 단절을 확인하는 것에 만족하지 않고, 그것을 파고든다.

더 나아가, 그전에는 아무도 그 존재를 인식하지 못했던 지점에서 이들을 부각시키고, 마치 사냥감을 쫓듯 추적한다. 이렇게 해서 푸코는 1966년의 《말과 사물》을 통해 지식의 공간 속에 자리한 그 단절의 모습들을 어둠과 망각으로부터 끄집어낸다. 이 지식이 19세기에 전개·발전된 '인문과학'이라는 것을 탄생시켰다. 그 와중에 푸코는 모든 해석의 중심 기준으로 인식되던 인간이라는 것이 얼마나 역사적인 존재이고, 따라서 이미 사라지고 있는 중일지도 모르는, 얼마나 일시적인 존재인지 강조하고 있다.

연속적 단절, 끊임없는 변화

:

'인간의 죽음'이라는 선언은 많은 오해를 불러일으킨 대신, 푸코를 유명 인사로 만들어주었다. 《말과 사물》은 그 난해함에도 불구하고 엄청난 성공을 거두었다. 푸코는 튀니지의 교수로 떠난다. 그는 68혁명이 있던 1968년 3월까지 그곳에 머물렀다. 그가 프랑스로 돌아온 것은, 당시 좌파의 본거지로 유명했던 벵센느 대학의 강단에 서기 위해서였다. 이는 콜레주드프랑스 교수가 되기 전의 일이다. 그는 당시 대학과는 점점 거리를 두고 있었고, 기존의 학자인 체하는 교수 스타일과는 특히 더 거리를 두었다. 완고한 아카데미즘뿐만 아니라, 글자 그대로나 비유적으로

나, 질서의 힘이라는 것과도 나름대로 결별했기 때문이었다.

푸코는 늘 단절이라는 징후를 통해 자신만의 길을 추구해나갔다. 실제로 《지식의 고고학》은 기존의 역사 연구에서 다루던 익숙한 대상들이나 방법론과는 거리가 있다. 대신 담론이란 무엇인지, 담론의 외형과 그 급격한 변화가 무엇을 의미하는지 규정하고자 한다. 《감시와 처벌》에서는, 단 하나의 중심에서 비롯하는 권력에 대한 일상적 이해 방식과 거리를 두고, 국지적이고 다중심多中心적인 '미시권력들'을 제시한다. 규율 혹은 처벌 사회, 육체의 조련, 시간 및 공간의 통제(병영, 기숙학교, 공장)가 어떻게 탄생했는지를 분석하던 푸코는, 기존의 마르크스적 접근 방식과도 철저하게 단절한다. 더욱 놀라운 점은, 그 이후로 사회적 지위도 높아지고, 책이 전 세계적으로 번역·출간되고, 그에게 모든 이목이 집중되는 상황이었는데도 불구하고, 푸코 자신은 기존의 연구 분야로부터 점점 더 멀어진다는 사실이다.

《성의 역사》와 더불어 그는 거대한 새 프로젝트에 착수한다. 이 방대한 연구의 첫 번째 성과(제1권)인 《앎의 의지》에서, 푸코는 서구사회에서 담론과 성 사이에 어떤 특별한 관계가 있는지를 밝혀낸다. 이 역시 일반적 사고와의 단절이었다. 성을 둘러싼 금기들은 성의 실행을 제한한다는 것이 우리의 일반적인 상식이다. 하지만 푸코는 오히려 이러한 금기의 역사가 성을 선동하고 생산하는 측면이 있다고 강조한다. 언제 어디서나 사람들은 성에 대해 수없이 이야기했고, 어떻게 하면 성에 대해 제대로 고백할 수 있을지를 두고 엄청난 고민과 노력과 시간을 투자했다. 성에 대해 이러쿵저러쿵 이야기하고자 하는 갖가지 형태의 관심이 끊임없이 서구사회를 관통하고 있었던 것이다. 문제는 그러한 성담론이 어떻게 형성되었고, 어디서 단절되었는지를 추적해보는 것이다.

하지만 푸코는 이 거대한 프로젝트를 포기한다. 그로부터 몇 년 후 푸코는 같은 제목으로, 전혀 새로운 연구를 시작한다. 고대 그리스와 로마인들의 '자기 관리'와 '쾌락의 활용'을 조절하는 방식 속에서, 푸코는 존재 방식과 행동 방식, 자신만의 삶을 구성하는 방식의 표준모델 하나를 재구성해낸다. 이 모델은 기독교의 모델과는 전혀 딴판이다. 이처럼 그가 마지막으로 인식론적 단절을 도입한 영역은 바로 개인의 구조, 개인 주체성의 구조다. 그렇게 오랫동안 근대 및 근대에 관한 다양한 자료들에 익숙해져 있던 철학자 겸 역사가가 스스로 그리스 학자, 라틴 연구가가 되기 위해 얼마나 남다른 노력을 했는지는 짐작도 하기 힘들 것이다. 이것은 그의 마지막 단절의 의지일지도 모른다.

하지만 이것은 그의 멈추지 않는 진화 과정 속의 한순간에 불과하다. 1984년 6월, 푸코의 죽음에도 이 연속적 단절의 움직임은 중단되지 않는다. 푸코의 책을 읽은 사람들이 그의 제스처를 재창조하고, 스스로도 예상하고 또 원했던 것처럼, 그가 만들어낸 이러저러한 개념들에 대해 원래 의미와의 새로운 단절을 시도함으로써 그를 계승하고 있기 때문이다. 가령 프랑스에서는 푸코 철학의 마지막 단계를 이전과는 다른 방식으로 연구하기 시작했고, 이 단계를 한 윤리학자의 유언으로 해석하기 시작했다. 이를 통해 엄청난 스케일을 자랑하는 그의 철학적 여정(니체의 궤적 속에 위치한다)은 좀 더 제대로 파악되고 있다. 미국, 일본, 러시아의 푸코 후학들은 푸코의 원래 의도와 결별한다. 이들은 자기 나름대로 새롭고 독특한 푸코를 다시 만들어낸다.

이것은 푸코를 배신하는 것이 아니다. 이러한 변화는 오히려 푸코에 충실한 것이다. 자신이 '도구'로 이용되는 것이야말로 푸코의 분명한 의지였기 때문이다. 그의 생각은 누구나 각자의 필요에 따라, 새롭고 예측 불가능한 방식으로 푸코 자신을 활용할 수 있어야 한다는 것이다. 그에게 있어 책의 저자란 그 책의 유일하고 공식적인 의미를 독점하는 자가 아니다. 결국 미셸 푸코가 중요하게 가르쳐준 것은, 사고하는 것과 글을 쓰는 것, 그리고 투쟁하는 것은 결국 단 하나의 동일하고 영원한 단절을 이룬다는 사실이다.

푸코의 철학적 삶

:

교수직 말기의 푸코는 죽음과 싸우고 있었다. 1984년 1월에 개최될 예정이었던 콜레주드프랑스의 대중강연회는 결국 열리지 않았다. "제가 많이 아팠습니다." 2월 1일에 개강을 한 그는 이렇게 말했다. 3월 말 학사 일정이 끝났을 때, 그가 한 말은 "너무 늦었다"였다. 표면적으로는, 단순히 시간이 촉박하여 예상했던 진도를 모두 나가지 못했다는 뜻일 수도 있다. 하지만 지금 돌이켜보면, 다른 의미였던 것도 같다. 이는 푸코가 그의 청중에게 건넨 마지막 말이었다. 그로부터 몇 주 후, 그는 파리의 살페트리에르 병원에서 에이즈로 숨을 거둔다. 1984년 6월 25일, 그의 나이 겨우 쉰여덟 살이었다.

그는 자신의 마지막 수업을 진정 유언으로 생각했던 걸까? 확신할 수는 없지만, 그렇게 생각할 수도 있다. 어쨌든 그의 날카로운 통찰력과 방대하고도 정확한 학식이 돋보인 말년의 강의는 특별했다. 이미 다 알고 있는 내용들 속에 전혀 새로운 풍경이 솟아나게 만드는 그의 능력 덕분이기도 하다. 푸코의 이 마지막 강의 덕분에 고대인들이 꿈꾸었고 또 실천했던 '철학적 삶'은, 근대를 움직이는 혁명의 열망과 전투적 삶의 모태로, 또 까마득하지만 늘 살아 있는 원천으로 등장할 수 있었다.

고대 철학자의 삶을 역사의 변화를 향한 근대 혁명가의 삶으로 이끌어준 그 기나긴 과정을 밝혀내기 위해, 푸코는 1년 전 이미 연구한 바 있는 그리스적 개념으로 다시 돌아간다. 그것이 바로 '파레시아parresia'다. 이는 친구의 솔직한 이야기, 마음을 털어놓을 수 있는 상대가 말하는 거짓 없는 진실을 가리키는 용어로, 위선자나 모사꾼의 아첨과 대립된다. 이 '파레시아'는 타인의 불쾌함이나 분노의 위험을 무릅쓰고, 숨김없이 모든 걸 다 말할 수 있는 용기를 내포한다.

인간의 가장 사적이고 내밀한 행위와 관련된 이 대담무쌍한 솔직함은 아주 중요한 정치적 차원과도 관계된다. 즉 자기 자신에 대해 사실대로 말한다는 것, 듣기 싫은 소리도 기꺼이 수용한다는 것은 고대 그리스인들에게 있어 개인의 관리 차원뿐만 아니라 공동체 통치와도 관련되는 것이었다. 진리를 요구하는 방식이 서로 유사한 주체와 국가는 자신에 대한 권력과 타인들에 대한 권력을 연결시킴으로써 스스로를 설정한다.

여기까지는 전혀 새로울 것이 없다. 그런데 이야기가 견유주의犬儒主義 철학자들로 넘어가면, 푸코의 강의는 탁월함을 발하면서 대가다운 면모를 유감없이 발휘한다. 고대 그리스에서 견유주의라는 말은 지금 우리가 사용하는 의미와 전혀 달랐다. 'kunos(고대 그리스어로 '개'라는 뜻)'에서 생겨난 이 단어는 '개 같은'이라는 뜻을 갖는다. 견유주의 철학자들은 (의도적으로, 철저하게) 개처럼 살아가는 사람들이다. 땅바닥에서 그냥 자고, 인공적인 것들은 모조리 거부하며, 먹을 것을 구걸하고, 문명화된 관례는 전혀 준수하지 않는다. 짐승들이 교미하듯 사람들이 보는 앞에서 성교를 하고, 지나가는 사람들에게 욕설을 퍼붓는 이 철학자들은 수백 년에 걸쳐 추문의 대상이었다.

푸코는 그 의미가 간과되고 축소되는 일이 잦았던, 이 말도 많고 탈도 많던 이들에게 관심을 가진다. 그의 관심은 사람들을 도발하고 반항하는 이 '고약한 인간들'에게 단순히 매력을 느끼는 수준이 아니다. 그는 견유주의자들이 불러일으킨 비난과 지탄 속에서 풀어야 할 수수께끼를 하나 발견한다. 당시 사람들은 견유주의자들을 왜 그렇게 나쁘게만 보았을까? 그들은 고대의 철학자들이 함께 공유하던 중요한 야심에 기반을 두고 있는데도 말이다. 견유주의자들이 추구하는 바가 얼마나 평범한 것인지 강조할 필요가 있다. 이들 철학의 기본 원칙은 결코 남달리 독특한 것이 아니었기 때문이다.

너무 늦은 걸까?

:

오히려 이들의 목표는 누구나 인정하는 합의사항에 가깝다. 철학을 통해 자신의 삶을 변화시키고, 이 변화를 실현하기 위해 스스로를 관리하며, 따라서 불필요하다고 생각되는 것들은 단념하고 자신의 삶이 자신의 생각과 일치할 수 있도록 훈련을 거듭하는 것이다. 이러한 원칙들은 고대 그리스나 로마에서는 누구나 동의하는 바였다. 그렇다면 견유주의자들은 그 당시 모든 철학자들이 다소간은 공유했던 목표를 세상의 비난 속에서도 열심히 추구했을 뿐인데, 왜 그토록 기이한 사람들, 용납할 수 없는 사람들로 치부되었던 것일까?

그 이유는, 극한까지 밀고나갔기 때문이다. 철학적 삶에 부응하는 실천을 극단적으로 추구함으로써 그러한 삶의 의미를 역전시켜버린 것이다. 견유주의자들은 진리를 따르는 '진정한 삶'이란 우리를 속이고 있는 풍속들을 훼손시켜야만 존재한다는 것을 보여준다. 이러한 경솔함이 이들을 한낱 추문의 대상으로 만들어버린 것이다. 즉 다른 사람들의 눈에 비친 견유주의자들은 누구나 동의하는 원칙들과 그 실천 방식에 문제를 일으킨 자들이다. 위와 같은 원칙들에는 우리도 모두 동의하지만 우리는 그 반대로 행동한다. 반면 그들은 우리가 동의하는 바를 글자 그대로 실천했고, 거부당했다. 익숙한 철학적 목표들을 전혀 수정하지 않고 그 목표에 도달하려면, 규범을 얼마나 파괴해야 하는지, 사회적 합의들을 얼마나 실추시켜야 하는지를 그들은 잘 보여주고 있다.

서구 역사 속에서, 그것은 하나의 중요한 변화다. 이러한 변화에 따라 '철학적 삶', '진정한 삶(올곧고, 완벽하고, 신성하며, 덕이 지배하는 삶)'은 '다른 삶(가난하고, 지저분하고, 추잡하고, 치욕스럽고, 무시당하는 동물적인 삶)'이 되어버리기 때문이다. 푸코는 이후 수많은 철학 후계자들의 운명을 결정지어버린 이 왜곡된 변화의 다양한 측면들을 밝혀낸다. 신성했던 철학자의 역할도 순탄치 않은 모양새로, 완전히 뒤틀려버렸다. 견유주의는 자신의 능력을 주장하는 데 있어 아무것도, 아무도 필요로 하지 않은, 진정성을 가진 유일한 일인자가 분명하다. 하지만 이 일인자는 웃음거리밖에 되지 않는다(지저분하고 추잡한, 벌거벗은 알몸이다).

이들의 가장 훌륭한 점은 무엇일까? 전 인류를 향해 '숨김없이 솔직하게 말하기'를 실천했다는 것이다. 이 '개'들은 시끄럽게 짖고, 공격하고 물어뜯는다. '진실 말하기(파레시아)'라는 명목으로 인류 전체를 상대로 벌이는 한판 전쟁에서, 견유학파는 다른 사람들뿐만 아니라, 그 자신과도 맞서 싸운다. 이 범우주적 부랑자들은 그렇게 해서 새로운 사상을 만들어냈다. 즉 진정한 삶과의 조우는 세상의 소란스러운 역효과와, 기존에 존재하던 것들과의 결별을 내포한다는 것이다. 진리의 전도사 견유주의 영웅들은 새로운 세상, 하지만 유효기간이 정해진 새 세상의 도래를 위해 노력했다.

푸코가 연구하고자 한 커리큘럼을 정리해보면 다음과 같다. 첫째 견유학파의 금욕주의로부터 기독교 금욕주의로의 이행을 연구한다. 둘째 기독교적 중세 이후 근대의 혁명가 및 19세기의 투사들에 이르는 시간 동안, '진정한 삶'에서 '다른 삶'으로, '진정한 세계'에서 '다른 세계'로의 연속성과 변화를 추적한다.

하지만 이 방대한 작업을 수행하기에는 너무 늦어버린 게 사실이다.

푸코의 책 중에서 가장 먼저 읽어야 할 것은?

미셸 푸코 저, 오생근 역, 《감시와 처벌》, 나남출판, 2003

푸코에 대해서 좀 더 깊이 알고 싶다면?

미셸 푸코 저, 이규현 역, 오생근 감수, 《광기의 역사》, 나남, 2003
미셸 푸코 저, 이정우 역, 《지식의 고고학》, 민음사, 2000
미셸 푸코 저, 이정우 역, 《담론의 질서》, 새길, 2011
미셸 푸코 저, 이규현 역, 《말과 사물》, 민음사, 2012
미셸 푸코 저, 이규현 역, 《성의 역사 1: 앎의 의지》, 나남, 2004
미셸 푸코 저, 문경자·신은영 공역, 《성의 역사 2: 쾌락의 활용》, 나남, 2004
미셸 푸코 저, 이혜숙·이영목 공역, 《성의 역사 3: 자기 배려》, 나남, 2004

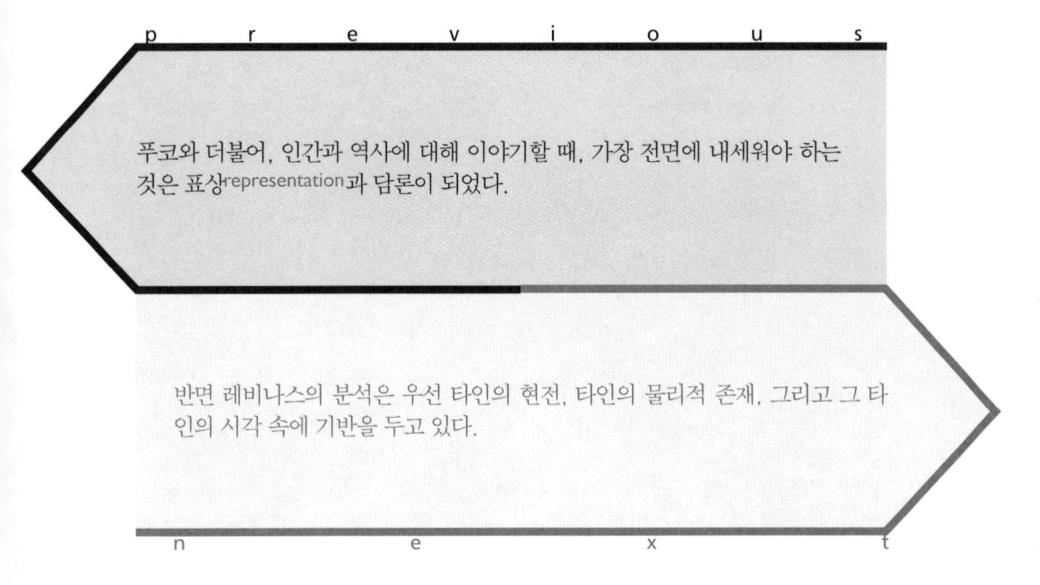

1906	1914	1923-1927	1928-1929
리투아니아 카우나스의 교양 있는 집안에서 출생.	전쟁으로 온 가족이 러시아 카르코프로 이주. 러시아에서 고등학교 진학.	스트라스부르 대학에서 철학 전공.	독일 프라이부르크 대학의 후설과 하이데거 밑에서 수학.

18

Emmanuel Levinas

에마뉘엘 레비나스

타인에게서 윤리의 원천을 발견하다

어디서 활동했나?
리투아니아에서 러시아와 독일을 거쳐 프랑스까지 발자취를 남긴 지식인이다. 한 인간으로서의 여정은 전 유럽과 유럽이 치른 전쟁 속을 그대로 관통하고 있다.

진리란?
레비나스에게 있어 진리란, 타인의 존재와 연결되어 있기 때문에, 나의 의지로만 결정되는 것이 아니며, 법과 윤리를 이어준다.

명언 한 말씀!
"법의 필요성을 인정하는 것은, 인간이 인간의 조건을 마법 부리듯 한순간에 부정한다고 해서 구제받을 수는 없음을 인정하는 것이다."

철학 역사에서 그는…
유대인적 유산과 그리스적 유산을 함께 사유하고, 윤리의 차원과 합리성의 차원을 함께 사유한다는 점에서 독특한 지위를 점한다. 오랫동안 잠잠하던 그의 영향력은 점차 커지고 있다.

1940-1944
독일에서
포로수용소 생활.

1961
국가박사학위 논문
《전체와 무한》 통과.

1973-1976
푸아티에 및 낭테르 대학을
거쳐 소르본 대학에서 교수 재직.

1995.12.25
파리에서 사망.

1963년, 에마뉘엘 레비나스는 《어려운 자유》에서 자신의 삶에 대해 이렇게 쓰고 있다. "내 삶을 지배한 것은 나치의 잔혹함에 대한 예감과 그 기억이다." 그의 사상 역시 마찬가지라고 할 수 있다. 그의 사유 속에 홀로코스트가 명시적으로 드러나는 경우는 거의 없고, 그의 저서 대부분이 겉으로는 지극히 추상적인 질문들을 다루고 있음에도 불구하고, 그의 사유가 전개되는 방향은 오롯이 대량학살과, 반인륜적 만행의 명명백백한 승리와 직결되고 있다.

그가 가장 중요하게 생각한 것은 이런 만행이 어떻게 가능할 수 있었는가를 알아내는 것이 아니다. 그렇다고 이 난데없는 야만성이 어떤 점에서 남다른 속성을 갖는지 정확하게 밝혀내려는 것도 아니다. 오히려 레비나스의 목표는 인간의 차원을 회복하고자 하는 것이고, 윤리의 근본을 다시 생각해보는 것이었다. 인간이라는 것이 거의 자취를 감추어 버린 것처럼 보이는 시기임에도 불구하고, 그는 타인의 모습을 부각시키고, 이 타인의 존재 속에서(그리고 타인의 우선권 속에서) 우리의 도덕성을 회복시킴으로써 인간을 인간이게 하는 것이 무엇인지 찾아내려고 노력한다.

레비나스의 인생은 순탄치 않았다. 유럽의 제일 끝자락에서 태어난 그는 여러 나라 언어를 내면화하고, 서로 다른 사상의 지평들을 통합할 수 있었으며, 이러한 독특한 경험을 바탕으로 혁신적이고 새로운 자신만의 사유세계를 개척했다. 그럼으로써 그는 전대미문의 20세기 역사를 꿰뚫어보는 통찰력을 획득할 수 있었다. 공포의 한 세기를 몸소 겪은 레비나스는 타인을 다른 무엇보다 최우선시하는 윤리를 가장 중요하게 생각했다. 오랫동안 사람들의 관심 밖에 있었던 그의 철학은 교황 요한 바오로 2세와 바츨라브 하벨Vaclav Havel*에게 영향을 미쳤지만, 말년이 되어서야 겨우 세상에 알려지게 되었다. 현재 그의 사상은 전 세계인들의 연구 대상이다. 그러나 한편으로는 그 모든 의미가 제대로 전달되지 못하고 있다.

바츨라브 하벨 1936~2011년, 체코의 전前대통령. 극작가로 활동하다 반체제 지도자가 되어 체코의 '벨벳 혁명'을 주도하였으며, 공산체제 붕괴 후 대통령에 당선되었다.

가리워진, 그러나 선명한 철학

:

그의 인생 여정은 리투아니아의 카우나스에서 시작된다. 그곳은 남다른 역사를 가진 유대인 공동체 속에서 여러 언어와 지식들이 서로 교차하는 곳이었다. 그 역사가 남다른 이유는 탈무드 연구학자 빌나의 가온Gaon de Vilna과 그의 제자였던 변증법주의자 랍비 볼로진의 하임Rabbi Haim de Volozine의 전통이 강했기 때문이었다. 레비나스의 집안은 유대 전통에서 비교적 자유로운 분위기였고, 늘 책을 가까이 하는 가정(아버지가 서적 상인이었다)이었지만, 유대 계율만큼은 말할 것도 없이 가장 '기본적인 원칙'으로 삼았다. 그의 모국어는 러시아어였지만, 여섯 살 때부터 히브리어 선생님과 '율법'을 읽어야 했다. 1914년 독일 군대가 진군해오자, 레비나스의 가족은 러시아로 이주했다. 레비나스는 러시아의 카르코프 고등학교에 진학했다. 유대인 학생의 입학을 제한하는 그 학교에는 유대인이 다섯 명밖에 되지 않았다. 그 후 그는 러시아 볼셰비키혁명과 더불어 푸시킨Aleksandr Pushkin, 레르몬토프Mikhail Lermontov, 톨스토이, 투르게네프Ivan Turgenev, 도스토옙스키를 알게 된다. 이들을 통해, 그는 막연하게나마 철학적 질문들을 처음으로 인식하게 된다.

1923년, 레비나스는 스트라스부르에서 이들을 새로운 시각으로 재발견하게 된다. 스트라스부르 대학에서 라틴어를 처음 배운 그는 모리스 프라딘느 교수와 함께 철학 공부를 시작한다. 이때 그는 모리스 블랑쇼와 처음 친구가 되었고, 이들의 우정은 평생 이어진다. 이후 그는 베르그송에 심취했고, 그다음에는 현상학에 사로잡혔다. 그 때문에 프라이부르크 대학에서 공부하기로 결심했고, 후설과 하이데거 밑에서 차례로 수학했다.

1930년에 프랑스 국적을 취득한 그는 파리에 있는 동방 이스라엘 사범학교에서 교사생활을 시작한다. 그곳은 서아시아에 위치한 이스라엘 만국협회에서 일할 교사들을 양성하는 곳이었다. 다른 한편으로 그는 자신의 철학 작업을 계속했다. 그는 제2차 세계대전 중 독일에서 포로

수용소 생활 끝에 결국 살아남았지만, 그의 가족들은 리투아니아에서 나치에 의해 학살당하고 만다.

그가 박사논문 《전체와 무한》을 제출한 것은 1961년이 되어서였다. 당시 그는 여러 가지 활동을 동시에 하고 있었다. 우선 대학 교수로서의 본분에 충실했고, 학계에서 이력을 쌓아갔다. 푸아티에에서 낭테르, 마지막으로 소르본 대학에 이르는 동안 그는 철학자가 '직업'인 사람이었다. 두드러지지는 않았지만 인정받는 교수-철학자 겸 상당히 난해한 작품들의 저자가 바로 레비나스였다. 당시 이 저서들의 힘과 독창성은 아주 소수의 사람들만 이해하고 있었다. 그의 또 다른 활동은 그에게 탈무드를 가르쳤던 수수께끼의 인물 슈샤니Chuchani의 뒤를 따라 종교적 사상가로서 다양한 가르침을 창안해내는 것이었다. 이러한 가르침 속에서 그는 탈무드를 기본으로 하는 히브리 텍스트들이 지닌 수많은 의미를 아주 섬세하고 치밀하게 밝혀낸다.

신중하면서도 고정관념에 얽매이지 않았고, 친절하고 부드러우면서도 조심성이 있었으며, 완고한 면이 있으면서도 아이러니와 유머를 잃지 않았던 레비나스를 온전히 생생하게 기억하는 학생들은 거의 없을지도 모른다. 하지만 그는 기억에서 사라져간 그 수많은 위인들과 유사한 인생 여정을 통해 타의 추종을 불허하는 성과를 이룩해낸다. 이 천재 사상가의 사유는 유난히 특별하다. 그는 윤리가 완전히 사라져버린 것 같은 20세기의 한복판에서, 다시금 그 힘과 근원을 윤리에 되돌려주었다.

타인의 존재

:

레비나스 철학과 다른 철학 사이의 크고 분명한 차별성을 이야기하는 것은 그리 까다로운 일은 아니다. 그의 사상은 타인의 육체에 대한 충격적인 경험에 뿌리를 두고 있다. 핵심은 다음과 같이 정리할 수 있다. 레비나스에 의하면, 윤리란 철학적 반성의 문제가 아니라 직접적 경험이다. 윤리는 논리에서 비롯되는 것, 즉 연역되고 추론되는 것이 아니다. 윤리는 그냥 느껴지는 것이다. 우리는 타인의 지각과 타인의 존재에 의해 직접적으로 포착되고, 요구되고 동원된다. 레비나스에게 가장 중요한 사실은(윤리적 문제이면서 동시에 윤리적 인간의 문제), 사물의 존재와는 전혀 다른 양상으로 강요되는 타인의 물리적 존재가 세계 속에 유발하는 엄청난 상처와 고통 속에 있다는 것이다.

레비나스에게 타인의 육체란 그 자체로 독창적인 의미를 가진다. 그 적나라함, 근본적 허약함, 가진 것이 아무것도 없음을 숨길 수 없는 그 무능력함 속에서, 이 인간의 육체는 약하기 짝이 없는 존재이며 동시에 불가침의 영역임을 스스로 드러내고 있다. 언제든 살해당할 수도 있는 육체이지만, 이 육체는 스스로에 대한 살인을 금한다. 따라서 타인의 개입만으로 윤리와 책임감, 나아가 정치까지도 얼마든지 가능하다.

어떠한 매개도 없는 육체의 이 직접적인 의미를 레비나스는 '얼굴'이라고 불렀다. 이것은 단순히 인간의 면상을 말하는 것이 아니고, 그 이목구비를 말하는 것도 아니다. 이 '얼굴'이란 나에게 직접 말을 건네고 어떤 식으로도 벗어버릴 수 없는 책임감을 내게 부여하는 인간으로서의 타인, 그 타인의 육체 전부를 가리킨다. “하나의 얼굴이 보인다는 것은, 이미 ‘살인하지 말라’라는 말이 귓전을 울리는 것이고, ‘살인하지 말라’라는 말이 들린다는 것은 ‘사회 정의’가 들린다는 것이다.”

레비나스가 말하는 윤리는 타인의 경험이 하나의 격변이라는 점을 전제하고 있다. 왜냐하면 타인의 육체를 통해 인간은 무한에 다가가기 때문이다. 무한으로의 이러한 접근은 일종의 자아 상실이라고 할 수 있다. 타인의 얼굴은 내게서 나 자신과 나의 확신, 이기주의라는 울타리들, 무관심, 좀 더 극단적으로 이야기하면, 나의 정체성과 주관성까지도 모두 박탈해가기 때문이다. 레비나스의 사상이 가져온 이 급격한 선회를 통해 확인할 수 있는 것은, 바로 타인이 나보다 우선한다는 사실이다. 그의 윤리는 “먼저 가시지요. 전 뒤에 가겠습니다”라는 평범하고도 예의 바른 인사를 글자 그대로, 또 진지하게 받아들인다. 그리고 이러한 표현 속에서 세계 이해의 열쇠를 발견하며, 그로부터 개인의 삶과 동시에 집단적 삶의 규범을 이끌어낸다.

따라서 타인과 나의 관계는 불균형한 비대칭 관계다. 타인의 우선권이란 레비나스가 ‘박탈’ 혹은 ‘불면’이라고 설명하는 것, 레비나스가 주체를 거의 순수 ‘수동성’, 타인의 ‘볼모’로 생각하는 것과 같다. 이 주체와 타인의 극단적 관계 역전이 역설적 결과로 귀착되는 것처럼 보일 때도 있다. 즉 우리는 이기주의, 힘의 역학관계, 타인에게 행사되는 지배를 제한할 필요성 따위를 일반적으로 생각하는 반면, 레비나스는 나에 대한 타인의 우선권과 도움 및 연민의 의무를 출발점으로 제시한다.

타인에 대한 이러한 책임감을 실천할 수 있는 사람은 나 자신뿐이다.

그 책임감이 나에게 그 실천을 요구하고, 심지어 그 실천을 지정해준다. 이 책임감은 다른 사람이 대신해줄 수 없고, 나는 나의 이름으로 그것을 행사해야 한다. 레비나스의 윤리를 가장 근본적인 철학으로 제대로 자리매김하게 할 수 있는 것은 바로 이런 점 때문이다. 세계와 인간에게 이 이외의 또 다른 토대를 생각할 필요는 없고, 또 다른 존재나 실체도 필요치 않다. 형이상학의 예전 지위는 위태로워졌다. 좀 더 정확히 말하면 형이상학의 자리는 이제 타인과의 관계가 차지해버렸다.

나에 대한 타인의 우선권은 모든 차원에서 유효하다. 예의는 끊임없이 "먼저 가시지요. 전 뒤에 가겠습니다"라고 말한다. 레비나스는 이런 식의 공손함이 갖는 근본적 의미가 얼마나 중요한지, 그리고 그 외 다른 영역에서도 이러한 의미는 똑같은 중요성을 갖는다는 점을 강조한다. 자식이 나보다 중요한 것은 당연하고, 가진 것 하나 없는 가난한 사람들에게도 우선권은 있고, 외국인들도 제대로 대접받아야 함은 물론, 토박이들보다 먼저 존중되어야 한다. 이것은 관습이나 문화 혹은 법의 문제가 아니다. 이것은 세계 내 우리 존재에 대한 문제이고, 우리와 우리 자신, 우리와 언어, 우리와 의미의 관계에 있어 가장 근원적 의미로서의 인간의 문제다.

하지만 타인의 경험이 갖는 이러한 극단적 측면은 죄의식에 대한 옹호로 나아갈 위험이 있다. 그 어떤 행동도 하기 전에, 타인의 그 아찔하고 엄청난 요구를 마주한 나는 이미 죄인이기 때문이다. 따라서 윤리의 기초에 대한 레비나스의 숭고한 사유 방식은, 그 독창성과 심오한 깊이에도 불구하고 비판의 칼날을 피해갈 수 없다.

사실 타인 살해 금지와 타인의 육체 경험을 이런 식으로 통합시키는 것은 현실과 규범을 통합하는 것이다. 하지만 이러한 통합이 과연 현실적으로 가능한 것인지 의구심이 들지 않을 수 없다. 레비나스는 현실과 당위 사이의 거리를 무효화하려는 것 같다. 하지만 그러한 통합이 현실적으로 가능한 것인지 묻지 않을 수 없다. 놀라울 정도로 정확하고 섬세한 언어로 표현된 그 사상의 위대함은 의심의 여지가 없지만, 그럼에도 불구하고 서로 이질적인 세계들을 뒤섞어놓고 있다는 의구심은 피할 수가 없다.

이 레비나스 철학의 주요 성과가 발생시키는 의문점들은 이뿐만이 아니다. 철학적 측면과 탈무드적 측면을 결합시키는 것에 대해서도 의문을 제기할 수 있다. 물론 이 문제에 대해서는 좀 더 연구가 필요하지만 문제의 핵심은 이러하다. 레비나스는 철학자로서나 유대인 사상가로서나 종교적 의례와 신성함을 동일시하지 않는다는 것이다. 그는 성聖(스러운 것)보다는, 현세와 지상 중심의 이교異敎를 전파하는 성인을 더 선호한다. 특히나 그는 신성이란 인간 상호 간 관계 속에 있다고 생각한다. 가령 다음과 같은 레비나스의 글은 논란의 여지가 많다. "인간과 신의 진정한 상호관계는, 의지할 신이라곤 전혀 존재하지 않는 양, 인간이 전적으로 책임지는 인간과 인간의 관계에 달려 있다."

그럼에도 불구하고, 가장 중요하게 기억해야 할 점은 레비나스의 방대한 분량의 글과 분석이 보여주는 놀랍도록 감각적이고 물질적인 특성이다. 사실 그의 사상만큼 구체적인 사상도 드물다. 난해한 내용이 많음에도 불구하고 이에 대한 접근 통로는 생각지도 않은 지점에서 발견된다. 예를 들면, 우리는 《전체와 무한》이라는 치밀하고도 복잡한 철학 이론서 속에 '애무'에 대한 내용이 들어 있을 거라고는 생각하지 못한다.

애정이나 다정함, 욕망이나 방어가 어떤 것이든 간에(애무가 이 모든 속성들을 다 가지고 있으면 모를까), 애무는 논리적 분석이나 개념, 추상적인 수고와는 거리가 멀다. 어쩌다 애무가 증명되는 경우가 있다 하더라도, 기하학에서의 증명과는 전혀 차원이 다르다. 보통의 경우, 이 애정 행위는 철학자의 이성을 필요로 하지 않는다.

애무의 철학

:

그런데 《어려운 자유》(그 이후 현대 철학 분야의 주요 기둥 중 하나가 된다)에서 에마뉘엘 레비나스는 뜻밖에도 이 애무에 대해 이야기하고 있다. 제일 먼저 그의 관심을 끈 것은 애무의 특이함이었다. 타인의 문제, 타인의 존재 자체와 그 얼굴에서 비롯하는 타인의 우선권, 윤리의 필요성을 가장 중요시했던 레비나스는 접촉을 통해 아주 독특한 시공간이 열린다는 것을 깨닫게 된다.

레비나스에 따르면, 애무란 "그 누구도, 그 무엇도" 목표로 두지 않기 때문이다. 애무는 일종의 중간 지대, 매개 지역을 만들어낸다. 그곳에서는 누구나 접촉의 주체이며 동시에 접촉의 대상이 된다. 그곳에서는 더 이상 원래의 자신이 아니고, 그렇다고 다른 누군가가 되는 것도 아니다. 굳이 목적을 따지자면 이 애무는 "아무것도 붙잡지 않는 것"이 목적이라고 할 수 있으며, 그냥 스쳐가는 것에 만족한다. 그냥 스치며, 끊임없이 다른 곳으로 미끄러져간다. 접촉의 대상이 무엇인지, 무엇을 찾아야 하는지도 모르지만 끊임없이 무언가를 추구한다. 사실 애무는 "눈에 보이지 않게 움직인다." 따라서 애무는 평범한 피부 접촉이나 세포 및 신경, 염색체 접촉과는 완전히 다르다.

애무는 "감각을 초월한다"고 레비나스는 자신 있게 말한다. 이렇게 애무하고 애무받는 육체는 더 이상 생물학적 육체가 아니다. 해부학자나 의사가 다루는 사물로서의 육체가 아니다. 댄서의 몸처럼 남에게 보여주기 위한 육체도 아니고, 기계적으로 움직이는 유기체도 아니며, 권력 관계에 억눌려 등이 휘지도 않았다. 이것은 말할 수 있는 것과 생각할 수 있는 것의 경계선에 자리한 또 다른 육체다. 뭔지 모르게 막연하면서도 환히 빛나는 이것은 완성된 것이 아니라, 늘 변화의 과정 속에 놓여 있다. 어찌 보면, 사물의 세계 속에 편입되지 않는 어떤 것이다. 레비나스는 이 모순적이고 역설적인 형상의 육체에 다가가고자 시도한다. 그렇다고 이것을 죽은 진리 속에 박제시키려는 것은 아니다.

타인이 우선권을 갖는 이 세계는 불확실성의 세계이고, 도그마가 보류된 세계이며, 단정적인 확신이 유보된 세계이기 때문이다. 이 세계를 향해 걸어간다는 것은, 과거 형이상학주의자들이 '진리'라고 불렀던 것들이 이곳에서는 모두 사라지고 없다고 말하는 것과 같다. 이 세계는 개념의 종말을 머리로 이해하는 곳이 아니라, 몸으로 느끼는 곳이다. 그래서 우리는 '애무의 철학'이라는 가상의 철학 속에서 레비나스 사유의 중심축을 발견하고자 한 적도 있다. 더욱이 이 애무에 할애된 부분은 그의 철학적 사유 속에 맥락 없이 일시적으로 등장하는 것도 아니다. 애무는 그의 다른 주요 저서 《존재와 다르게: 본질의 저편》(1974)

속에도 다시 등장한다.

플라톤 이후 우리의 시선은 고정된 각이나 모서리들만을 파악하고 식별해왔다. 이 시선은 타인을 사물의 하나로만 바라보았고, 자아정체성을 최고의 가치로 여겨왔다. 이러한 시선의 사유에 대해, 레비나스 이후의 현대 철학은 시선과는 다른 방식으로 기능하는 터치의 사유를 대립시킨다. 일관성 없고 산만한 사유라는 비판을 할 수도 있다. 아무런 확실성도, 명증성도 담보되지 않기 때문이다. 하지만 이러한 불확실성은 오히려 아주 중요한 윤리적 효과를 가져올 수 있다. 레비나스는 이렇게 쓴다. "타인이 은폐되지 않기 위해서는, 카테고리들이 사라져야 한다."

레비나스의 책 중에서 가장 먼저 읽어야 할 것은?

《어려운 자유》

레비나스에 대해서 좀 더 깊이 알고 싶다면?

에마뉘엘 레비나스 저, 양명수 역, 《윤리와 무한》, 다산글방, 2000
에마뉘엘 레비나스 저, 서동욱 역, 《존재에서 존재자로》, 민음사, 2003
에마뉘엘 레비나스 저, 자크 롤랑 편, 김도형·문성원·손영창 공역, 《신, 죽음 그리고 시간》, 그린비, 2013
마리 안느 레스쿠레 저, 변광배·김모세 공역, 《레비나스 평전》, 살림출판사, 2006

Part 7

끝나지 않는 논쟁

자크 데리다

위르겐 하버마스

철학자, 논쟁의 마침표는 있는가

아직도 신뢰할 이성이 남아 있는가? 20세기 말의 수많은 철학자들은 이 간단한 질문에 서로 다른 답을 내놓는다. 이러한 관점에서 볼 때 가장 전형적으로 대립되는 두 철학자는 바로 자크 데리다와 위르겐 하버마스다.

이들의 논쟁과 대립, 불화와 반목, 화해의 세부적 사항들을 이해하기란 분명 쉽지 않다. 피에르 부레Pierre Bouretz의 두꺼운 책을 보면 좋은 정보들을 얻을 수 있을 것이다. 하지만 이 책에서는 이론적·정치적인 동시에 제도적이고 이데올로기적인 다양한 현안들이 난무한 논쟁 속으로 직접 들어가려는 것은 아니다.

이 두 위대한 석학의 관계가 복잡 미묘한 것은 사실이지만, 그 전체적 초점을 간단히 정리해보는 작업은 가능하다. 문제는 합리성이라는 것이 아직도 미래가 있는 것인지를 제대로 이해하는 것이다. 여기서 합리성이란, 관례적 논증, 공개적 토론에서 활용되는 증명의 논리다. 이것은 분명 진리의 영역이 존재한다고 가정하는 것이고, 이 영역 속에서 누가 옳고 그른지, 옳다면 어떤 점에서 옳은지, 그르다면 어떤 논거에 따라 그른지를 최종적으로 확정할 수 있다는 의미다.

이런 식의 공통된 진리 추구는 고대 그리스 이후 수십 세기를 거쳐 계몽주의 시대와 과학적 현대성으로까지 이어져왔다. 19세기에는 니체가, 20세기에는 하이데거가 이런 식의 진리 추구에 도전장을 내기도 했다. 자크 데리다는 진리라는 사고 자체와, 합리성이라는 것의 절차와 방식에 대해 문제를 제기한 니체와 하이데거의 연장선 위에 위치한다. 그는 우리의 판단 기준과, 우리가 우리의 생각과 말을 구성할 때 사용하는 여러 범주들에 대해 의문을 제기한다. 이런 문제제기의 목적은, 겉으로 보기에 명맥하고 확실한 이 기준이나 범주들을 서로 뒤얽히게 만들고, 상대화시키는 것이다.

"해체déconstruction"가 바로 이런 것이다. 이것은 하이데거가 사용한 'Destruktion'을 프랑스어로 표현하기 위해 데리다가 처음 사용한 용어다. 이 말은 점차, 데리다 자신의 의지와는 상관없이, 데리다 특유의 제스처를 가리키는 말로 변모했다. 해체라는 것은 결국 개념적 용어들의 모호함을 강조하는 것이고, 겉으로 보기에 자명한 것들 속에서 미처 인식하지 못한 복합성들을 드러내는 것이며, 항상 같은 뜻을 지닌 것으로 간주되던 의미들을 다원화시키는 것이다. 이러한 훈련에는 인위적 조작이나 말장난 또는 수사학적 방식이 동원되기도 한다. 데리다의 방식은 이성의 고전적 의미와 그 활용에 맞서, 우선 이를 의심하고 불신하며 나아가 진로 방해-가로막기의 태도를 취하는 것이다.

반면 위르겐 하버마스는 합리성과 논리적 논쟁, 민주적 토론, 논증적 토의의 교환 속에서 새로운 신뢰와 자신감을 구현해나간다. 그의 입장은 보기보다 전복적이고 파괴적인 경우가 많다. 왜냐하면 하버마스는 한 사람 한 사람 모두가 토론에 접근해야 한다는 필요성을 역설하고, 자기 논거의 타당성을 돋보이게 하는 수단들을 동원하기 때문이다. 하지만 이것은 현실과 맞지 않는 면이 있고, 형식적으로 시민권을 인정하고 있는 민주체제에서도 불가능하다.

하버마스에게 중요한 것은, 이성을 경계하고 불신하는 것이라기보다는, 공개적 토론의 부활 조건들을 마련할 수 있는 방안을 강구하는 것이다. 민주주의에서 발생할 수 있는 일탈을 막기 위해 토론의 정치라는 민주주의의 고유한 본질을 지속적으로 환기시킨다.

지나치게 단순화시킨 면이 없지 않지만, 우리가 지금 이 대립되는 두 가지 입장에 직면하고 있다는 사실만큼은 분명하다. 한쪽에서는 합리성 속에 존재하는 불명확한 것들, 합리성의 한계, 궁극적으로는 합리성이라는 환상에 대해 체계적으로 의문을 제기하는 반면, 반대쪽에서는 토론의 윤리와 의결의 정치로부터 이론적·실천적 규범들을 이끌어냄으로써 합리성이라는 것을 보다 효율적인 것, 투명한 것으로 만들기 위해 노력한다. 이 두 입장 간의 논쟁은 끝이 없다.

1930	1940	1964-1984	1967
알제리의 엘비아르에서 출생.	비시 정부의 반유대 법안으로 프랑스 국적 박탈.	파리고등사범학교의 전임강사.	《그라마톨로지》, 《글쓰기와 차이》, 《목소리와 현상》 출간.

Jacques Derrida

자크 데리다

질문에 거듭 질문을 던지다

어디서 활동했나?

사라졌지만 존재하는 알제리, 익숙하지만 호의적이지 않았던 프랑스 교육계, 오히려 더욱 열광적이었던 미국 대학들에서 주로 활동했다. 그야말로 적극적이고 자발적인 범세계적 활동의 주인공이다.

진리란?

데리다에게 있어 진리란, 해체되어야 할 대상, 즉 처음부터 다시 재고해야 할 대상이고, 글쓰기와는 불가분의 관계를 이루며, 진리를 들려주는 이야기 속에 담겨 있다.

명언 한 말씀!

"철학은 스스로를 버리고, 스스로를 떠날 각오를 하고 늘 자기 모습을 드러내야 한다."

철학 역사에서 그는…

철학과 문학 분야에서 그가 실천한 무궁무진하고 새로운 시도에 열광하는 사람들이 있는가 하면, 그의 작업을 애매하기 짝이 없는 무용지물의 제스처로 보는 사람들도 있다.

1975	1978	1984	1986	2004.10.9
예일 대학 교수로 재직.	지식인들과 '철학삼부회' 조직.	EHESS(프랑스 사회과학 고등연구원) 원장.	캘리포니아 대학 교수로 재직.	파리에서 사망.

자크 데리다는 한 가지 역할에 편안히 안주한 적이 한 번도 없다는 인상을 주는 철학자다. 그는 아무 문제없이 당연하게 보일 수도 있는 것들을 수도 없이 다양한 방법을 통해 문제 삼는다. 우리가 당연하다고 믿거나 혹은 그렇게 믿는 척 말하는 모든 것들이, 데리다에게는 결코 당연하지 않다. 우리가 확신해 마지않는 우리의 습관, 우리의 기준들 뒤에서, 데리다는 우리가 미처 인식하지 못한 가정과 전제들을 파헤쳐 이에 대해 의문을 제기하려고 애쓴다. 데리다의 눈에 비친 우리 시대는 이러한 문제제기에 할애하는 관심과 시간과 다양함, 그리고 신중함과 인내심, 과감함과 열린 정신이 늘 부족했다.

철학자로서 그는 철학을 바깥에서부터 바라보고자 했고, 냉철한 자세로 철학에 대해 의문을 제기하고자 했다. 글쟁이로서 데리다는 (구두 또는 글로 된) 이야기와 개념을 끊임없이 접목시켰고, 이 둘을 연구하며 하나를 통해 다른 하나가 더욱 풍성해지도록 했다. 또 대학 교수로서 그는 교육제도에 지속적으로 이의를 제기했으며, 대학의 의미와 교육의 의미를 계속해서 탐색했다. 일반 시민으로서 그는 현대 민주주의의 자명성과 고착화를 비판하며 나름의 방식으로 투쟁 활동을 했다.

데리다의 이 복잡 미묘한 행보는 어디에서 비롯하는 것일까? 복잡하고 어려운 일을 좋아하는 독특한 취향 때문은 결코 아니다. 그것은 미래를 지키고 보호하기 위해서다. 자크 데리다는 이미 정해져 있는 질문들, 예측 가능한 뻔한 말들, 한 번이라도 경험한 정치체제들을 사람들이 더 이상 믿지 않기를 바랐다. 데리다 철학의 가장 중요한 축은 또 다른 의미의 가능성, 상상을 초월하는 어떤 것이 가능할 수 있는 여지를 마련하는 것이다. 또한 지금까지는 전례가 없는 또 다른 형태의 시간이나 글쓰기, 지식이나 감수성이 지닌 가능성을 마련해주는 것이다. 이를 위해 과거부터 자명한 이치로 받아들여지고 있는 것들을 느슨하게 풀어놓고, 형이상학에서 논리학으로, 심리학에서 정치학으로 이어지는 기존 체제 속에 일종의 게임을 도입하는 것이다. 그것이 미래를 최대한 오래 지속시키는 방법이다.

시대의 아이콘이 되다

:

이 시대는, 다양성은 사라지려 하고 세상의 '바깥'은 없는 것처럼 여겨지며, 다른 선택의 여지마저 없는 것처럼 보인다. 그런데 이런 시대에 또 다른 가능성의 여지를 추구하는 데리다의 지속적인 의지가 전 세계적인 호응을 불러일으켰다는 것은 이 성공의 역설적 성격을 말해주고 있다. 물론 이러한 성공에는 다른 요인들도 작용했다. 특히 미국 문학계의 열렬한 지지(완고한 순수 앵글로색슨 철학자들은 정반대였다)와, 데리다라는 '방법론'을 아주 다양한 분야에 적용할 수 있으리라는 가능성, 엄청난 다작(35년 동안 50여 권 이상의 저서를 출간했다), 개인적 카리스마, 다양한 접근 분야와 이들 간 다양한 관계 설정(시에서 사진, 정신분석학에서 대학의 위상, 유럽에서 성차性差를 비롯해 그 외 광범위한 분야들이 데리다를 통해 서로 이어진다), 이 모든 것들이 데리다의 명성을 설명해주고 있다.

하지만 이것은 외형에 불과하다. 자크 데리다에게는 당대가 가장 민감하게 반응하는 어떤 행위, 요청, 기대가 좀 더 근본적이고 급진적인 방식으로 나타난다. 미래에 다시 기회를 주고, 예측할 수 없는 것들에 대해 계속해서 주목하는 것이 바로 이러한 기대다.

그런 이유 때문에, 지난 1970~1980년대에 걸친 20여 년 동안 데리다는 인도에서 미국, 라틴 아메리카에서 한국, 발트 해 연안국에서 아프리카까지 거의 전 세계에 걸쳐, 심지어 그의 글을 단 한 줄도 읽어보지 않은 사람들에게도 위대한 철학자로서의 위상을 굳힐 수 있었다. 그를 둘러싼 이러한 아우라는 말년에 더욱 빛을 발한다. 데리다를 등장인물로 하는, 혹은 그를 닮은 특이한 사상가들이 등장하는 중단편 소설 및 영화가 봇물 터지듯 쏟아졌기 때문이다. 그를 다루는 인터넷 사이트들이 성행했고, 심지어 그의 이미지(사진, 단편적인 글 인용)만을 다룬 사이트들도 있었다. 이 난해한 철학자는 시대의 아이콘이 되어버렸다.

여기 이곳과 저 다른 곳에

:

하지만 이러한 인기가 데리다의 위상에 위협이 되지는 못한 것으로 보인다. 데리다 인생의 출발은 무엇보다 추방과 변두리적 삶 속에서 이루어졌다. 1930년 7월 15일, 알제리의 수도 알제에서 멀지 않은 거리에 있는 엘비아르에서 태어난 자크 데리다는 처음부터 문화적 삶의 중심과는 동떨어져 있을 수밖에 없었다. 그는 열아홉 살이 되어서야 처음으로 알제리 땅을 떠나 파리로 간다. 알제리에서 보낸 유년기와 청소년기는 그에게 여기가 아닌 '다른 곳에' 있다는 느낌을 강하게 남겨주었다.

갑작스러운 배제를 통해 형성된 이 이중 감정과 상처는 결코 지워지지 않았다. 1942년 가을의 개학날, 데리다는 알제리의 벤아크노운 고등학교 5학년에 입학했지만 이내 학교를 다닐 수 없게 된다. 유대인 데리다는, 비시 정부가 '크레미유 법(1870년 제정)'•을 폐기하는 바람에 프랑스 국적을 박탈당했던 것이다. 1943년 봄까지 그는 공교육 기관에서 쫓겨난 선생님들이 만든 교육 기관에서 수업을 들어야 했다. 선생님들 역시, 비시 정부가 1940년 10월 3일에 공표한 유대인 자격법 때문에 교직에서 물러나야 했던 것이다.

크레미유 법 프랑스가 알제리 식민 통치수단으로서 제정한 법이다. 당시 알제리에 살고 있던 3만 5,000명의 유대인들에게 프랑스 국적을 우선적으로 부여한다는 내용을 담고 있다.

알제리는 살기 좋은 따뜻한 태양의 나라였고, 독일 병사라고는 눈을 씻고 찾아봐도 없는 땅이었다. 하지만 그곳에서 어린 데리다는 독단적이고 터무니없는 배제와, 은밀한 위협을 경험했다. 고등학교에 재입학한 그는 방황의 시기를 거쳐야 했다. 당시 그는 프로 축구선수를 꿈꾸었기 때문에 공부하는 시간보다 운동장에 있는 시간이 더 많았다. 1947년 치른 대학 입학자격시험에서 첫해에는 고배를 마셨고, 이후 파리의 루이르그랑 고등학교에서 준비반을 거쳐 파리고등사범학교 입학시험을 치렀지만 이 역시 처음에는 낙방했다.

하지만 1952년 파리고등사범학교에 입학하면서 데리다는 차츰 안정을 찾아갔다. 루뱅의 후설 기록보관소에서 일한 후 철학교수 자격시험에 합격했고, 하버드 대학의 장학생이 되어 미국으로 건너간 후, 1957년에는 보스턴에서 마르그리트 오쿠튀리에와 결혼하고(이후 1963년과 1967년에 두 딸을 낳았다), 알제리의 알제 인근 코레아에서 군인 자녀들을 위한 공립학교 교사로 군복무를 마쳤다.

망스 고등학교에서 1년을 근무한 그는 1960년, 소르본 대학의 교수가 된다. 데리다 삶의 초반부는 알제리를 떠나 니스에 정착, 그리고 그가 훗날 '노스탤지어'라고 부른 자유로운 비상으로 마무리된다. 그의 인생 도정에서 특별한 의미를 지니는 모든 장소들이 바로 이때 정해진다. 즉 파리고등사범학교는 그가 훗날 전임강사로 일하게 되는 곳이고, 하버드는 그가 항상 되돌아오는 곳이 되며, 체코의 프라하 역시 장인 장모가 사는 곳이자 훗날 옥고를 치르게 되는 곳이다.

데리다는 처음부터 여기 이곳과 저 다른 곳이라는, 적어도 두 군데에 동시에 속하는 이중적 소속감의 인물이었다. 스스로를 알 수 없는 수수께끼로 만들려는 일종의 자발적 의지 역시 평생 그를 떠나지 않았다. "내가 어떤 비밀에서 출발하여 글을 쓰는지는 아무도 모를 것이고, 설사 내가 그걸 말해준다고 해도 달라지는 건 아무것도 없다." 1991년,

그가 제프리 베닝턴과 공동 서명한 《데리다》라는 책에 쓴 말이다.

글쓰기, 목소리, 생각

:

그 이후는 개념과 인맥, 실험을 실행하고 확립해나가는 시기다. 데리다라는 뉴 페이스는 고작 몇 년 만에 지식인 사회에서 인정받는 인물로 부상하게 된다. 1962년 그의 첫 번째 작업은 장문의 독창적 서문을 덧붙여 후설의 《기하학의 기원》을 번역한 것이다. 이 번역으로 자크 데리다는 장카바이예스상을 수상한다. 1964년부터 그는 파리고등사범학교에서 전임강사로 일하게 되고, 이는 1984년까지 이어진다. 잡지 〈크리티크Critique〉지와 〈텔 켈Tel Quel〉지에 처음 실은 글들은 즉각적인 주목을 받았다. 그 사이, 데리다는 〈텔 켈〉의 발행인 필립 솔레르스와 친구로 지내다가 몇 년 후 정치적 이유로 결별한다. 〈텔 켈〉에 기고하던 문인들이 '마오주의'로 기울면서 그가 공산당에 가까운 입장을 취하게 되었기 때문이다.

데리다는 각각 세 권으로 이루어진 두 시리즈의 출간을 계기로 독특하고 독창적인 철학자로 세상에 알려지게 된다. 1967년에 《목소리와 현상》, 《그라마톨로지》, 《글쓰기와 차이》가 나왔고, 1972년에 《입장들》, 《철학의 여백》, 《산종Dissémination》이 나왔다. 이 데리다 프로젝트, 그의 테마들, 그의 참여 및 발언 스타일의 핵심은 이렇게 알려져 있다.

첫 번째 테마는 말보다 글이 우선하고, 목소리보다 흔적(자취)이 우선하며, 말(진술)보다 텍스트가 우선한다는 것이다. 보다 정확히 말하면, 모든 형태의 언어에 대해 글이 근본적으로 선행한다. 이로써 데리다는, 고대 그리스에서 시작되어 기독교를 통해 계승된 모든 형이상학적 전통과 대립한다. 서구의 이 '말-담론 중심적logocentrique' 전통은 글에 비해 목소리가 좀 더 존재감 있고, 좀 더 생생하며, 좀 더 중심적 위치를 차지하는 것으로 간주한다. 글은 목소리를 베낀 것, 부차적이고 평가절하된 현실에 불과하다고 생각하는 것이다.

두 번째 테마(첫 번째 테마와 연결)는 이것이다. 의미는 기호, 즉 글쓰기의 사고와 분리될 수 없다. 개념은 그것이 기록되어 있는 문장이나 이 개념을 전달하는 문체와 따로 떼어 생각할 수 없다. 따라서 사상가들이 글을 쓰는 방법에 주목해야 한다. 이 사상가들의 아주 사소한 문장 표현 방식과, 그들의 텍스트에서 그들이 분명히 개진한 사상과 어긋나는 모든 것들을 가지고 이들에게 충분히 의문을 제기할 수 있고, 이러한 문제제기는 지극히 정당하다. 이와 동시에 글쓰기에 대한 연구는 개념에 대한 연구로 나타날 수 있기 때문에, 이는 문학과 철학, 이론과 픽션을 더 이상 구분하지 않을 가능성을 열어놓는다.

세 번째 테마(앞의 테마들과 연결)는 이것이다. 문제는 철학을 계속 추구하는 것도 아니고, 그렇다고 철학을 완전히 떠나는 것도 아니다. 유일한 가능성이면서 동시에 '불가능한' 가능성은 바로 안과 밖에 동시에 위치하는 것이고, 철학 그 자체에 문제제기를 하며, '질문에 질문하는' 것이다. 또 다른 것들을 모조리 이해하고 있다고 우기고, 다른 것과는 다르다고 자처하며, 그 어떤 것보다 앞서간다고 주장하는 이 형이상학적 담론의 전제들을 재고하여 그 정체를 속속들이 밝혀내는 것이다.

이 테마들이 하나로 수렴되면 그것이 바로 '해체'가 된다. 그 이후로 해체는 데리다와 늘 붙어다니는 용어가 되었다. 데리다는 해체가 무엇인지 정확히 정의하기를 거부하고, 대신 소극적으로 대처하기를 좋아한다. 즉 해체란 단순히 하나의 방법론도 아니고, 철학 유파도 아니며, 어떤 체계나 철학은 더더욱 아니다. 오히려 해체란 한 텍스트의 전제사항들, 그 텍스트가 전제하고 있는 범주들, 텍스트의 여백과 한계, 행간에 대해 의문을 제기함으로써 해당 텍스트에게 또 다른 의미의 가능성을 열어주는 것이다. 즉 해석과 교육을 거치면서 전통적으로 굳어진 기존의 의미들이 아닌 다른 의미의 가능성을 타진하는 것이다.

해체란 파괴가 아니며, 포기나 방기도 아니다. 해체는 굳어버렸거나 고착된 사유 속에서 새로운 게임을 시작하는 것이고, 그 게임을 새로운 관점으로 다시 바라보는 것이다. 데리다가 끝까지 놓지 못하는 문제는 바로, 개방의 문제, 여전히 믿기지 않는 그 가능성의 문제, 아직 유보적인 미래의 문제다.

요약할 수 없는 지성
:

이제 정복과 쟁취의 시간이 시작된다. 자크 데리다는 1974년 플라마리옹 출판사에서 〈필로조피 안 에페Philosophie en effet〉 총서를 창간한다. 이 출판사는 데리다의 가까운 지인들(장 뤽 낭시, 필립 라쿠라바르트, 사라 코프만, 실비안 아가싱스키)의 책을 출간한 곳이다. 이와 동시에 데리다는 'GREPH(철학교육연구단체)' 결성에도 참여한다. 그 이듬해에는 일명 '예일 학파'(폴 드 만, 데리다 등)가 출범하고, 미국에서는 해체를 둘러싼 논쟁이 점점 더 가열된다.

그 후 짧은 몇 년 동안, 그는 세계 곳곳(일본, 북미, 남미, 동유럽, 이스라엘)을 누볐고, 수많은 책을 번역했다. 데리다는 새로운 글쓰기 방법을 고민했다. 그는 헤겔이라는 이름이 갖는 울림에 근거해 쓴 《조종弔鐘, Glas》이라는 책에서 같은 페이지를 두 개의 단으로 나누고, 철학적 레퍼런스들과 시적이고 마술적인 표현들을 한데 뒤섞어놓는다. 《우편엽서: 소크라테스에서 프로이트, 그리고 그 너머까지》에서는 일부가 잘려나간 인용문들과 자서전적 편린들을 배치하고 있고, 오토픽션autofiction과 짤막한 역사적 단편들 사이를 이리저리 넘나든다. "프로이트가 플라톤의 《필레보스》와 《연회》의 자동응답기에 접속했다."

1983년, 그는 파리의 '국제철학대학' 창립에 결정적 역할을 한다. 이 학교는 이후 독창적인 교육기관으로서의 위상을 계속 이어간다. 같은 해, 그는 프랑스 'EHESS(프랑스 사회과학고등연구원)' 원장이 되어 정년퇴직 때까지 그곳에 머문다. 미국(예일, 하버드, 어바인의 캘리포니아 대학)은 일 년에도 몇 번씩 그를 초빙했다. 그러면서 그는 직접적으로 또는 자신이 가르친 교수들을 통해, 미국 대학의 문학 관련 학과에 영향력을 키워갔다.

1987년, 하이데거의 나치 부역 기간과 그 범위가 밝혀지고, 같은 해 폴 드 만의 정치적 이력에 대한 공격이 불거지면서 그의 명성은 또다시 격렬한 논쟁을 불러일으켰다. 자크 데리다는 여러 가지 면에서, 하이데거를 겨냥한 비난과(하이데거를 비판하면서도 끊임없이 하이데거를 원용援用한 사람이 바로 데리다였다) 친구 폴 드 만에 대한 적대적 분위기로부터 자유로울 수 없었다. 그는 이에 대해 두 권의 책, 즉 하이데거에 관한 책인 《정신에 관하여》와 《메모리-폴 드 만을 위하여》로 대응했다.

데리다는 커다란 성공을 거두었음에도 불구하고, 모든 사람들의 지지를 얻은 것은 아니었다. 프랑스에서 데리다는 최고의 명성과는 거리가 멀었고, 대학에서 높은 보직을 얻지도 못했다. 소르본 대학과 콜레주드프랑스는 그를 정교수로 뽑지도 않았다. 그의 명성이 하늘을 찌르던 영미 지역에서도 그를 끈질기게 공격하는 적들이 없지 않았다. 이들은 데리다의 작업을 뜻 모를 횡설수설로 폄훼했고, 그의 사유 방식을 사기라고 공격했다. 1991년, 케임브리지 대학이 그에게 명예박사학위를 수여하려고 했을 때에는, 케임브리지 일부 학자들을 중심으로 이를 반대하는 움직임도 있었다. 학위 수여를 반대하는 집단 탄원이 접수되기도 했다. 결국 데리다가 학위를 받는 것으로 결정이 났지만, 찬성 304표에 반대가 204표나 되었다.

죽기 전 마지막 10여 년은 귀환과 복귀의 시기였다. 프랑스에서 그는 사람들 눈에 더 자주 띄는 인물로 변해갔다. '언론의 지나친 단순화'를 불신하면서도, 이따금 TV나 신문 지면에 등장했다. 정치 문제로의 복귀 역시 그의 말년을 지배했던 문제였다. 그는 정치적 투쟁을 포기한 적이 없었던 것처럼 프랑스라는 무대를 저버린 적도 없었다. 체코의 반체제 지식인들을 지원하는 '얀 후스Jan Hus'의 회원이기도 했던 그는

1981년 프라하에서 '마약 제조 및 밀매' 혐의로 옥고를 치르다 풀려나기도 했다.

하지만 그의 정치 참여 방식은 갈수록 더 분명하고 지속적인 성격을 띤다. 《마르크스의 유령들: 부채 국가, 애도 작업, 새로운 인터내셔널》을 통해 데리다는, 회고적 방식을 이용하여 타락 이전의 19세기와 20세기에 활력을 불어넣어주었던 그 희망들을 다시 찾으려고 하는 것 같았다. 그는 '정치의 시체'에 대해 의문을 제기한다. 그가 보기에, 이 시체는 그 기본 윤곽마저 사라지려 하고 있다. 이러한 사유는 《마르크스와 자식들》에서도 계속 이어진다. 이 책에서 데리다는 《마르크스의 유령들》로 촉발된 수많은 논쟁에 답변하고 있다. 이와 동일한 정치적 관심을 엘리자베트 루디네스코Elisabeth Roudinesco와의 대담집 《드 쿠아 드맹De quoi demain》과, 미국 정치에 대한 지극히 적대적인 태도로 9·11테러 이후의 세계에 접근한 두 권의 책 《불량배들》과 《테러 시대의 철학》에서도 발견할 수 있다.

지금까지의 몇 가지 개괄만으로 데리다라는 철학자의 행위를 모두 요약할 수는 없을 것이다. 그는 무엇보다 '요약되지' 않으려고 끊임없이 노력한 사상가이기 때문이다. 요컨대 단 하나의 정의 속에, 단 하나의 질문 속에, 단 하나의 목적 속에 가두어질 수 없다는 것이야말로 미래를 수호하는 일일 것이다.

데리다의 책 중에서 가장 먼저 읽어야 할 것은?

자크 데리다 저, 김보현 역, 《해체》, 문예출판사, 1996

데리다에 대해서 좀 더 깊이 알고 싶다면?

자크 데리다 저, 남수인 역, 《글쓰기와 차이》, 동문선, 2001
자크 데리다 저, 김성도 역, 《그라마톨로지》, 민음사, 2010
자크 데리다 저, 진태원 역, 《마르크스의 유령들》, EJB(이제이북스), 2007
제이슨 포웰 저, 박현정 역, 《데리다 평전》, 인간사랑, 2011

p r e v i o u s

데리다와 더불어, 철학적 글쓰기의 조건에 대한 의문이 제기된다. 이것은 또 다른 미래의 가능성을 남겨두기 위해서다.

반면 하버마스와 더불어, 합리성은 공개적 발언과 민주적 토론의 조건을 검토하는 과정에서 과거의 영광을 되찾는다.

n e x t

1929	1956	1961-1971	1968
독일 뒤셀도르프 출생.	프랑크푸르트에서 호르크하이머와 아도르노 밑에서 수학.	하이델베르크와 프랑크푸르트에서 학생들을 가르침.	《이데올로기로서의 기술과 과학》 출간.

Jurgen Habermas

위르겐 하버마스

이성의 소멸을 그냥 두고 볼 수는 없다

어디서 활동했나? 제2차 세계대전 이후 독일의 대학과 교육기관에서 활동했으며, 유럽과 전 세계의 공적 공간을 구축했다.

진리란? 하버마스에게 있어 진리란, 토론을 통해 형성되는 것이고, 공적인 논쟁의 자질에 의해 좌우되며, 주어진 어떤 여건이 아니라 실천이다.

명언 한 말씀! "인간이 '진리' 인식에 접근할 수단을 갖추지 못한다 하더라도, 인간은 자신의 언어를 통해 진리가 비친 그림자(반영)를 발견할 수 있고, 궁극적으로는 이러한 관점 속으로 이끌려 들어갈 수 있다."

철학 역사에서 그는… 그의 사유 방식이 글로벌화된 세계의 정치사회적 문제들을 모든 측면에서 지속적으로 고찰하고자 한다는 점에서 영향력은 더욱 증대되고 있다.

"나 자신의 지적인 성장 과정은, 하이데거나 칼 슈미트Carl Schmitt 같은 사람들과의 내 평생에 걸친 적대 관계를 이야기하지 않고는 절대 설명될 수 없다." 2001년 〈교육계〉지와의 대담에서 하머바스는 이렇게 말했다. 고전적 의미의 합리성을 정면으로 비판함과 동시에 나치를 추종했던 하이데거와, 독일 제3제국의 공식법률가이자 1936년 뉘른베르크 인종차별법의 발의자였던 칼 슈미트는 하버마스의 적대 대상이었다.

하지만 하버마스의 이런 태도는 별로 특별할 게 없다. 나치즘 이후, 독일 철학자가 인간성 말살의 사상을 부정하고 공격하는 것이 뭐가 그리 이상하단 말인가? 하지만 20세기가 보여준 모순 중 하나는, 좌파 혹은 극좌파 지식인들의 상당수가 이러한 명명백백한 사실을 인정하려 들지 않았다는 것이다. 이들에게 하이데거는 여전히 유효했고, 이를 가장 잘 보여준 이가 바로 자크 데리다라는 철학자다. 칼 슈미트 역시 이들에게는 중요한 이론가로 계속 남아 있었다.

위르겐 하버마스의 가장 의미 있는 공로 중 하나는 이러한 광신적 추종을 끝까지 거부했다는 것이다. 그는 앞에 언급한 대담에서, 자신은 "이 유별난 독일식 비합리성, 특이하게도 몇몇 프랑스 친구들까지 홀려버린 이 비합리성 고유의 문명에 저항하고, 그 심층부의 흐름을 여전히 불신한다"는 점을 강조했다. 이러한 이론적·도덕적 일관성, 특정 규범에 대한 변함없는 신념, 이것이 바로 20세기 후반에 큰 영향을 미친 이 엄격하고 용기 있는 철학자의 가장 중요한 특징이다.

장엄한 사유

:

1929년에 태어난 하버마스는 1954년 셸링 철학에 대한 논문으로 박사학위를 받고, 이후 프랑크푸르트에서 테오도르 아도르노의 조교가 된다. 그의 지적 여정은 이렇게 하여 '비판 이론'의 역사 속에 자리하게 된다. 비판 이론은 마르크시즘과 사회학, 정치철학의 교차지점에서 출발한 사상 유파로, 1920년대부터 독일에서 성장했다. 발터 벤야민Walter Benjamin과 헤르베르트 마르쿠제Herbert Marcuse, 테오도르 아도르노, 막스 호르크하이머Max Horkheimer가 이 유파를 대표하는 주요 사상가들이다. 1933년 나치에 의해 강제로 문을 닫은 프랑크푸르트 사회연구소는, 아도르노가 미국 망명 생활을 마치고 귀국한 1950년이 되어서야 다시 문을 연다.

하버마스가 이 연구소에서 일을 하기 시작한 것은, 전쟁이 끝난 후

연구소가 다시 활동을 시작할 때였다. 하지만 흔히 '프랑크푸르트 학파'로 불리는 이들과 하버마스의 관계는 그리 단순하지 않다. 사실 하버마스는 마르크스 이론과 점차 거리를 두고 정치사상 및 철학사상의 근본적 개혁을 향해 나아가고 있었기 때문이다. 하버마스의 이론적 행보의 특성은 개념적 사유와 해방의 시각을 늘 함께 생각하려고 노력한다는 데 있다.

반세기가 넘는 시간 동안 방대한 저작을 통해 추구되어온 이 작업은 간단히 요약해 설명할 수 있는 것이 아니다. 하버마스 작업의 주요 특징 중 하나가 사회학에서 도덕 이론, 법철학에서 언어분석에 이르는 실로 방대한 분야를 아우르는 것이기 때문이다. 더군다나 이 철학자는 공적인 영역에 대해서도 어떤 입장을 가지려고 늘 노력하는 사람이었다. 나치 전체주의와 공산주의 전체주의의 동화에 맞선, 혹은 인간 복제의 가능성에 반대하는 입장표명을 보면 그러하다. 실제로 하버마스는 언론이나 잡지 등을 통해 생명윤리나 유럽 정치 문제에 관해 주기적으로 자기 의사를 표명했다.

이처럼 공적인 영역 속에 발을 들여놓을 때마다 그는 한 권 혹은 여러 권의 책을 썼다. 이 책에서는 이 방대한 영역의 지적 행보를 모두 다 살펴보는 것이 아니라, 전체적인 방향성만을 고찰하고자 한다. 이를 위해서는 다시 앞으로 돌아가, 이성의 최근 역사를 되짚어보고 그 몇 가지 특징을 기억해둘 필요가 있다.

이성, 가장 높은 곳에서 가장 낮은 곳으로

:

지난 300여 년을 간단히 요약해보면, 근대 초입은 최고 권위를 자랑하는 이상적인 이성이 지배하던 시기였다. 이성만이 지닌 이러한 능력은 개인들의 삶에 지침이 될 뿐 아니라, 정치 조직이나 집단의 결정에도 능력을 발휘할 수 있는 것으로 여겨졌다. 18세기의 중대사는 모두 이성이 지배했다. 즉 이성은 경험적 인식의 진실성뿐만 아니라 기본적 대전제들의 확실성까지 보장해주는 동시에, 선택의 윤리성과 판결의 정당성까지도 지배했다.

하지만 그 이후, 계몽주의 시대는 빛을 잃어간다. 제국주의와 산업사회 사이에서, 기계화와 계급투쟁 사이에서, 그리고 과학만능주의와 유토피아 사이에서 제철소와 광산, 식민지와 철도의 시대가 열린다. 이 시대는 이성을 의혹의 눈길로 바라본다. 이성을 단지 전체를 구성하는 한 조각으로만 간주하는 것이다. 인간의 조건들 중 한 단면에 불과한 이성은 더 이상 인간 본원의 원천도 아니고, 최종적 잣대도 아니다.

상상하기도 힘든 인류 대학살이 자행되고, 끊임없이 쏟아지는 신기술과 수많은 이론들이 각축을 벌인 20세기는, 과거의 절대 이성을 불신하는 데 그치지 않는다. 20세기는 이성의 절대적 지배력 속에서 인간 악행의 근원을 발견하고자 한다. 계몽주의 속에서 암흑과 무지의 씨앗을 파악해내는 것, 이것은 테오도르 아도르노와 막스 호르크하이머로 대변되는 1세대 프랑크푸르트 학파의 사유 방식 및 과정이었다.

히틀러는 칸트의 후계자인가? 나치즘은 백과전서파를 계승했는가?

이런 식의 암시적 표현들은 그야말로 말도 안 되는 극악무도함 그 자체다. 하지만 아도르노와 호르크하이머의 방법은 훨씬 더 교묘하고 치밀하다. 이들이 볼 때, 20세기의 홀로코스트가 발생하게 된 데에는 계몽주의적 사고의 책임이 크다. 이것은 단순히 평등의 '이름으로' 타인을 굴복시키고, 진보라는 '목적을 위해' 살인을 자행하고, 최고의 선을 '목표로' 인간을 고문했기 때문이라는 점을 환기하자는 것이 아니다. 그보다는 계몽주의적 프로젝트의 '한가운데' 이미 일종의 전체주의적 억압이 작용하고 있었음을 시사하는 것이다. 공포는 평등과 결코 멀지 않다.

위르겐 하버마스는 이런 식의 페시미즘에 이의를 제기한다. 그는 해방이라는 포괄적이고 전체적인 목표를 모조리 중단시켜버리는 이 비관적 시각과 거리를 둔다. 하버마스의 주요 원칙 중 하나는 계몽주의를 새롭게 쇄신하는 것이다. 이것은 아무 일도 없었던 것처럼 역사의 시계를 과거로 되돌리자는 의도는 물론 아니다. 이것은 현재 우리 시대를 위해, 이 끝나지 않는 이성의 의무를 계속 수행하려는 의지다. 이 과업은 이성을 구성하는 것이 무엇인지 정의 내리고, 이성이 영향력을 발휘하는 현실이란 어떤 것인지 그 범위를 설정하는 것이다.

이성과 의사소통

:

하버마스의 기나긴 지적 행보는 이해하기 쉽지 않은 경우가 많다. 하버마스 사유의 기본 골격은 철학에서 물려받은 것이고, 그 위에 온건 마르크시즘과, 역사와 결합한 정신분석학에서 비롯한 요소들이 다양한 분야의 사회과학들과 서로 이어져 있기 때문이다. 하지만 하버마스의 사유가 이성 개념의 근본적인 변화를 확인함으로써 비로소 시작되었다는 사실을 망각한다면, 이는 본질을 비껴갈 위험을 초래할 수 있다.

그가 보기에, 엄밀한 의미에서 이성의 본질이란 더 이상 남아 있지 않다. 이성은 언어 속에 묻혀버렸고, 논쟁이라는 유동적 조직 속에 사로잡혀 있다. 이성은 타고난 어떤 능력이라기보다는, 진행 중인 하나의 과정에 가깝다. 모든 논쟁의 시도 속에서 진행되는 이 과정은 신비한 점도 모호한 점도 없다. 이 과정에 전제된 규칙들은 확실하고 분명하게 공식화될 수 있고, 이 규칙의 구조들은 분석 가능한 대상이다. 이를 증명해 보인 이들이 바로 퍼스에서 프레게와 러셀에 이르는 논리학자 및 언어학자들이다. 하버마스는 이 '언어학적 전환점'이 이성의 개념에 미친 영향력들을 특히 《의사소통행위 이론》이라는 두 권의 책 속에서 도출해낸다.

이 새로운 개념의 주요 분석 방식은 존 오스틴John Austin과 존 설John Searle이라는 일상 언어학파 철학자들의 분석에서 차용한 것이다. 이제는 고전이 된 《말과 행위: 오스틴의 언어철학, 의미론, 화용론How to do things with Words》에서 오스틴은 '언어행위speech acts' 이론, 즉 화행 이론을 전개한다. 즉 언어는 단순히 묘사와 설명의 기능만 있는 것이 아니라, 언어 그 자체를 통해 하나의 행위를 구성해낸다. "내가 너에게 세례를 내리노라" 혹은 "두 사람이 결혼으로 맺어졌음을 선언합니다"라는 문장들은 사실 전달에만 그치지 않는다. 이들 문장은 '수행적' 문장, 즉 사건의 추이에 변화를 가져오고, 그 자체로 행위가 되는 언술들이다.

이 언어 이론은 하버마스의 '의사소통 행위 이론' 형성에 결정적인 영향을 미친다. 하머바스는 이성의 이론과 현실 분석 간의 강력한 상관관계를 구축할 필요성을 절감했지만, 정치 행위와 공론을 연관 지어줄 수 있는 언어학적 관점이 그에게는 부족했다. 그런데 이러한 관점을 바로 오스틴과 설의 언어 이론과, 실용주의적 사회학자 조지 허버트 미드 George Herbert Mead의 상호행위 분석에서 발견한다. 이 이론적 요소들을 재활용한 하버마스는 놀랍도록 독창적인 사유체계를 만들어낸다. 그것은 일관성과 개방성을 동시에 갖춘 체계였다.

사실 그는 마르크시즘의 전제들을 배제하면서도 인간 해방의 사상은 버리지 않고 있었다. 공론의 장 속에 위치한 개인 간, 그리고 집단 간 상호행위의 틀 속에서, 개인이나 집단은 논증적 토론을 통해 각자 자기 관점의 타당성을 부각시킬 수 있고, 누구나 인정하는 결론에 도달할 수 있다. 이런 의미에서, 의사소통은 하나의 행위가 될 수 있고, 이 의사소통을 통해 정치는 개인의 실질적 해방으로 귀착될 수 있는 것이다.

이 이론이 지닌 가장 큰 어려움은, 이런 식의 분석이 '이상적인 발언 상황', 즉 누구나 자기표현을 할 수 있고, 자기 말을 들어주는 사람이 있고, 있을 수 있는 이의제기에 답변할 수 있는 상황에서만 유효하다는 것이다. 오늘날의 정치·사회적 상황에서는 심지어 민주국가에서도, 일상의 현실과 위와 같은 '이상적 상황' 간에 상당한 괴리가 존재한다는 사실은 쉽게 확인할 수 있다. 하버마스 역시 이 점을 분명히 인식하고 있었다. 하지만 그는 민주적 개별 요소들이 제공하는 다양한 가능성들과, 이 요소들로 이루어지는 법적이면서 현실적인 틀에 역점을 두었다.

이러한 분석들은 우리가 첫눈에 파악하는 구체적인 현실들과 그리 동떨어져 있지 않다. 가령 베를린 장벽의 붕괴, 소비에트 공산주의 연방의 붕괴, 우크라이나 혁명이나 현재 중국에서 벌어지고 있는 개혁정책과 같은 현실들이 그러하다. 시민의 발언, 논리적 논쟁, 제도화된 것이든 아니든 수많은 형태를 통해 진행되는 공론은 갈수록 그 역할이 중차대해지고 있는 듯하다.

인간성 말살에 맞서

:

이 새로운 비판 이론의 형성 과정에서 한 가지 주요한 문제점은 행위 규범에 관한 것이다. 하지만 이 문제는 한참이 지나서야 부각이 되었다. 윤리와 법의 문제는 하버마스에게 있어 특별한 방식으로 제기된다. 첫째, 계몽주의 철학의 실용적 이성과는 달리, 그가 생각한 "의사소통에 기초한 이성은 행위 규범의 원천이 아니다." 둘째, 변화무쌍한 현실의 법체계에 한정되지 않는, 법규범의 합법성과 정당성이 존재해야 한다.

하버마스가 이 문제를 정면으로 다룬 책이 바로 《법과 민주주의》다. '우리는 의사소통으로서의 이성 개념의 틀에 입각해 법의 정당성을 구축할 수 있을까?'라는 문제가 여기서 제기된 핵심 논제다. 그 답변은 긍정적이다. 고전적 계약 모델을, 토론을 통해 형성된 동의同意 모델로 대체함으로써 가능하다는 것이다. 민주적 논쟁과 법치 국가의 정당성은 시간상으로 동시에 발생했다는 단순한 역사적 일치관계가 아닌, 내적인 연관관계 즉 강력한 개념적 관계로 이어져 있다.

하버마스 사유의 변함없는 특징 중 하나는 규범과 법, 윤리의 문제에서 결코 타협하지 않는다는 것이다. 인간 복제, 유전자 조작 또는 인공지능을 통한 미래의 전망 등의 문제에 있어 그는 흔들림 없는 입장을 견지했다. 이 때문에 너무 완고한 복고주의자로 평가받을 때도 있지만, 그는 그저 인간성 말살로 나아갈 위험이 크다고 생각되는 사안과 타협하지 않은 것뿐이었다.

하버마스의 사유 방식이 지나치게 복잡하다 하더라도, 그 결과 및 방향성만큼은 아주 분명한 것이 사실이다. 그것은 20세기가 저물어가는 시점에, 20세기의 한 철학자가 보여준 분명한 의지이기도 하다. 선배 철학자들 중에는 절망을 유포한 이들도 많고, 체념에 매몰된 이들도 있다. 하지만 하버마스는 신학이나 형이상학의 도움 없이, 이성과 의사소통, 민주주의, 인권, 대중의 지상권 등이 서로 불가분의 관계로 이어져 있다는 점을 확실히 밝히고자 했다.

좌파에서는 그를 개량주의자 혹은 너무 온건한 중도파로 평가하기도 한다. 우파에서는 위장된 볼셰비즘Bolshevism*이라고 비난한다. 사실 하버마스에게 있어 외형상 극도로 이론적인 사유 방식과 정치는 결코 무관하지 않다. "철저한 민주주의 없이는 법치국가의 쟁취나 유지는 더 이상 불가능하다." 하버마스는 철저한 민주주의자면서 동시에 일관성 있고 범세계적인 민주주의자다.

그가, 보편적 도덕을 요구하면서도 세계기구의 변

볼셰비즘 레닌주의를 중심으로 형성된 러시아 마르크스주의의 급진적 좌익. 러시아사회민주노동당 제2회 대회를 계기로 발현된 분열에 의해 볼셰비키(다수파)가 형성되었고 그 반대 진영에는 멘셰비키(소수파)가 형성되었다.

화에 대해서는 반발하는 상황을 매우 강하게 지적하는 것도 바로 이 때문이다. 현실과의 비접촉으로 인해 늘 순수하고 결백할 수밖에 없는 단 하나의 합리적 규범에 만족하기보다는, 차라리 하나의 사법체계를 구축하는 것이 더 낫다. 그 예로, 유엔의 법체계는 칸트의 영구 평화론에 일부 부합하는 면이 있다. 그렇지만 이 체계는 단순한 겉치레에 머물러서는 안 될 것이다. "UN 인권선언을 요구 가능한 실질적 권리로 변화시키기 위해서는 국제사법기구들만으로는 부족하다. 이 사법기구들이 적절히 기능할 수 있는 시기는, 결정권뿐만 아니라 행동권과 강제권을 행사할 수 있는 유엔의 존재 덕분에 주권국가 시대가 막을 내리는 그 순간부터다"라고 하버마스는 쓰고 있다.

결국 이 철학자의 행보에서 가장 놀라운 점은, 현재 상황을 꿰뚫어보는 날카로운 감각이다. 생태학의 문제, 세계시장의 확대, 민족주의적이고 국수주의적 주장의 재출현, 핵무기의 확산…. 이 모든 것들이 하버마스에게는 낯선 것이 아니라는 점이다. 전 세계에 산적한 근본적 위기에 대한 유럽의 불감증, 일상이 되어버린 서구의 무력감을 그는 묵과할 수 없다.

"주권국가와 민주주의를 자처하는 서구사회의 정치는, 오늘날 이 소름끼치는 광경에 직면하여 모든 방향성과 자신감을 상실하고 있다." 다행히도 이 철학자는 이 상황을 손쉽게 인간의 정신 상태 탓으로 돌리지 않는다. 분노 때문일까? 의욕상실 때문일까? 아니면 퇴락 일로의 문명에 대한 체념적 관조 때문일까? 아니다. 이 시대를 위해 재집결한 계몽주의자들의 확신에 찬 대답이다. 그것 말고 달리 무슨 말을 할 수 있을까?

하버마스의 책 중에서 가장 먼저 읽어야 할 것은?

위르겐 하버마스 저, 이진우 역, 《담론윤리의 해명》, 문예출판사, 1997

하버마스에 대해서 좀 더 깊이 알고 싶다면?

위르겐 하버마스 저, 한승완 역, 《공론장의 구조변동》, 나남, 2001
위르겐 하버마스 저, 장춘익 역, 《의사소통행위 이론 1, 2》, 나남, 2006
위르겐 하버마스 저, 한상진 · 박영도 공역, 《사실성과 타당성》, 나남, 2007

맺는말

진리를 향한 모험은 계속된다

책을 마치며 마지막으로, 독자들의 예상 질문에 대한 답변을 해보려 한다. 이 책에 소개된 스무 명의 철학자는 어떤 기준으로 선정되었는가? 사실 백 퍼센트 객관적인 선정 기준은 이 세상에 없다. 먼저 첫 번째 선정 기준은, 역사적으로 보아 기준 혹은 좌표의 성격을 지닌 사상가들을 다룬다는 것이었다. 사실 베르그송이나 후설, 하이데거나 비트겐슈타인이(이들 각각에 대한 평가가 어떻든 간에) 없었다면, 20세기의 철학적 사유를 설명하기란 불가능하다.

두 번째 기준은, 어쩔 수 없는 저자의 주관적 선호도다. 주관성을 완전히 배제할 수는 없었다는 것이다. 다시 말해, 여기서 다루어진 윌리엄 제임스나, 콰인, 간디는 다른 철학사에서는 다루어지지 않을 가능성이 크다. 이러한 주관적 영역을 완전히 배제할 수 있는 방법을 저자는 알 수 없거니와, 주관성을 완전히 배제하는 것이 반드시 바람직하다고도 생각하지 않는다.

출현 혹은 누락

:

하지만 여기에 소개되지 못한 위대한 사상가도 있다. 어쩔 수 없는 일이기도 하고 이런 장르의 책이 갖는 한계이기도 하다. '소개될 수도 있지만, 소개되지 못한 것'의 목록을 검토하다 보면, 누락된 이름들을 어쩔 수 없이 발견하게 된다. 20세기 사유의 스승들 목록에 포함시켜도 무방한 인물로는 논리실증주의의 대가인 루돌프 카르나프, 최근 완벽한 철학체계를 구축한 화이트헤드, 비판철학의 선구자 테오도르 아도르노, 《덕성론德論, Traité des vertus》의 저자 블라디미르 얀켈레비치Vladimir Jankelevitch, 프로이트로의 귀환을 실천한 위대한 장인 자크 라캉, 기호학 연구의 대가 롤랑 바르트, 《스펙터클의 사회》를 쓴 상황주의 철학자 기 드보르Guy Debord, 대륙철학과 분석철학을 접목시키려고 시도한 폴 리쾨르Paul Ricoeur, 사회학의 연구 분야에 새바람을 몰고 온 피에르 부르디외Pierre Bourdieu 등이 있다.

이 외에도 언급할 수 있는 사상가는 끝이 없다. 누가 작성하느냐에 따라 리스트는 매번 달라질 것이다. 나의 개인적 선호만을 따진다면, 실제 나의 스승이었거나 우정과 호의라는 영광을 내게 베풀어준 이들을 추가했을 것이다. 《수학적 관념성》에 관한 여전히 중요한 작업의 주인공 장 투생 드장티, 비교연구의 살아 있는 신화 조르주 뒤메질, 철학은 곧 삶의 방식이라는 고대 사상을 다시금 환기시킨 피에르 아도Pierre Hadot 등이 여기에 속한다. 하지만 이 사상가들을 다루는 일은 또 다른 목적으로 또 다른 책을 만드는 작업이다.

독자 입장에서는 이렇게 물어볼 수도 있다. 왜 여성 사상가는 없는가? "한나 아렌트가 유일하군요. 여자 하나에, 남자는 열아홉. 드르와 선생님, 부끄럽지 않으신가요?" 하지만 내 대답은 부끄럽지 않다는 것이다. 왜냐하면, 20세기의 여성 사상가들을 다루는 책은 달랑 한 권이 될 수도 있고, 무수히 많은 책이 될 수도 있다. 천재적인 여성 사상가들이 없어서가 절대 아니다. 아렌트를 비롯한 수많은 여성 사상가들이 있다. 현재 17권짜리 전집이 간행되고 있는 시몬 베유Simone Weil, 《제2의 성》으로 20세기에 큰 족적을 남긴 시몬 드 보부아르Simone de Beauvoir, 인류학의 새로운 장을 연 마거릿 미드Margaret Mead, 정신분석 이론에 새 바람을 일으킨 멜라니 클라인, 비트겐슈타인의 계보를 이었고 그 도덕적 엄격성으로 세간의 이목을 집중시켰던 엘리자베스 앤스콤Elizabeth Anscombe, 담론의 성차性差, sexuation에 의문을 제기함으로써 '젠더 연구'에 주요 업적을 남긴 주디스 버틀러Judith Butler 등이 있다. 물론 이들이 다가 아니다.

남녀 쿼터제를 모든 분야에 다 적용해야 한다고 생각할 필요는 없다. 남녀평등을 의무화해야 하는 분야는 물론 많이 있다(특히 임금이나 경력 분야). 하지만 모든 책과 학회, 심포지엄, 토론회가 미리부터 "여성에게 몇 퍼센트를 할당해야 하나?"에 대해 의무적으로 고민하는 것이 바람직하다고는 생각하지 않는다.

그보다는 이 책의 원래 취지를 다시 생각해보는 편이 더 나을 듯하다. 이 책의 취지는 그리 거창하지 않다. 현대 사상가들을 주제로 완벽한 한 편의 파노라마를 펼쳐보자는 것도 아니고, 20세기 사상사를 속속들이 모두 기록하자는 것도 아니다. 그보다는 훨씬 단순하고 제한적이다. 즉 이 책의 목적은 철학에 대한 전문지식이 없는 독자들이 현대의 주요 철학자와 그들의 업적에 좀 더 쉽게 접근할 수 있도록 한다는 데 있다. 몇 가지 중요한 포인트를 짚어주면서, 독자 스스로 깨달아갈 수 있도록 자극하고 이끌어주는 것이다. 파벌을 형성할 수 있는 일방적 견해나 현학적 태도를 자제하고, 지나친 단순화나 오류 없이 이런 취지를 실현하고자 했을 뿐, 그 이상도 그 이하도 아니다.

따라서 이 책은 철학 초보자를 위한 것이다. 지나치게 자세한 코멘트를 자제한 것도 다 그런 이유에서다. 내가 몇 년에 걸쳐 추진해온 여러 사상가들(미셸 푸코, 클로드 레비스트로스, 에마뉘엘 레비나스, 자크 데리다, 위르겐 하버마스 등)과의 대담도 싣지 않았다. 이 대담 내용들은 언론을 통해 소개되기도 했고, 일부는 책으로 출판되기도 했기 때문에 여기에 다시 실을 이유가 없었다. 반면 일부는 종합적으로 재고와 수정을 거쳐 또 다른 맥락 속에 재배치했다.

궁극적으로 얻고자 하는 것

:

또 하나의 가능한 질문이 있다. 이러한 과정을 통해, 궁극적으로 얻고자 하는 교훈은 무엇인가? 이 교훈 역시 지극히 단순하다. 이러한 단순성은 의도된 것이고, 어쩔 수 없는 것이기도 하다. 이러한 소박한 취지를 기억한다면, 이 단순한 교훈도 그리 나쁘지는 않다.

20세기 사상가들을 분류하는 기준은 결국, 진리에 대해 이들이 어떤 태도를 취하느냐 하는 것이다. 어떤 사상가들에게는, 진리를 추구하고 진리를 생성해내거나 구축하며 이를 보다 분명하게 자리매김하는 것이 중요하다. 반면 진리에 의혹을 제기하고 진리를 해체시키며, 진리를 더 복합적인 것으로 변화시키는 데 주력하는 사상가들도 있다. 특히 20세기 사상가들은 무엇보다 '진리'를 순간적으로 스쳐가는 모호한 것, 결코 규정할 수 없는 것으로 상정하지 말아야 한다는 것부터 분명히 하고 있다. 진리는 우리의 언어와 우리의 사고, 우리의 행동이 갖는 공통된 한 가지 속성이다.

내가 처음 가본 동네나 도시에서 낯선 이에게 우체국 가는 길을 물어본다고 가정해보자. 이때 나는 당연히 상대방이 사실대로 말해주리라 기대한다. 즉 그의 대답을 통해 내가 실제로 우체국에 갈 수 있기를 바라는 것이다. 상대가 거짓말을 하거나 잘못 알려주면, 나는 길을 헤매거나 엉뚱한 곳으로 갈 수도 있다. 이 간단한 사례를 이용하여, 사상가들을 두 가지 범주로 나눌 수 있다.

첫 번째 범주의 사상가들이 사유하는 방식은, 가장 믿을 만한 방법을 얻기 위해 가장 확실한 계획을 수립해야 한다는 것이다. "우체국에 가려면 어떻게 해야 하나요?"라는 질문은 어떤 의미가 있는 질문이다. 이 질문은 진실한 하나 혹은 여러 개의 답변을 인정한다. 거리가 더 짧은 경로도 있고, 시간을 더 단축할 수 있는 방법도 있다. 걸어서 갈 건지, 자전거나 자동차를 타고 갈 건지에 따라 더 나은 방법이 있을 수도 있다. 가까운 곳에 정말 우체국이 있는지, 상대방이 내 말을 제대로 알아들었는지 따위를 다시 확인할 수도 있다. 이 같은 문제들을 모두 해결할 수 있다면, 우체국에 찾아가는 것은 가능하다.

반면 두 번째 범주의 사상가들은 우체국 가는 길을 묻는 질문과 답변의 타당성 자체에 의문을 제기한다. 이들의 관점에서 본 세계는 하나의 이야기고, 진리는 이 이야기 중의 한 문장으로서 무한한 해석과 검토와 해부를 필요로 한다. 요컨대 우체국이나 거기로 찾아가는 길 따위가 실제로 존재한다고 알려주는 것은 아무것도 없다. 존재하는 것은 단지 이야기와 소설뿐이고, 이 이야기 속의 등장인물이 길을 묻고 또 다른 인물이 대답을 할 뿐이다. 하지만 어떤 상황에서, 어떤 맥락에서 이 문답이 이루어지는지 늘 자문해야 하는 그런 이야기다. 또한 편지를 주고받는 관계의 이야기, 편지 한 통을 부치는 데 필요한 수없이 다양한 동기들에 관한 이야기, 수신자가 발신자가 되었을 때의 그 상황의 재현 따위도 고려해야 할 것이다.

나 역시 이런 이야기의 중요성과 언어 사용의 복합성, 인간의 재현이 지니는 불확실성을 모르는 바 아니지만, 그래도 나는 우체국이 실제로 있고, 그곳으로 가는 길 역시 존재한다고 믿고 있다.

앞으로의 과제

:

철학적 사유는 각 세기 별로 분명히 나누어지는 것이 아니다. 이는 너무 당연한 말이다. 1980년대 이후, 두 가지의 단절 혹은 교체가 일어나고 있다. 처음에는 눈에 띄지 않는 조용한 변화였지만, 갈수록 그 영향력은 커지고 있다. 이 변화들은 분명 새로운 변화를 예고하고 있는 21세기에도 큰 영향을 미치고 있는 것 같다.

그 첫 번째 단절은, 삶의 방식으로서의 철학이라는 고대의 철학 개념으로의 회귀다. 1970년대, 행복이란 것은 철학의 문제에 포함되지 않는 것이 일반적이었다. 하지만 오늘날, 행복은 상당수 철학자들의 주요 관심사다. 70년대에는 "철학이란 행동하는 법을 가르치는 것이지, 말하는 법을 가르치는 것이 아니다"라는 세네카의 말을 심각하게 받아들이는 이는 아무도 없었다. 하지만 이제, 이 말은 다시금 힘을 얻고 있다.

이것은 분명 어떤 근본적 변화다. 하지만 그 원인과 결과, 즉 새로운 가능성인지 역효과인지가 아직은 확실치 않은 변화다. 어쨌든 21세기는 이러한 변화와 함께하고 있다. 철학적 사유가 비서구적 언어와 문화에서 비롯한 개념과 활동 쪽에 관심을 가지는 것 역시 21세기의 풍경이다.

두 번째 단절은 현재 진행 중인 또 다른 주요 변화다. 오랫동안 철학의 합법적 영역은 지중해 연안과 유럽 언어, 서구 중심적 개념에 한정되어 있었다. 이러한 폐쇄성은 이제 무너지고 있다. 학자들은 철학적 관점에서, 산스크리트어, 중국어, 티베트어, 일본어, 아랍어, 페르시아어, 히브리어로 쓰인 논문들을 연구한다. 이러한 사례들은 수도 많거니와 성격도 천차만별이지만, 새로운 지적 환경으로 나아간다는 공통점이 있다.

지금은 번듯한 장서를 갖춘 문화에서 비롯한 이 교양과 학식 있는 지식들을 대면하고 있지만, 언젠가는 서구도 신화적 사고와 만나게 되리라는 것을 예상해야 한다. 레비스트로스가 그 복합성과 인위적 정밀성을 보여주었던 바로 그 신화적 사고다. 그렇게 되면 문자 없는 민족(아메리카인디언, 아프리카인, 아시아인)들의 유산 역시 논리라는 서구의 모델에 필적하게 될 것이다.

이러한 지적 환경의 대격변이 다음 세기에 그 강도가 더 높아질 가능성은 얼마든지 있다. 특히 통신 수단은 세계화되고, 세계의 중심은 하나가 아닌 다수로 확대되어가고 있으며, 지구 환경 그리고 인간과 다른 생물과의 관계에 대한 고민의 필요성이 점점 더 커져가고 있다. 뿐만 아니라 인간과 과학기술이 갖는 각자의 위상에 대해 지금까지와는 다른 방식으로 고민해야 할 필요성이 커지는 지금, 이러한 대격변의 가능성은 더욱 커질 수 있다.

물론 이런 식의 변화 및 발전 중에서 백 퍼센트 확실한 것은 아무것도 없다. 진리의 모험은 계속되고 있고, 역사의 가능성은 얼마든지 열려 있다.

2013년 8월 20일 초판 1쇄 인쇄
2013년 8월 25일 초판 1쇄 발행

지은이 | 로제 폴 드르와
옮긴이 | 박언주
발행인 | 전재국

발행처 | (주)시공사
출판등록 | 1989년 5월 10일(제3-248호)

주소 | 서울특별시 서초구 사임당로 82(우편번호 137-879)
전화 | 편집(02)2046-2850 · 마케팅(02)2046-2800
팩스 | 편집(02)585-1755 · 마케팅(02)585-1755
홈페이지 www.sigongsa.com

ISBN 978-89-527-6989-3 03100